U0946970

中国易学文化传承解读丛书

开悟之门

——提高奇门技能必读

张志春　著

中国商业出版社

图书在版编目(CIP)数据

开悟之门：提高奇门技能必读 / 张志春著 —北京：中国商业出版社，2012. 3
ISBN 978-7-5044-7607-4

Ⅰ. ①开… Ⅱ. ①张… Ⅲ. ①奇门遁甲—研究 Ⅳ. ①B992. 2

中国版本图书馆 CIP数据核字（2012）第 039188 号

责任编辑　陈朝阳

中国商业出版社出版发行
010-63180647　www.c-cbook.com
（100053 北京广安门内报国寺 1 号）
新华书店总店北京发行所经销
北京明月印务有限责任公司印刷
*
710×1000 毫米　1/16 开　22.5 印张　336 千字
2012 年 5 月第 1 版　2012 年 5 月第 1 次印刷
定价：48.00 元

* * * *

(如有印装质量问题可更换)

《中国易学文化传承解读丛书》出版前言

中国传统文化以诗、书、易、礼、春秋为源头经典。《三字经》上曾讲“诗、书、易，礼、春秋，号六经，当讲求”，又说“有连山，有归藏，有周易，三易详”。在这六种（其中礼，有周礼、礼记二种）经典中，又以易经为最重要的经典。儒家将其列为群经之首，道家将其列为三玄之冠。因此，武汉大学哲学学院博士生导师唐明邦教授将易经称之为“中华文化的源头活水”。

易经文化的传承，一向分为两大部分，一部分是义理的传承，主要从哲学、政治学、社会学、伦理学等人文科学的方面进行阐释、发挥，以指导现实社会发展的方方面面；另一部分就是数术的传承，主要从未来学、预测学、咨询文化的角度进行阐释、发挥，乃至创新、改造，以适应现实社会生活和各色人等的心理咨询需求。

本套丛书，虽然也有部分文章着重从义理方面进行阐发解读，但大部分著作主要是从数术角度进行传承，进行解读。这十几部书涉及到数术中的绝大部分种类，既有古代称之为“三式”的太乙、奇门、六壬，又有八卦、六爻、梅花易数以及四柱命理等，都是作者近几年最新的研究和实践成果。

数术文化，源远流长。中华传统文化从本质上讲是一种没有宗教的文化(所谓本土宗教道教，也是在佛教等外来宗教传播的形势下，才以道家老子为鼻祖而新创的一种宗教)，而易经数术文化在中国历史上在一定意义上发挥着“准宗教”的作用，起着抚慰广大人民心灵的作用，换言之，发挥着社会心理学的作用。这就是它“野火烧不尽，春风吹又生”，能够顽强生存下来，得到持久传承的原因。即使到现代科学如此昌明的今天，有人称之为电子时代，信息化社会，它却不仅未能消亡，反而仍然在生生不息地传承着。

当今社会上人们对数术文化有着不同见解和看法。有人将它斥为“封建迷信”，有人将其视为“预测学”或“民俗学”，也有少数人盲目痴迷它，但大多数人处于不了解的状况。

为了使广大读者能够深层次地了解传统文化中的数术文化，以便独立地确定自己的意见和见解，我们出版了这套“中国易学文化传承解读丛书”，参与解读的作者都有个人研究的心得和实验的成果，正确与否，只是一家之言，一得之见。广大读者可以从中辨别真伪，或赞同，或批判，或质疑，或否定。

本丛书的很多内容讲的是预测及占筮技术。对此，我们比较赞同著名作家柯云路先生的观点，他在给本丛书之一的《梅花新易》一书的序中写到：“占筮技术在当今的实际应用则是该谨慎的。一个，是因为这种占筮技术本身的作用还是有其限度的，现代人该更多依靠科学决策。另一个，这一行良莠不齐，很容易给各种江湖骗子可乘之机。所以，对于一般大众来讲，我的告诫常常是：命一般不算，起码要少算。算错了，被误导，就真不如不算，那很有损害。而要真正使自己活得好，倒是该从大处掌握《易经》中的道理，那就是乾卦讲的‘天行健，君子以自强不息’，还有坤卦讲的‘地势坤，君子以厚德载物’。大的道理是十分简易的，再加上做事中正，为人诚信，与时偕行，知道进退，《易经》的大道理就都有了”。

目　录

上编　奇门应用技术精解

下编　奇门应用实例评析

引　言

拙著《神奇之门》一书自 1999 年 4 月花山文艺出版社出版发行以来，受到社会各界易学爱好者的热烈欢迎和高度评价，研习者日益增多。虽然自谓拙著深入浅出，晓畅易懂，但鉴于读者易学基础知识参差不齐，自学起来仍有许多困难和疑惑之处，而有时间和经济条件前来参加面授的人毕竟是少数，参加函授也不可能书面回答太多问题。为了使广大易学爱好者都能学懂《神奇之门》，并掌握这一高层次的古代预测、决策技术，现根据历届面授班的讲课内容，紧密结合《神奇之门》一书和大量新的经我评析过的实例，将奇门遁甲所涉及到的一些基础知识、奇门遁甲作为思维科学技术的根本特征，特别是如何分析判断、提高预测和决策的准确率等要害问题，全面细致地加以讲解，使有易学基础知识和缺乏易学基础知识的读者，都能开悟增智，自学成才。

易学预测
与现代预测之比较研究

（代序）

在易学界，大家对研究易理的价值都是肯定的，但对象数特别是数术的研究价值至今还存在分歧。有的学者认为易学研究历来有两大传统：一是所谓学的传统，这其中有精华，值得研究，二是所谓术的传统，这其中充斥着糟粕，没有什么研究和继承的价值。总之，这些学者认为易学研究的价值在学而不在术，对数术特别是各种占卜术，持完全否定的态度。当然也有许多学者认为学和术都应该研究，无论易理和数术都有研究的价值，批判继承的价值。有些学者甚至将易学的卜筮称之为"古代预测学"，认为数术中也有哲学，是对传统易学哲学思维的一种应用和检验。因而主张"以学论术，以术证学，学术结合，古为今用"。

以上学术上的分歧，自1990年我编辑出版了邵伟华的《周易与预测学》、蓝允恭（重庆大学教授）的《太极思维与预测》二书之后，几乎一直围绕着易学占卜，到底是古代预测学，还是封建迷信，还是伪科学的话题进行，至今在易学界尚未取得完全一致的意见。

2001年中央文献出版社、人民日报出版社联合出版了由中央党校副校长李君如任编委会主任，集体编纂的一部总结中国共产党八十年奋斗与辉煌成果的大型丛书《丰碑》，其中在《风采卷》记述了全国五十五个在各行各业做出突出贡献，可以代表中国共产党风采的党组织和党员个人，这中间最后一个共产党员个人代表的典型，就是"《周易》研究家、预测学家邵伟华"（注①）。该书不仅充分肯定了共产党员邵伟华研究《周易与预测学》等一系列成果，而且还首先对周易的价值做了全面论述。作者写道："《周易》作为中华民族数千年来矢志不渝深入研究的一门大学问，它的哲学价值与实用功能是不言而喻的。"

我理解，这里所讲的实用功能，不仅包括《周易》在世界观、认识论，即易理方面、学的方面，对治理国家、管理社会、健全人生乃至发展社会科学、自然科学种种方面都有指导和启迪价值，而且也应该包括《周易》在象数方面、数术方面的功能，换成现代语言，就是易学的预测功能。

有的学者不赞成易学有预测功能，他将易学预测与现代预测进行了比较，说："科学预测起码要有三个条件：第一，是你要充分掌握你所问的那件事的全部信息或数据；第二，你还要掌握你所问的那件事的发展规律和趋向；第三，你进行推论的时候要符合逻辑推理的原则。"他说："按这三条来衡量《周易》算卦，那就不一样了，因为这三条在《周易》算卦过程中都不具备"，因而他"认为是不科学的，它毫无科学根据"，"这种推测只能说是一种比附或联想，它得出的结论是没有科学根据的"（注②）。

这位学者的意见确有道理。易学预测，或者贬称之为周易算卦，它的确不符合现代科学预测所要求的条件，特别是用周易六十四卦卦爻辞来作为判断事物成败主要依据的古典式原始式的预测，的确其中充斥着比附和联想，既显得牵强附会，又显得模糊不清。这在《春秋左传》和《国语》等典籍中都有例证，对同一事物起出一个卦来，会有截然不同的判断意见。

但是，我认为古典预测学，或者称之为易占，经过历代易学家、数术家之手，也是不断地发展着、改进着、完善着。如汉代易学家京房，根据爻变学说，将易经六十四卦的次序重新进行了排列，分成八宫，安上世、应，又将天干地支纳入六十四卦，配上五行六亲，以此构成的所谓纳甲筮法，比起易经以卦爻辞为主来占断的古筮法有了更多的逻辑推理的依据，避免了古筮法的随意性和主要依靠灵感思维的弊端，使易占有了更多的规范性、稳定性、可操作性。再加上以五铢钱代替蓍草，简化了起卦的方法程序，故而历经唐、宋、元、明、清，一直到今天，仍然是易占的一种重要方法。与此同时，古代易学家还创造了太乙术、六壬术、奇门术、子平术等等不同的易占方法，将易学哲学思维用各种方法与现实社会生活的实际问题相沟通，企盼能达到预测、预知，趋吉避凶的目的。

毋庸讳言，在几千年易学思维体系中，无论是义理派，还是象数派，无论是“学”的方面，还是“术”的方面，都是精华与糟粕共存。既有精到的中国人独特的宇宙观、认识论，也有主观臆断、牵强附会、浅薄庸俗之见，甚至还有故弄玄虚、封建迷信的东西。

今天，我们以马克思主义辩证唯物主义认识论为指导，借鉴现代哲学思维科学的成果，对古代易学思维模式进行去粗取精、去伪存真的分析批判，就会发现古代易学思维不仅在“学”的 方面是有研究价值的东西，在“术”的方面也是有研究价值的东西。

经过十余年对易理和数术的研究，我认为易学预测与现代预测（或称科学预测），虽同为预测，但思维方式不同，途径不同，方法不同，根本特征不同，用途自然也不尽相同。我的研究成果，主要反映在 1999 年 4 月由花山文艺出版社出版的《神奇之门》一书中。

现代预测，必须对某项要预测的事物，首先进行大量的调查，了解它的过去，了解它的现在，以及相关联的事物，掌握尽可能多的信息、数据、情况，然后再根据该项事物发展变化的规律，进行归纳、综合、分析、研究、逻辑推理，由已知求未知，从而对其未来某段时间内的发展趋势作出判断。比如医生治病，先要对病人身体状况进行全面的检查，对病变部位作各种检测，然后根据得到的各种数据、信息进行分析研究，才能判断病人到底得了什么病，最后制定治疗方案。天气预测更是如此，首先对某地区温度、湿度、空中大气环流状况等等方面通过仪器进行各种检测，同时还要了解该地区历史上同期天气的状况，然后将获取的历史的和现实的各种信息、数据进行分析研究，最后才能对该地区未来的天气作出一天、一周或更长时间的预测、预报。经济预测也是如此。比如对一个地区明年经济发展趋势作出预测，或要投资办厂生产某种产品，都必须首先对当前经济运行的形势、市场状况、材料来源、产品销路、价格等等涉及到的各种要素，进行全面的调查了解，然后经过分析研究，才能作出比较恰当的预测。

易学预测与现代预测截然不同。可以说，它不需要调查，只需要研究。它既不分科，也不分类。它是用一种独特的通用的哲学符号语言，比如阴阳、五行、八卦、六十四卦、天干、地支、河图、洛书等，依据易学思维中的科学性精华即天人合一论、太极阴阳论、五行关系论、时空统一论、宇宙全息论、穷通分合论（注③）构筑成某种象、数、理模型。你要预测某项事物，随机起卦或起局、起课，从时间信息切入，或从空间信息切入，在此时变化出的模型中找出与该项事物对应的象、数、理符号，然后根据阴阳五行生克制化的哲学推理，从而对该事物的发展趋势作出判断。它不需要对该项事物进行具体的实地的调查，只分析研究该项事物在象、数、理哲学模型中呈现的状态，从而就可以对它的发展趋势作出判断。它的途径和方法实际上是一种模拟预测，本质上是一种哲学推理，哲学预测。

现代预测需要花费大量的人力、物力，还需要比较长的时间。易学预测省时省力，具有“三易”的特征，即简易、变易、不易的特征。所谓简易，就是它把复杂的事物简单化，把大千世界上自然、社会、人生等一切事物和问题都构筑进一种具有时空统一性的象、数、理哲学模型中。所谓变易，就是它的哲学符号语言，虽然有相对固定的内涵，即阴阳五行的属性，但它们却有着无限拓展的外延，它们涵盖了世界上的万事万物，在不同的情况下代表着不同的事物，它们具有多义性、变易性。正因为如此，它们具有不确定性，具有模糊性。所谓不易，就是所有易学预测都离不开阴阳五行生克制化的哲学推理，这种辩证分析的法则是不易的，是不变的。

古代易学家构筑了八卦的模型、六十四卦的模型、纳甲筮法的模型、四柱命理的模型、六壬四课三传的模型、太乙术的模型、奇门遁甲的模型等等，经过比较研究，我认为奇门遁甲的模型比较完整，比较严密，更符合易理，符合中国人认知世界的独特的太极世界观。

奇门遁甲，以代表东方青龙的甲木为一方，以代表西方白虎的庚金为另一方，以甲与庚这一对主客双方的对立统一、矛盾斗争为主线，又从关乎事物成败的四大要素即天时（九星代表之）、地利（九宫代表之）、人和（八门代表之）、神助（八神代表之），四个方面入手，构筑了一个立体的具有时空统一性的象、数、理模型，以此来模拟自然、社会、人生等万事万物发展变化的规律。经过实践验证，比其他易学预测模型，预测事物更为具体、细致，准确率也更高一些。

比如治疗疾病预测。1997 年 12 月末一天晚上，在深圳特区报社工作的老同学田诒忠给我打长途电话，说最近几期《深圳风采周刊》连载了柯云路的新作《发现当代华佗》一书，报道了神医胡万林打破传统中医用药方式，治愈了许多癌症和各种疑难绝症患者；最近一期又刊登了特区记者亲自前往西安郊区目击采访的报道，在全国引起很大轰动。许多疑难病患者纷纷拥向西安。田诒忠说："我妻子患有肾炎等病，家里孩子们都建议我带妻子前去西安治疗，可我又不放心，不知这个神医胡万林到底医术如何，能不能治好我妻子的病。请你用奇门预测一下。"我按他打电话时间起了一个奇门局，根据奇门局上哲学符号呈现的状态，告诉田诒忠："据我预测，你妻子的病不止一种，除肾炎外，还有心脏病，但并不严重，你在深圳到住家东边或东南方向找医生看看，吃点中药就会好转。不用千里迢迢到西安去找什么神医，报刊对胡万林的宣传有虚假之处，你到西安找他，花了钱，破了财，也不会有什么效果。要我帮你决策，就不要去西安。"田诒忠听了我的话，没有去西安。1998 年 3 月下旬，他打来电话说："幸亏我听了你的话，没有去西安。我们报社一些人去西安，花了钱，有的人的病不但没有治好，反而治坏了。报刊对胡万林的宣传确有虚假之处。"并告知，他按我说的，到住家东南方向医院找中医看了看，现在病情已经好多了（注④）。

此例中，写书的柯云路肯定用现代预测方法，对胡万林的身世、治病的案例等等情况进行了大量的采访、调查研究，然后才能写成书。而特区报社的记者更是亲自到西安胡万林所在医院进行了现场采访、调查研究，才发表了目击采访的报道和照片。而我当时根本就没有听说过胡万林这个人，也未看到任何报道他事迹的文章，就按田诒忠打电话的时间起出一个奇门遁甲的格局，找出所问事物的对应符号，分析了一下这些符号在奇门模型中所处的状态，就得出报刊对胡万林的宣传有虚假之处，劝田诒忠不要带妻子去西安治病，避免了人财两伤的损失。这不仅充分说明易学预测与现代预测的不同之处，也显示了易学预测在某些方面有时比现代预测还有优长之处。

又比如：1999年我写的《神奇之门》一书出版以后，曾接到苏州国家安全学院一位姓陈的教授的电话，他首先对我从思维科学入手研究易学及奇门遁甲的思路和取得的成果表示了肯定和赞赏，尔后又提出一个问题：说他岳父有病正在住院，病情十分严重，医院已经向家属报了病危。请我用奇门测一下看看预后如何，能否转危为安。我当即按打电话时间起了一个奇门局，找出他岳父年命（即出生之年的年干），在奇门格局中的位置，分析了一下他岳父年命的旺衰及其与疾病符号之间的生克关系，即回答他说：虽然当下看来你岳父的病情十分危重，但预后良好，能够转危为安。过了一段时间，他打电话告知，他岳父果然已经转危为安，并且出院了。此例也证明，医院医生肯定用现代预测方法，对其岳父的病情进行了大量的检测、调查、研究，然后才得出病危的预测判断。然而用易学预测方法几分钟得出的结论却是能够转危为安，与现代预测结论不一致，而事实又证明了易学预测的结论是正确的。

上述两个在测病中现代预测不准而易学预测反而准确的实例，当然只是个别的例子。大量的是易学预测与现代预测结论大体一致的例子。也有不少是易学预测不准，现代预测准确的例子。就治病而言，我们还是主要靠现代预测手段，靠医院医生来诊断治疗疾病，易学预测只能作为一种参考。特别是在预测具体疾病的种类、性质、部位等等方面，由于易学预测的模糊性、不确定性，它根本无法与现代医学诊断技术相比，所以最多只能作为一种参考而已。不仅在测病方面，在现实生活的大多数方面，易学预测也只能放在一种从属位置，最多起一种参照、参考作用，不能作为决策的主要手段。这是应当明确的。

在易学预测中，最让人难以理解的是所谓“随机性”。这一点，在本文前边提及的那位论证“周易算卦不科学”的学者那里，也曾着重提到。他说：“就事物发展规律来看，你所得到的卦象，是出于偶然，就像抽签一样，根据偶然得到的卦象，来决定你所问的事的前途和命运，那是很荒唐的”（注⑤）。

诚然，求测者什么时间来求测，这是偶然的。比如上二例打电话测治病的例子，什么时间给我打电话，这确实是偶然的，我也找不出其中的规律，求测人也找不出其中的规律。但是，根据我多年预测实践的体会，这一偶然性，或叫“随机性”，却是易学预测这种哲学预测的重要特征之一。这正是古今中外哲学中的一个重要命题：即必然性存在于偶然性之中。世界上许多事物，人类社会中许多事情，风云变幻，聚散离合，表面上看似偶然，实际上都是客观规律发展变化的必然所致。我们在预测实践中常常有这种体会，有人打电话说某某时间要来找我谈点事，我估计找我肯定没有别的事情，一定是求我预测，于是按他约定的时间，我事先起好了奇门局以备用。但他见面后，却不谈此事，只让吃饭，等吃完饭，正好过了这个时辰（两个小时一个时辰，一个时辰一个奇门格局)，他才正式提出求测某事。我只得按新的时辰，另起一个奇门局。事后一比较，按前一时辰的奇门局来看，与他求测的事不太符合，不准确；按后一个他问的时辰的奇门局来看，却与他的求测之事对应得活灵活现，十分准确。奇门是一种时空模型，任何事物都发生在一定的时空中。正如列宁所讲，离开一定的时间和空间，事物就不存在了。所以，某个人在某个时间、某个空间来向你求测，这个时间和空间看似偶然，是一种随机性，但客观事物的必然性就存在于这种偶然性之中。

还有一点与之相关的是，古筮法强调求测者要“心诚”，什么“心诚则灵”。《易经·蒙卦》卦辞中也有“初筮告，再三渎，渎则不告”。有人解释说，这句话的意思是第一次起卦，神灵会把正确的结果告诉你，二次三次起卦便亵渎了神灵，神灵就不告诉正确的结果了，你就测不准了。这纯粹是一种迷信说法，也是古筮法中的糟粕。据我研究的结果，奇门遁甲不讲究“心诚则灵”，也不忌讳多次预测，它是一种反映事物客观存在状态的时空象、数、理模型。当然，最好也遵循随机性的原则，只有求测人什么时间特别想求测了，这个时辰的奇门格局才比较正确。

比如：2000 年 10 月 15 日晚上 9 点 35 分，新加坡国立大学经济系教授、新加坡应用易学研究所所长黄违洪先生给我打电话，说 2000 年美国总统大选，原来小布什的民意支持率比较低，没有预测的必要，最近他的支持率也上来了，与戈尔的支持率不相上下。美国一家媒体上载，正如分析家所说，谁能入主白宫，上帝也不知道。请您用奇门遁甲预测一下，看看戈尔和小布什谁会当选美国下一届总统？

于是我按问时起了一个奇门格局，分析了一下 1948 年出生的戈尔和 1946 年出生的小布什二人年命的落宫状态，得不得天时、地利、人和、神助，又分析了代表总统职位和选民的符号与他们二人年命符号的生克关系，得出明确结论：小布什必当选美国下届总统。

但 11 月 7 日美国总统大选之后，由于二人得票非常接近，围绕着选票问题共和党与民主党展开了诉讼纠纷，在 11 月 10 日和 12 月 9 日分别听到新闻报道说对戈尔出现有利形势之下，我又分别起了二次奇门格局，仍然判断是小布什当选。三次不同时间、不同用局对同一事物进行预测，显示的结果基本一致，这充分证明了奇门这种模拟预测方法的实用性、客观性。

总而言之，通过大量事实证明，易学预测与现代预测各有优长和不足之处。现代预测处于现实生活中的主导地位，这是毫无疑问的。真正有价值的易学预测（假冒伪劣者除外）也应该允许其存在，给予它一席之地。

时至今日，争论现代预测与易学预测哪个科学、哪个不科学，我认为毫无实际意义。正如前几年争论市场经济是社会主义的还是资本主义的没有实际意义一样，关键在于实践。实践是检验真理的惟一标准。这是马克思主义铁的定律。经过实践检验，易学预测能够测准一些事情，有一定的准确率，那么它就有生命力。某个专家权威尽可以给它贴上“伪科学”甚至“封建迷信”的标签，也难以消灭它。

开明的明智的易学专家，应该自己也深入研究一下易学数术，弄清它里面蕴含的哲学机理，最好也能亲自实践一下，看看到底如何。这样，对逐步统一对易学预测（或叫易占）的认识，或许是有帮助的。

注①《丰碑》《风采卷》第 217~218 页。中央文献出版社、人民日报出版社 2001 年版。

注②转引自《国际易经》杂志 2002 年第 1 期第 79 页《名家谈易》，国际易经科学研究院（香港）主办，2002年7月出版。

注③详见《神奇之门》第14~26页，张志春著，花山文艺山版社1999年出版。

注④详见《神奇之门》第175~177页，张志春著，花山文艺出版社1999年出版。

注⑤同注②。

张志春

2002年12月4日于石家庄

上　编

奇门应用技术精解

第一章
奇门遁甲是中国人
认知世界的一种时空模型

奇门遁甲是体现易学思维科学精华六大论的一种比较完整的时、空、象、数、理模型，是中国人认知客观世界的一种特殊的模拟方式。

第一节　奇门九宫格的太极认知原理

宇宙是时间和空间的结合，时间是无始无终的，空间是没有边际的，这就是无极状态。人类要认知世界，无论是宏观世界，还是微观世界，必须先划出一部分时空，这就是太极认知原理。银河系是一个太极，太阳系是一个太极，地球是一个太极，中国是一个太极，河北省是一个太极，某某单位是一个太极，某某人是一个太极，某人头部是一个太极，他的一只耳朵也是一个太极，一部汽车是一个太极，一部电话也是一个太极，等等。总之，“其大无外，其小无内，物物一太极”。

这就是说，我们只有先从无极的时空中划出一部分时空即一个太极，我们才能再一步步解剖它、认识它。每一个太极都是一个将时间和空间结合在一起的立体球形。要解剖它，就好像用刀切西瓜一样。

将太极球体切一刀，这就是易学分阴、阳的原理，这就是太极生两仪的原理。周易中就用阳爻和阴爻来表示，现代电子计算机就用 1 和 0 来表示。这是一种最简单最基础的认知方式。见（图 1）。

将太极球体按十字形切二刀，这就将其分成了四块，这就是两仪生四象。四柱命理学，这是将一个人按其出生的年、月、日、时分成四块、四象来认知一个人的整体信息的。见（图 2)。

将太极球体切三刀，就将其分成了六块，这就是周易预测中的六爻预测法，将太极即任何事物都分成六个层次、六个阶段来进行认知。见（图 3)

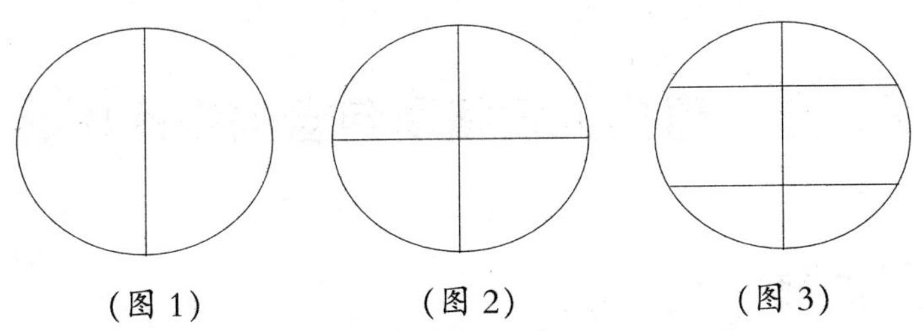

（图 1)　　（图 2)　　（图 3)

奇门遁甲对太极球体的认知方式就进了一步。它不是切一刀、二刀、三刀，而是切四刀。这里有一个民间流传的趣味智慧题："一个西瓜切四刀，九块西瓜十块皮。"

它要求将一个西瓜只许切四刀，切后必须形成九块西瓜、十块皮。这本来是一个极其简单的智慧题，却有不少人一时不知如何下刀。其实这四刀，就是奇门遁甲所用的井字九宫格。见（图 4)。

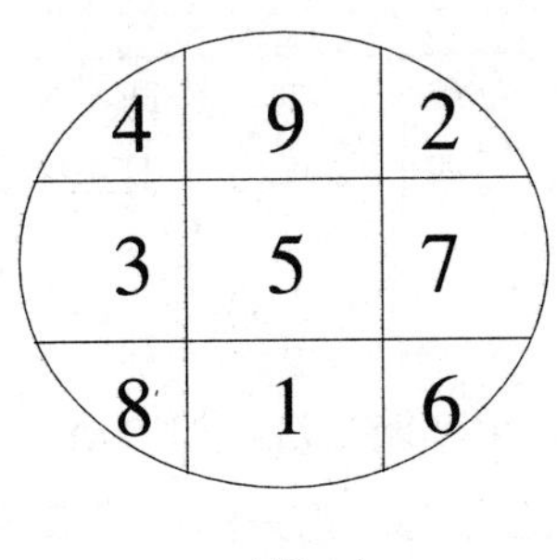

（图 4)

按井字形对西瓜切四刀，必然形成九块西瓜，其中第五块西瓜，中间是瓤，两头是皮，所以形成九块西瓜十块皮。人们把西瓜里边的瓤都吃掉，这十块皮对起来，仍然是一个完整的太极球体。这就是奇门遁甲对物物一太极的认知方式。它不仅从数学角度，包括了 1~9 这九个数，而且还包含了太极这个 0 数，这样一来把从 0 到 9 这宇宙间的十个数字全部都包括进去了。

奇门遁甲采取对任何事物都切四刀的办法，从里到外，分成九个部分来进行认识，自然就比切一刀、二刀、三刀的认知方式前进了一大步，难怪古人称它是最高层次的预测学。对一个事物，能够从多角度、多层次、从里到外、全方位的整体加以认识，自然准确率就大大提高了。

第二节　奇门九宫格所包含的空间内容

（一）先天八卦

首先，它包含了先天八卦这个模拟人类所生活的地球客观大自然动态的属阳性的空间内容，即“天地定位，山泽通气，雷风相薄，水火不相射，八卦相错，数往者顺，知来者逆”。见（图 5）。

兑 二	乾 一	巽 五
离 三		坎 六
震 四	坤 八	艮 七

（图 5）

这就是说，乾为天，在地球的上边；坤为地，在下边：离为太阳，从东边升起；坎为月亮，从西边升起；兑为泽，代表地球上的洼地及有水的地方；艮为山，代表地球上突起的丘陵和高山；震为雷，巽为风，代表地球的气候变化。按乾一、兑二、离三、震四、巽五、坎六、艮七、坤八的顺序连起来，形成一个横 ∞ 字形的宇宙螺旋气场，以此来描摹自然界空间的运动状况。动为阳。每相对方向两个卦加起来均为九数（1+8=9，2+7=9，3+6=9，4+5=9），九为老阳，因此从数学抽象的角度，先天八卦为阳。

（二）后天八卦

其次，它包括了后天八卦模拟中国人所生活的北半球这个相对静态的属阴性的空间方位内容。见（图6）。

巽 四	离 九	坤 二
震 三	中 五	兑 七
艮 八	坎 一	乾 六

（图6）

后天八卦相传是周文王创制的，他活动的中心是中国的西安一带。北边是黄河，故而把代表水的坎卦放在北边；南方炎热，故而把代表火和太阳的离卦放在南边；春雷从东边滚来，春天万木开始生长，故而把代表雷、代表木的震卦放在东边；东南方刮台风，又花草繁茂，所以把代表风和花草的巽卦放在东南方位；雨水往往从西边来，西边又有青海湖等许多沼泽地，故而把代表泽和雨的兑卦放在西方；西北方多高山，多矿藏，中国地形又为西北高、东南低，所谓天高西北、地陷东南，所以把代表天、代表高大、代表金的乾卦放在西北方位；西南是四川盆地，所以把代表大地和收藏的坤卦放在西南方；东北方为山西高原和太行山，故把代表山和稳固、停止的艮卦放在东北方。这一切都是相对稳定的空间内容，故属阴。每相对两个方向的卦数加起来均为10（1+9=10，2+8=10，3+7=10，4+6=10），十为偶数，为阴。

先天八卦为阳，代表天；后天八卦为阴，代表地。奇门九宫格把先天八卦和后天八卦均包括在内，这是阴阳合一，天地合一的整体空间模型。而易学是以八卦类象万物的，故而这个模型把万物均包括在内了。地球上万物之主是人，乾卦代表老父、老年男人，坤卦代表老母、老年妇女，震卦代表长男，坎卦代表中男，艮卦代表少男，巽卦代表长女，离卦代表中女，兑卦代表少女，这样一来，奇门九宫格把所有的男人和女人也都包括在内了。总之，天、地、人三才都在奇门的立体九宫格内了。

奇门立体九宫格内部所涵盖的天、地、人万事万物除了分阴、阳以外，按其相互之间的关系还分为五大类别，这就是五行：金、木、水、火、土。所以在奇门九宫格内，中间的宫列为五宫。五者，就是五行也。土能生万物，所以把中五宫规定为五行属土。坤为大地，故二宫也属土。艮为山，古语云："山不厌土，故能成其高。"所以八宫也属土。震、巽二卦皆属木，故三宫、四宫皆属木。乾卦、兑卦皆属金，故六宫、七宫皆属金。离为火，故九宫属火。坎为水，故一宫属水。见（图 7)。这样一来，奇门九宫格把金、木、水、火、土五行都包含在内了。

巽 木	离 火	坤 土
震 木	中五 土	兑 金
艮 土	坎 水	乾 金

(图 7)

(三) 河图洛书

奇门九宫格本身来源于洛书的"戴九履一，左三右七，四二为肩，八六为足，中间为五"，由于把金、木、水、火、土五行涵盖其中，故而它把河图的五行数也包括在内了。

河图的五行数，又叫天地生成数。即天一生水，地六成之；地二生火，天七成之；天三生木，地八成之；地四生金，天九成之；天五生土，地十成之。天数为阳为奇数，天数五个，即一、三、五、七、九，加起来二十五。地数为阴为偶数，地数五个，即二、四、六、八、十，加起来为三十。天数二十五，地数三十，天地二数相加，即大衍之数五十五。

奇门九宫格把一、六水放在坎宫，二、七火放在离宫，三、八木放在震、巽二宫，四、九金放在乾、兑二宫，五、十土放在中五宫和坤、艮二宫见（图 8)。这样把天数、地数、五行数、大衍之数都包含在内了，把河图、洛书都合二为一了。

巽 3.8 木	离 2.7 火	坤 5.10 土
震 3.8 木	中 5.10 土	兑 4.9 金
艮 5.10 土	坎 1.6 水	乾 4.9 金

（图 8）

综上所述，奇门这个立体空间模型，把先天八卦、后天八卦、河图、洛书都包括在内了。从象的角度，它把万事万物的象都包括在内了；从数的角度，它把天地五行、大衍之数都包括在内了；从理的角度，它把万物阴阳消长变化、相互之间的对立统一、生克制化等一切规律（道理）也都包括在内了。

其中，奇门九宫所含的数共有三组：一组是先天八卦数，二组是后天八卦数，三组是五行数。这样一来，每个宫都有三组数，即坎一宫：先天八卦坎为 6 数，后天八卦坎为 1 数，五行水为 1、6 两个数，归纳起来，坎一宫只有 1、6 两个数。坤二宫：先天八卦坤为 8 数，后天八卦坤为 2 数，五行土为 5、10 两个数，归纳起来，坤二宫有 2、5、8、10 四个数。震三宫：先天八卦震为 4 数，后天八卦震为 3 数，五行木为 3、8 两个数，归纳起来，震三宫有 3、4、8 三个数。巽四宫：先天八卦巽为 5 数，后天八卦巽为 4 数，五行木为 3、8 数，归纳起来，巽四宫有 3、4、5、8 四个数。中五宫：既无先天卦，又无后天卦，只有五行数 5、10 两个数。乾六宫：先天卦乾为 1 数，后天卦乾为 6 数，五行金为 4、9 两个数，归纳起来，乾六宫有 1、4、6、9 四个数。兑七宫：先天卦兑为 2 数，后天卦兑为 7 数，五行数为 4、9 两个数，归纳起来，兑七宫共有 2、4、7、9 四个数；艮八宫：先天卦艮为 7 数，后天卦艮为 8 数，五行数为 5、10 两个数，归纳起来，艮八宫共有 5、7、8、10 四个数。离九宫：先天卦离为 3 数，后天卦离为 9 数，五行为 2、7 两个数，归纳起来，离九宫共有 2、3、7、9 四个数。见（图 9）。

巽 3.4.5.8	离 2.3.7.9	坤 2.5.8.10
震 3.4.8	中 5.10	兑 2.4.7.9
艮 5.7.8.10	坎 1.6	乾 1.4.6.9

（图 9）

以上九宫所含的三组数，就是奇门判断数量的依据。用神落到哪个宫，就根据该宫所含的数字来判断。有人问：一个宫少则两个、三个数，多者则有四个数，比如乾宫有 1、4、6、9 四个数，什么情况下断 1 数，什么情况下断 4 数，什么情况下断 6 数，什么情况下断 9 数，这就要根据用神的旺相休囚和所临星、门、神的象和理来综合判断了。

例如《神奇之门》第 161 页（指中国商业出版社 2011 年版，下同），分析（1）断这个女的个子较矮，一米五六左右。第一根据用神乙奇落坎宫为病地，丑月土旺水死，又上乘九地，故个子较矮；第二，坎宫含 1、6 数；第三按北方青年女性特征，一米六为高个儿，一米五十六为较矮的个头，故断一米五六。

又如：《神奇之门》第 320 页，断北方国际金融中心这个项目最少投资得八个亿，完全建成可能得十四个亿。第一根据用神甲子戊为资本，落巽 4 宫为临官禄地，为旺相；第二，巽宫含 3、4、5、8 四个数，旺则断多，故取 8 数，14 数；第三，如此大的项目，按事物的常理，投资必须以亿来计算，故断八个亿，十四个亿，而不断八百万、八千万。

第三节　奇门九宫格所包含的时间内容

奇门九宫格所含的时间内容也是阴、阳一体的，这就是中国独特的记时符号地支和天干。

(一) 十二地支

地支属阴，是根据月亮（月亮在晚上出现，而且只有光没有热量，属阴）大约一年之内圆缺即盈亏十二次而确定的。故地支有十二个，这就是子、丑、寅、卯、辰、巳、午、未、申、酉、戌、亥。地支与九宫的对应关系是子在坎1宫，丑、寅在艮8宫，卯在震3宫，辰、巳在巽4宫，午在离9宫，未、申在坤2宫，酉在兑7宫，戌、亥在乾6宫。见（图10）。

巳 巽 4 辰	午 离 9	未 坤 2 申
震 3 卯		兑 7 酉
艮 8 寅 丑	坎 1 子	乾 6 戌 亥

（图 10）

地支子是十二地支之首，它对应阴历的十一月（按节气含大雪、冬至二个节气）。中国历史上周朝以子月为一年开始的第一个月，商朝以丑月为一年开始的第一个月，夏朝以寅月为一年开始的第一个月。汉朝从汉武帝时期又采用夏历，以寅月为正月，此后一直沿用至今，故中国的阴历又称之为夏历。周易是按周朝的天文历法来定的，所以以子为首。

十二地支既表示年，又表示月，又表示日，又表示时，一天有十二个时辰。清朝灭亡，中华民国成立以后，采用公元记年、月、日、时，同时又保留中国的阴历，公元记时，把一天分成二十四个时辰，比中国传统的十二个时辰小一倍，故称之为小时。

十二地支对应阴历月份和节气如下：子月为十一月（含大雪、冬至二个节气），丑月为十二月（含小寒、大寒二个节气）、寅月为正月（含立春、雨水二个节气)，卯月为二月（含惊蛰、春分二个节气)，辰月为三月（含清明、谷雨二个节气)、巳月为四月（含立夏、小满二个节气)、午月为五月（含芒种、夏至二个节气)、未月为六月（含小暑、大暑二个节气)、申月为七月（含立秋、处暑二个节气)、酉月为八月（含白露、秋分二个节气)、戌月为九月（含寒露、霜降二个节气)、亥月为十月（含立冬、小雪二个节气)。见（图 11)。

奇门遁甲干支历月份的划分，严格按节气划分，比如 2001 年 8 月 7 日 19 时 34 分交立秋节，从这一时刻开始就算进入了干支历的丙申月（而阴历这一天还是六月十八日)，而不能再作为乙未月使用。

巳(四月)小 立 满 夏 辰(三月) 谷 清 雨 明	午(五月) 芒 夏 种 至	未(六月) 小 大 暑 暑 申(七月) 立 处 秋 暑
卯(二月) 春 惊 分 蛰		酉(八月) 白 秋 露 分
寅(正月) 雨 立 水 春 丑(十二月) 大 小 寒 寒	子(十一月) 冬 大 至 雪	戌(九月) 寒 霜 露 降 亥(十月) 立 小 冬 雪

（图 11)

十二地支对应一天二十四个小时如下：子时为 23~1 点，丑时为 1~3 点，寅时为 3~5 点，卯时为 5~7 点，辰时为 7~9 点，巳时为 9~11 点，午时为 11~13 点，未时为 13~15 点，申时为 15~17 点，酉时为 17~19 点，戌时为 19~21 点，亥时为 21~23 点。见（图 12)。

<table>
<tr><td>巳时
9–11 点
辰时
7–9 点</td><td>午时
11–13 点</td><td>未时
13–15 点
申时
15–17 点</td></tr>
<tr><td>卯时
5–7 点</td><td></td><td>酉时
17–19 点</td></tr>
<tr><td>寅时
3–5 点
丑时
1–3 点</td><td>子时
23–1 点</td><td>戌时
19–21 点
亥时
21–23 点</td></tr>
</table>

（图 12）

十二地支与奇门九宫格的对应关系是固定不变的，这就是属静、属阴的特性。但阴阳都是相对的，十二地支同时又是永远按顺时针方向流动的，它像时间本身一样永远向前流动，不可能倒退。正因为如此，所以奇门在判断流年、流月、流日、流时上，从地支角度就可以找到它相对应的宫位来判断。比如我们要断 1996 年的事情，因 1996 年干支是丙子，所以首先就可以观察子年所对应的坎宫的情况，如果坎宫临惊门，因惊门主官司是非，一般情况下就可断该人 1996 年有官司是非发生过。又比如，我们要判断某人农历八月的情况，就可看兑宫。要判断辰日的情况，就可看巽宫。要判断戌时发生的事，就可看乾宫。

比如：《神奇之门》第 154~155 页实例三（4）判断何时出院，甲午旬中辰、巳空，地支辰、巳在巽 4 宫，临生门，生门填实之日冲开死门就可出院了，一查万年历近期 5 月 19 日为丙辰日，20 日为丁巳日，所以就断 5 月 19 日或 20 日出院。

又如：《神奇之门》第 334 页实例五测外籍女医生四柱，其中断她大约是 1967 年或 1968 年结婚，这是因为 1967 年丁未，1968 年戊申，地支未、申所在坤 2 宫临庚，为其丈夫，但逢空亡，填实之年自然就可能是结婚之年了。

以上所讲，只是单纯从时间角度讲了地支的应用。其实，地支在奇门应用中和在其他预测术中一样，它同时又是全息符号。

第一，它有阴阳、五行的属性。这就是：子为阳水，亥为阴水；寅为阳木，卯为阴木；巳为阴火，午为阳火；申为阳金，酉为阴金；辰、戌为阳土，丑、未为阴土。这是按照十二地支的顺序，奇数为阳，偶数为阴和金、木、水、火、土五行来区分的。如子为1数为奇数，子为水，故为阳水；亥为12数为偶数，也为水，故为阴水。寅为3数为木，故为阳木；卯为4数，为木，故为阴木。巳为6数为火，故为阴火；午为7数为火，故为阳火。申为9数为金，故为阳金；酉为10数为金，故为阴金。辰为5数，戌为11数，均为土，故为阳土：丑为2数、未为8数，均为土，故为阴土。当然，也可以按其对应的农历月份的奇偶来分阴分阳，这与上述按十二地支顺序所分是一致的。比如子对应农历十一月为奇数，故为阳水；亥对应农历十月为偶数，故为阴水。辰对应农历三月，故为阳土，巳对应农历四月，故为阴火，等等。

第二，十二地支之间按照阴阳五行的原理，相互之间充满了生克制化的种种关系，充分体现了易学六大论中的“五行关系论”。地支五行之间，除了水生木、木生火、火生土、土生金、金生水和水克火、火克金、金克木、木克土、土克水这些一般的通行的生克关系之外，还根据同性相斥，异性相吸的事物规律，形成了相冲、相合、相刑等等关系。

这就是子、午相冲（子、午均属阳，阳水克阳火，而且在九宫格中处于对立位置，故相互冲克），卯、酉相冲（二者均属阴，阴金克阴木，而且位置相对立），丑、未相冲（二者均属阴土，同性相斥，又处在对立位置），寅、申相冲（二者均属阳，阳金克阳木，又处在对立位置），辰、戌相冲（二者均属阳土，同性相斥又在对立方向），巳、亥相冲（二者均属阴，阴水克阴火，又在对立方向）。

按照异性相吸的原则，十二地支又形成六对相合的关系，这就是：子、丑合（阳水与阴土相合，合中又有克，即丑土克子水，故表示先合后分的关系），寅、亥合（阳木与阴水相合，合中相生，即亥水生寅木，故表示越合关系越好），卯、戌合（阴木与阳土相合，合中又有克，即卯木克戌土，故表示先合后分的关系），辰、酉合（阳土与阴金相合，合中相生，即辰土生酉金，故表示越合越紧密)，巳、申合（阴火与阳金相合，合中又相克，即巳火克申金，故表示先合后分的倾向)，午、未合（阳火与阴土相合，合中相生，即午火生未土，故表示越合越好的趋向)。

两个阳性相互排斥，不能相合；两个阴性相互排斥，也难以相合。但三个阳性却可以相合，所谓“三个男人成一帮”，“三个臭皮匠，赛过诸葛亮”。三个阴性也可以相合，所谓“三个女人一台戏”，“三朵鲜花可成林”。其实也就是老子道德经中所讲的“三生万物”。

根据上述原理，申、子、辰三个阳支相合，申金生子水，子水入辰库，即水长生于申，帝旺于子，库于辰，这样把水从生成到帝旺到入库三个主要阶段都概括了，故申子辰合成水局。寅、午、戌三个阳支相合，寅木生午火，午火入戌库，即火长生于寅，帝旺于午，库于戌，这样把火从生成到帝旺到入库三个主要阶段都概括了，故寅午戌合成火局。亥、卯、未三个阴支相合，亥水生卯木，卯木入未库，即木长生于亥，帝旺于卯，库于未，这样把木从生成到帝旺到入库三个主要阶段都概括了，故亥卯未合成木局。巳、酉、丑三个阴支相合，巳火生酉金（火炼矿石而成金属，地支巳中含天干丙火为本气，同时含戊土、庚金，金藏于戊土之中，所以经火一炼就出来了，故实际也等于土生金，不过是含有矿石的土罢了)，酉金入丑库，即金长生于巳，帝旺于酉，库于丑，这样把金从生成到帝旺到入库三个主要阶段都概括了，故巳酉丑合成金局。另外，还有辰、戌、丑、未四个土合成大地之土局（土为大地，古人认为天圆地方，故四土合成正四方形)，寅、卯、辰会成东方木局（因为按方位与五行的关系，中国哲学认为东方属木)，巳、午、未会成南方火局（按方位与五行关系，中国哲学认为南方属火)，申、酉、戌会成西方金局（按方位与五行的关系，中国哲学认为西方属金)，亥、子、丑会成北方水局（按方位与五行关系，中国哲学认为北方属水)。这些在奇门中不常用，就不详细讲了。

地支之间还有相刑的关系。这就是子刑卯，卯刑子，古人称之为无礼之刑。本来子水生卯木，怎么反而成为无礼之刑呢？这可以从两个方面进行理解：一者子为帝旺之水，卯为帝旺之木，旺水遇旺木，虽然相生，都难免做出无礼的行为，比如夏季洪水泛滥，将大树冲倒漂走，正如两个强者相遇，虽然相生，但难免“娆娆者易折”，做出非礼之事；二者，子水为木的沐浴之地，卯木为火的沐浴之地（沐浴之地称为咸池，又名桃花，周易中咸卦，即泽山咸，泽为少女，山为少男，咸为阴阳交感之意），两个正走桃花运的青年男女，一个好比干柴，一个好比烈火，两人相遇，虽然相生相爱，但难免要做出出格的行为，未婚先孕，给对方造成伤害，甚至触犯刑律。所以称之为无礼之刑。

其次是寅、巳、申三刑，即寅刑巳，巳刑申，申刑寅，古人称之为恃势之刑。本来阴火巳与阳金申相合，好比夫妇关系一样，这时阳木寅作为第三者插进来，追求阴火巳（寅木生巳火、阳生阴），自然遭到阳金申的激烈反对（申金冲克寅木），而寅为火的长生，巳为金的长生，申为水的长生，三人均处在长生之地，好像血气方刚的青年人一样，势力正旺，相互争斗，故称之为恃势之刑。

三是丑、戌、未三刑，即丑刑戌，戌刑未，未刑丑，古人称之为无恩之刑。本来丑、戌、未三者均为土，好比志同道合的朋友或兄妹一样（四柱叫比肩、劫财，六爻叫拱扶），阴土丑前来帮助阳土戌，阴土未出于嫉妒之心（阴与阴相斥），激烈反对阴土丑（未、丑相冲），而阳土戌以前也曾帮助过阴土未，一看未土忘恩负义，自然也恼羞成怒，相互打起来，故而此三者称之为无恩之刑。

四是辰、午、酉、亥各自相刑，即辰见辰自刑，午见午自刑，酉见酉自刑，亥见亥自刑。这四个地支，好像四位性格内向、孤傲，喜欢刚愎自用的人一样，往往排斥同类，或者自己给自己造成伤害，古人称之为自刑。比如有的人有了病不吃药，有的人自杀等等。

例如《神奇之门》第 152~154 页实例二女测父病，按常规断其父死于戌月即入墓之月也可以，但由于年命甲午辛在巽 4 宫形成午午自刑，即该女之父是位医生，知道吃药也没用，后来干脆什么药也不吃了，自己等死，所以提前到一进酉月就去世了。

另外，地支之间还有六害的关系，即寅、巳相害，卯、辰相害，丑、午相害，子、未相害，亥、申相害，戌、酉相害。这在四柱命理学，特别是在合婚方面古代用的较多。奇门中很少应用，这里就不详细论述了。

(二) 十天干

下面再讲奇门九宫格所含的天干内容。

中国传统记时符号代表太阳对地球的影响，代表阳性的符号就是天干。中国古代传说天上原来有“十日”即十颗太阳，后来被后羿射下九颗，只剩一颗。现代又有学者研究，认为天干的物质基础与存在意义应被看作是：太阳系各星球之间相互交错运动所产生的磁场效应。其中，“甲”为诸阳之首，故可视为太阳效应，乙为水星效应，丙为金星效应，丁为土星效应，戊为木星效应，庚为火星效应，壬为地球效应，己为天王星效应，辛为海王星效应，癸为冥王星效应（见《宇宙与人体揭秘》一书，中医古籍出版社1998年8月出版）。总之，我们祖先之所以把天干规定为十个符号，是长期观察体验天文现象的结果，是有其科学依据的。

甲、乙、丙、丁、戊、己、庚、辛、壬、癸十天干代表阳，从空间角度上讲，它们在奇门九宫格内与方位是有对应关系的，即甲、乙位于东方，丙、丁位于南方，庚、辛位于西方，壬、癸位于北方，戊、己位于中央。见(图13)。

巳 辰	丙 午 丁	未 申
乙 卯 甲	戊 己	庚 酉 辛
寅 丑	癸 子 壬	戌 亥

(图 13)

因为十天干为阳性，应与奇数相对应，所以甲、乙位于东方，与震3宫相对应；丙、丁位于南方，与离9宫相对应；庚、辛位于西方，与兑7宫相对应；壬、癸位于北方，与坎1宫相对应；戊、己位于中央，与中5宫相对应。即壬、癸、甲、乙、戊、己、庚、辛、丙、丁分别与1、3、5、7、9五个阳数对应。

但是，十天干本届阳，阳的特性是动态的，故作为时间符号，十天干与十二地支相配，它们是游动的。虽说游动，却不是杂乱无章的，它们永远是按顺时针方向，并且以阳干配阳支，阴干配阴支的规律来运动的，以此来表示永远向前流动的时间：“逝者如斯夫！”

首先是天干之首甲，与地支之首子相配，形成甲子，然后依次顺排：乙丑、丙寅、丁卯、戊辰、己巳、庚午、辛未、壬申、癸酉。这就是一甲，剩下地支后二位戌、亥逢空，因此就叫做：甲子旬中戌亥空。见（图 14）。

<table>
<tr><td>己巳
戊辰</td><td>庚午</td><td>辛未
壬申</td></tr>
<tr><td>丁卯</td><td></td><td>癸酉</td></tr>
<tr><td>丙寅
乙丑</td><td>甲子</td><td>戌
亥</td></tr>
</table>

（图 14）

其次，开始第二轮干支相配。由天干之首甲与第一轮轮空的戌相配，形成甲戌，然后依次顺排：乙亥、丙子、丁丑、戊寅、己卯、庚辰、辛巳、壬午、癸未。这就是二甲，剩下地支申、酉逢空，因此就叫做：甲戌旬中申酉空。见(图15)。

<table>
<tr><td>辛巳
庚辰</td><td>壬午</td><td>癸未
申</td></tr>
<tr><td>己卯</td><td></td><td>酉</td></tr>
<tr><td>戊寅
丁丑</td><td>丙子</td><td>甲戌
乙亥</td></tr>
</table>

（图 15）

再次，第三轮干支相配。由天干之首甲与第二轮轮空的申相配，形成甲申，然后依次相排：乙酉、丙戌、丁亥、戊子、己丑、庚寅、辛卯、壬辰、癸巳。这就是三甲，剩下地支午、未逢空，因此就叫做：甲申旬中午未空。见（图 16）。

癸巳 壬辰	午	未 甲申
辛卯		乙酉
庚寅 己丑	丙子	丙戌 丁亥

（图 16）

第四轮干支相配。由天干之首甲与第三轮轮空的地支午相配，形成甲午，然后依次相配：乙未、丙申、丁酉、戊戌、己亥、庚子、辛丑、壬寅、癸卯。这就是四甲，剩下地支辰、巳逢空，因此就叫做：甲午旬中辰巳空。见（图 17）。

巳 辰	甲午	乙未 丙申
癸卯		丁酉
壬寅 辛丑	庚子	戊戌 己亥

（图 17）

第五轮干支相配。由天干之首与第四轮轮空的地支辰相配。形成甲辰，然后依次相配：乙巳、丙午、丁未、戊申、己酉、庚戌、辛亥、壬子、癸丑。这就是五甲，剩下地支寅、卯逢空，因此就叫做：甲辰旬中寅卯空。见（图 18）。

<table>
<tr><td>乙 巳
甲 辰</td><td>丙 午</td><td>丁未
戊申</td></tr>
<tr><td>卯</td><td></td><td>己酉</td></tr>
<tr><td>寅
癸 丑</td><td>壬子</td><td>庚 戌
辛亥</td></tr>
</table>

（图 18）

第六轮干支相配。由天干之首甲与第五轮轮空的寅相配，形成甲寅，然后依次相配：乙卯、丙辰、丁巳、戊午、己未、庚申、辛酉、壬戌、癸亥。这就是六甲，剩下地支子、丑逢空，因此就叫做：甲寅旬中子丑空。见（图19）。

<table>
<tr><td>丁巳
丙 辰</td><td>戊午</td><td>己未
庚申</td></tr>
<tr><td>乙 卯</td><td></td><td>辛 酉</td></tr>
<tr><td>甲 寅
丑</td><td>子</td><td>甲戌
癸亥</td></tr>
</table>

（图 19）

至此，十天干与十二地支共配六次，就形成所谓六十花甲子。每一甲都剩下二个地支轮空，故就叫“六甲旬空”。中国古代就是以这六十甲子周而复始地来记载年、月、日、时。奇门遁甲，就是把这六十甲子纳入九宫格这个时空模型之中，来摹拟时间的自然流动。

据南京大学古天文系教授卢央先生考证，以六十甲子纳入奇门九宫格来记时的模型，原来是一种很古老的历法。奇门遁甲这种预测方法，不过是利用了古历法而已。它决非荒诞不经，而是有天文学依据的。

十天干不仅是记时符号，它们同时也是全息符号。古人根据阴阳五行的哲学观，对十天干也都赋予了不同的阴阳五行属性。

这就是：甲、丙、戊、庚、壬即奇数一、三、五、七、九属阳，乙、丁、己、辛、癸即偶数二、四、六、八、十属阴。同时又赋予五行的属性：甲、乙东方木，甲为阳木，乙为阴木；丙、丁南方火，丙为阳火，丁为阴火；庚、辛西方金，庚为阳金，辛为阴金；壬、癸北方水，壬为阳水，癸为阴水：戊、己中央土，戊为阳土，己为阴土。

既然十天干具有阴阳五行属性，自然相互之间，也就有了生、克、合、冲等制化关系。相生、相克关系，自然也是水生木、木生火、火生土、土生金、金生水和水克火、火克金、金克木、木克土、土克水的关系。而其相合，也是阴阳相合，相冲也是阳与阳、阴与阴对冲。这就是：

甲、己合，阳木甲与阴土己相合，古人称为中正之合；乙、庚合，阴木乙与阳金庚相合，古人称为仁义之合；丙、辛合，阳火丙与阴金辛相合，古人称为权威之合；丁、壬合，阴火丁与阳水壬相合，古人称为淫荡之合；戊、癸合，阳土戊与阴水癸相合，古人称为无情之合。

甲、庚相冲，（阳金庚克阳木甲，二者又处对立位置），乙、辛相冲（阴金辛克阴木乙，二者又处对立位置），丙、壬相冲（阳水壬克阳火丙，二者又处对立位置），丁、癸相冲（阴水癸克阴火丁，二者又处对立位置）。见（图20）。

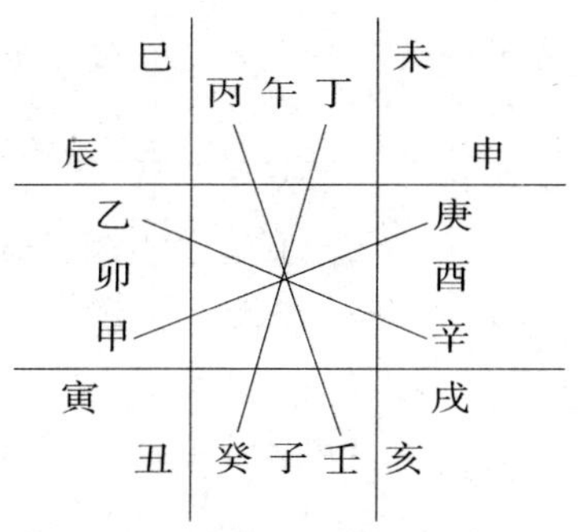

（图 20）

（三）二十四节气

最后，奇门九宫格所包含的时间内容，不仅有天干和地支，而且含有二十四节气。二十四节气是根据地球绕太阳运转一周即一个回归年大致等分为二十四个阶段来定的。这实际上是阳历，是根据太阳对地球上的日照来定的。冬至这一天太阳对北半球日照时间最短，即白天时间最短，夜晚时间最长。夏至这一天，太阳对北半球日照时间最长，即白天时间最长，夜晚时间最短。从冬至这一天开始，白昼一天天增长，到春分这一天日、夜等分，到夏至这一天白昼时间最长。由于日照一天比一天增多，白昼一天比一天长，即阳气渐长、阴气渐消，故奇门遁甲在这半年之中就用阳遁。相反，从夏至这一天开始，白昼一天天减短，到秋分这一天日、夜等分，到冬至这一天白昼时间最短，夜晚时间最长。由于日照一天比一天减少，夜晚一天比一天增长，即阴气渐长、阳气渐消，故奇门遁甲在这半年之中就用阴遁。

还有一个最大特点，按农历地支月份所含的节气与奇门八宫的对应关系，不是等分的，即一、三、七、九四正宫分别对应两个节气，而二、四、六、八四维宫则分别对应四个节气（图 11）。但在奇门九宫格内，却把二十四节气按八宫进行了等分，即一个宫平均对应三个节气。见（图 21）。

四宫：芒种、小满、立夏	九宫：夏至、小暑、大暑	二宫：立秋、处暑、白露
三宫：谷雨、清明、春分		七宫：秋分、寒露、霜降
八宫：立春、雨水、惊蛰	一宫：大寒、小寒、冬至	六宫：立冬、小雪、大雪

（图 21）

把二十四节气与八宫等分以后，原来十二地支月份所对应的节气则出现了错位现象。即子月（十一月）所对应的大雪、冬至二个节气分别跨在六宫与一宫之间；丑月（十二月）所对应的小寒、大寒二个节气则在一宫，不在八宫了；寅月（正月）所对应的立春、雨水二个节气仍在八宫。卯月（二月）所对应的惊蛰、春分二个节气则跨在八宫与三宫之间；辰月（三月）所对应的清明、谷雨二个节气则不在四宫，而提到三宫了：巳月（四月）所对应的立夏、小满二个节气仍在四宫；午月（五月）所对应的芒种、夏至二个节气则跨在四宫与九宫之间，未月（六月）所对应的小暑、大暑二个节气则不在二宫，而提到九宫了：申月（七月）所对应立秋、处暑二个节气仍在二宫；酉月（八月）所对应的白露、秋分二个节气则跨在二宫和七宫之间：戌月（九月）所对应的寒露、霜降二个节气则不在六宫，而提到七宫了；亥月（十月）所对应的立冬、小雪二个节气则仍在六宫。

这样以来，地支子、午、卯、酉则分别跨在两个宫之间，辰、戌、丑、未则分别提前了一个宫位，只有寅、申、巳、亥仍在原来宫位。由于出现了这种错位现象（即时空对应的错位），加上阴历大月三十天、小月二十九天，往往又有闰月，故每月初一很难与节气对应，故而奇门遁甲术与四柱一样，也是以节气为准，进入立春节才算新的一年开始，从交立春节到雨水为寅月，交惊蛰节到春分为卯月，交清明节到谷雨为辰月，交立夏节到小满为巳月，交芒种节到夏至为午月，交小暑节到大暑为未月，交立秋节到处暑为申月，交白露节到秋分为酉月，交寒露节到霜降为戌月，交立冬节到小雪为亥月，交大雪节到冬至为子月。而不按阴历初一为一个月的开始。

今天，不仅在世界，在中国也是以公历（即所谓阳历）记时，随着世界的一体化进程，多数人只知道阳历时间，而不记阴历时间了，因此，我们运用奇门遁甲也应以阳历为主。而阳历时间与二十四节气的对应又比较稳定，一般错位只在一、二天之间，比如冬至节，一般不是阳历的 12 月 21 日就是 12 月 22 日，夏至节不是 6 月 21 日则为 6 月 22 日，其他节气也是如此，所谓“上半年来六、二十一，下半年来八、二十三，每月两气日期定，最多相差一、二天”。二十四节气与公历时间的对应日期。见（图 22）。

6.6 芒种	6.22 7.7 7.23	立秋 8.8
5.21 小满	夏 小 大	处暑 8.23
5.6 立夏	至 暑 暑	白露 9.8
4.21 谷雨		秋分 9.23
4.5 清明		寒露 10.8
3.21 春分		霜降 10.23
惊 雨 立	大 小 冬	立冬 11.8
蛰 水 春	寒 寒 至	小雪 11.23
3.6 2.19 2.4	1.21 1.6 12.21	大雪 12.8

（图 22）

由于二十四节气在八宫中进行了等分，二十四节气与阳历时间的对应又比较稳定，故奇门遁甲在判断应期时，应以节气为主，以阳历时间为主，这样准确率才比较高。例如《神奇之门》第 185~187 页实例四杜新会测在美国考行医执照，判断何时可接到录取通知书，由于巽 4 宫辰、巳空亡，逢冲之月、日为应期，戌冲辰，故断戌月，按 1997 年阳历 10 月 2 日就是阴历九月初一了，可是 10 月 8 日才交寒露节，故杜新会断 10 月 7 日以后才能收到录取通知书。结果，10 月 9 日就收到了通知书。这样实际应期与判断只差一、二天，如果按阴历九月来断，则应断阳历 10 月 2 日以后就会收到，这样与实际相差 7 天，就显得误差大了。

第二章
关乎事物成败的四大要素

奇门遁甲来源于军事上的排兵布阵，涵盖了天时、地利、人和、神助等关乎事物成败的四大要素。

第一节　十天干与九宫八卦阵

奇门遁甲的“甲”字，起码有两层含义：一是代表兵士，甲是古代士兵穿的护身衣，又叫铠甲，后来引申为兵士的代表，古语称某位将军带兵多，往往就说“带甲百万”。因此，遁甲就是把兵士、把军队隐遁起来，然后如何出奇制胜。所以说奇门遁甲术来源于军事。二是甲是十天干之首，是十天干的代称，正如以甲子代表天干地支一样，所谓遁甲，就是用十天干代表军队排列九宫八卦阵。换句话说，这种预测、决策术主要用十天干符号，与六爻、六壬术主要用十二地支不同，所以有人又称奇门遁甲为“天干学”。学习奇门遁甲，首先要把握住这个特点。今天，中国人民解放军各种车辆的牌号仍然在使用十天干这些符号，这可能是一种巧合，但也可说明十天干与军事的源远流长关系。

说奇门遁甲是“天干学”，并不是不用地支，而是说在传统的遁甲式盘上遁来遁去的显性符号主要是十天干。其实，既然是遁甲，甲这个符号是隐遁起来的，在式盘上是看不见的，在式盘上转来转去或飞来飞去的只是其他九个天干符号。这就是所谓三奇、六仪，即乙、丙、丁和戊、己、庚、辛、壬、癸。

遁甲术以甲为中心，在六十甲子中有六个甲，这就是一甲甲子，二甲甲戌，三甲甲申，四甲甲午，五甲甲辰，六甲甲寅。这六甲在军事上就代表六员大将，其中一甲甲子就是元帅或叫主帅、统领。古人为什么规定一甲甲子遁在戊下，即以戊为一甲的仪仗、旗帜、标志呢？这是因为从阴阳五行学说来讲，阳干戊为土，为大地土，从方位上代表中央，从颜色上代表正黄色，中国人为黄种人，以黄河流域为发祥地，因而以黄色为最高贵，只有皇帝才允许穿黄色服装，所谓“黄袍加身”即代表登上最高宝座。古代军队的主帅打的也是杏黄旗，例如《封神演义》上的姜子牙。所以在遁甲中也以黄色戊土作为元帅的仪仗标志，即甲子遁在戊下，换句话说，就叫甲子戊。

二甲甲戌地位仅次于元帅，故用阴土己土为仪仗标志，己土也为黄色，但不是正黄色，而是浅黄色或镶黄色了。这就是二甲甲戌遁在己下，又叫甲戌己。

三甲甲申，为什么用庚来作为仪仗标志呢？因为土能生金，所以让甲申遁在庚下，又叫甲申庚。这是一面正白色的旗帜。

四甲甲午，仅次于三甲，故用阴金辛作为仪仗标志，即甲午遁在辛下，又叫甲午辛。这是一面浅白色或镶白色的旗帜。

五甲甲辰，为什么用壬来作为仪仗标志呢？因为金能生水，所以让甲辰遁在壬下，又叫甲辰壬。这是一面正黑色的旗帜。

六甲甲寅，仅次于五甲，故用阴水癸作为仪仗标志，即甲寅遁在癸下，又叫甲寅癸。这是一面浅黑色或镶黑色的旗帜。

这样一安排，六甲即六员大将的旗帜、仪仗标志，就形成土生金，金生水，水又生木（木就是甲，就是东方青龙，就是中国人的图腾，就是奇门遁甲术的中心），这样一个连环相生的格局，一个吉祥如意的格局。

由此看来，六甲遁在戊、己、庚、辛、壬、癸六仪之下，不是随便安排的，它的原理也是阴阳五行学说，是符合易学哲学精华的。

再说三奇乙、丙、丁。按照中国人对自然界和人类自身的认识，从古至今流传这样三句话，即“天上三宝日、月、星，地上三宝水、火、风，人身三宝神、气、精”。人类要健康地美满地生存在地球上，离不开这九件宝物。还有一种讲法，即“天上三奇乙、丙、丁”，“人间三奇甲、戊、庚”，“地下三奇壬、癸、辛”。其意也是说，天上离不开日、月、星三宝，人间离不开树木、土地、金属三种宝物，地下离不开大海、河流、沟渠及各种矿藏。

总之，古人是把乙、丙、丁作为日、月、星辰的代表符号的。所以在奇门遁甲中就规定了乙、丙、丁三奇的特殊仪仗标志，乙的旗帜上绣着太阳，称之为日奇；丙的旗帜上绣着月亮，称之为月奇；丁的旗帜上绣着星星，称之为星奇。

乙、丙、丁作为三奇，在奇门遁甲中除代表日、月、星三奇、三宝之外，还有它特殊的含义。

奇门遁甲作为“天干学”，以十天干为其主要符号，又以甲为中心，而甲与庚是一对主要矛盾。甲为阳木，代表东方青龙，庚为阳金，代表西方白虎。金克木，阳克阳，二者从方位上又处在对冲的位置上，所以庚是甲的主要敌人和对手。在遁甲术用于军事战争预测上，就是以甲（遁在值符下）为主方，以庚为客方，以二者落宫的生克制化及旺相休囚来判断双方交战的胜负的。

从庚与甲这一对主要矛盾出发，甲为了战胜庚，有三种方案：一是直接对抗，以刚对刚，以军事优势打败敌人，这就是用甲的儿子丙火（甲木生丙火），丙为阳火，为天威，直克庚金，金怕火克，刚烈勇武的丙火自然能够打败庚金而获胜，所以丙自然是一奇，而且是月奇。它的形象正如《三国演义》中的关羽一样，火红的脸膛，所谓“面如重枣”，手持一把青龙偃月刀，所向无敌。二是以柔克刚，用甲的女儿丁火（甲木生丁火），战胜庚金，丁为阴火，又称之为玉女，阴火对阳金，既有相克的一面，又有相合的一面(在遁甲预测中庚为男人，丁在历史上代表妾，今天可代表第三者女人，代表情人、小蜜等)，即由丁火对庚金软硬兼施，又拉又打，自然也能使庚金臣服。因此，丁自然也为一奇。而且丁奇在三奇中最灵、最吉，在十干克应天地盘相同的伏吟格局中，惟有丁+丁仍为吉格，乙+乙、丙+丙都不宜行动，而丁+丁仍然可以主动谋事行动。所以古人讲丁奇最灵。第三种方案就是使用美人计，或者叫“和亲政策”，即用甲的妹妹乙木嫁给庚金，由于乙庚相合为夫妇，甲与庚由敌对变成亲家，自然可以化干戈为玉帛，使原来敌对的势力臣服于自己了。中国历史上不少皇帝都采用过这种“和亲政策”，或将妹妹，或将女儿（公主）嫁给原来曾不断侵犯自己的敌对国家，以求得对方臣服而和平共处。所以乙也为一奇。只有不懂奇门遁甲的周瑜出馊主意让孙权把妹妹嫁给刘备，被精通奇门遁甲的诸葛亮识破美人计而将计就计，结果使东吴赔了夫人又折兵。

以上既是从阴阳五行的哲学观来论述乙、丙、丁之所以称为三奇的原理，也是古代军事上交战双方的历史事实。

其次，乙、丙、丁之所以称为三奇，在军事上还有一层含义，这就是乙奇代表谋士，即在元帅身边出谋划策的人，或称之为幕僚，由于他们并不亲自执戈搏杀，只在中军宝帐内出谋献策，所以也属于阴性，故而以阴木乙木为代表符号（阴阳是相对的，不要认为乙木只代表女人，它也可以代表具有阴柔特点的男人）。之所以称为“日奇”，之所以以“太阳”为旗帜、仪仗，是因为古代将精通周易、天文、历法，擅长占卜预测的人称为“日者”（换句话说，就是研究日月星相、大自然和人类社会生活规律，像太阳一样能够照亮人们前进方向的人）。司马迁的《史记》一书，就设有《日者列传》，专门记载古代占卜的名士，后世史书也都设有专章，为这些精通周易预测的专家树碑立传。由此看来，周易从古以来就是一门高深的咨询文化。乙奇在奇门遁甲中作为元帅的高参，作为军师，故而称为“日奇”。丙奇则是元帅身边的警卫部队，是元帅的贴身卫士。丁奇则是军需官、粮草官（由于军需官一般也不用亲自执戈上阵，所以也属阴性。故而不要认为丁奇都是女人，丁奇也可以是具有阴柔特性的男人）。兵马未动，粮草先行，在战争中后勤供应是绝对少不了的，而且是关乎士兵生存和战争胜负的重要一环。所以这一奇至关重要，在三奇中最为灵验。

以上甲子戊、甲戌己、甲申庚、甲午辛、甲辰壬、甲寅癸六支部队和乙奇军师、丙奇警卫、丁奇军需共九个部分组成了战争所必需的方方面面，涵盖了战争所需的各种要素。

奇门遁甲就是以上述六支部队和三奇布在九宫八卦阵中，以此来摹拟战争的演化规律，进而模拟万事万物的演变规律。具体的阵法，就是我在《神奇之门》第46~51页上讲的戊、己、庚、辛、壬、癸、丁、丙、乙这个无头无尾、固定不变、永远连在一起的连环阵、太极圈。只要掌握了这个规律，这个所谓"秘诀"（有人称之为"绝招"，我不赞成这种说法。我认为学习周易没有"绝招"，只有精通了易理，掌握了规律，不仅知其然，而且知其所以然，就能学好周易，掌握每一种预测术），推演奇门遁甲的阴遁十八局、阳遁十八局，以至于1080局，都可以迎刃而解了。

第二节 天时、地利、人和、神助四大要素

（一）天时——九星

关于按照戊、己、庚、辛、壬、癸、丁、丙、乙的连环阵形如何排布奇门遁甲阴遁九局的地盘和阳遁九局的地盘，书中已经讲得很清楚，这里不再重复。

这里再重点讲一讲构成时家奇门的四层盘或叫四大要素，这就是天时、地利、人和与神助。这四个方面实际上是一件事、一个人、一单位、一个团体，乃至一个国家、一个民族兴衰成败的关键。

天时——在奇门中以九星代表天时。天时不仅包括自然界的天时气象，也包括社会发展大的运动规律，比如政治气候等等。具体到一个人，还可以代表他（她）的遗传因素、先天素质、本性等等。

九星与九宫方位和八卦的对应关系是固定的。这就是坎1宫的天蓬星，它五行属水，为阳性。古人把它规定为凶星，因为它胆大妄为，又喜欢暗中行事，故作为杀人犯、抢劫犯、大盗、大贪污犯的代表符号。在奇门测刑事案件中，都以天蓬星作为凶犯的用神。这是其主要特征。但是吉凶是相对的，事物都有双重性。因而在一定条件下，天蓬星也可以作为吉的符号，比如镇守边关的大将，敢于投机倒把做大生意的巨商大贾，敢冒风险，具有大智慧的人，等等，往往也临着天蓬星。因为天蓬星属水，水主智。总之，聪

明、胆大、喜欢暗中行事，这是它的主要特点。

与坤2宫对应的是天芮星，它五行属土，为阴性。古人规定它为凶星，因为它有阴险、贪毒的一面，与疾病有关。所以在奇门测病中，它是疾病的主要代表符号。但它也有吉的一面，比如在测妇女孕产中它代表孕妇，在测人职业方面它代表农民，在测拜师学艺方面它代表学员，等等。因为它是坤宫的星，也同时具有坤卦的性质，即代表母亲、代表妇女、代表土地、代表大众、代表下层民众、代表学生等等。

与震3宫对应的是天冲星，它五行属木，为阳性。古人规定它为吉星，因为它在战场上敢打敢冲为武士。在工作中自然也具有雷厉风行、干事爽快利索的优点。但它也有冒失、粗鲁、不稳重的一面，故有人认为它是次吉之星。

与巽4宫对应的是天辅星，它五行属木，按奇门阴、阳二遁来分，它属阳性，但从巽卦代表长女来讲，它又属于阴性，因为阴阳本来就是相对的，看从哪个角度来认识。古人认为它是天上的文曲星，与文化教育有关，故为大吉之星。在奇门应用中，它往往代表老师、代表班主任、代表考试院、代表文化程度等等。总之，人与动物一个重要区别就是有文化，一个人文化程度高低，能否具有较高的文化教养，与他一生命运十分有关。特别是在科教兴国，知识经济日益发展的今天，天辅星的作用更加重要。

与中五宫对应的是天禽星，它五行属土，性质为阳性。因为土能生万物，古代君主实行九宫明堂制，君主是在中宫办公的，奇门遁甲排九宫八卦阵，元帅也是隐蔽在中宫的，所以中宫的天禽星自然是大吉之星。天禽星具有大地中央土的特性，忠诚老实，厚德载物。如果它临宫，则百事可为，四时皆吉。奇门有九个宫，但只有八个卦，所以中五宫没有对应的卦；同时也没有门，因为所谓门都是向外走的通道，中间不可能有门，所以也只有八门(今天有的研易之人独出心裁，设置一个所谓“平门”与中五宫、天禽星相对应，还自诩为什么什么重大突破，实际上连易理都没有搞通)。那么中五宫的天禽星与什么卦、什么门对应呢？由于中五宫为大地之土，故与2宫的坤卦、死门相对应。在活盘奇门遁甲中，中五宫的天禽星和所临的三奇六仪永远寄坤2宫，与2宫的天芮星一起飞转，天芮星落在哪一宫，天禽星也落在哪一宫。但由于天芮星和天禽星分属2宫和5宫的星，而地盘三奇六仪有九个，故天芮星和天禽星所携带的三奇六仪不同，用神也就不同。如《神奇之门》第334~337页实例五测外籍医生四柱，其中我断苏女士“大儿子不太顺，不是身体不好就是现在还当学生；小儿子运气好，为人忠厚能干”，其根据就是她大儿子1968年生，年命戊申，戊落乾6宫为入库，戊又临天芮凶星；小儿子1971年生，年命辛亥，辛落乾6宫为沐浴、冠带之地，又临天禽吉星。

与乾6宫对应的是天心星。它五行属金，按奇门阴阳二遁来分，6宫用阴遁，故天心星属阴性；但按乾为天、为老父来讲，天心星又属阳性。古人称它是与文曲星相对的武曲星，既有聪明、能干，富有领导才能、能够成就大事业的特性，也有为人阴柔、心底细密、能屈能伸、乐善好施、济世救人的优点，故不仅利于军事作战、领导群众，而且也利于医卜星相，治病配药，求仙长寿。所以在奇门预测中，天心星既可以作为领导、长官的用神，也是医生和医药的代表符号。它既能惩恶，也能助善，所以是大吉之星。

与兑7宫对应的是天柱星。它五行属金，按奇门阴阳二遁来分，7宫用阴遁，按兑为少女来说，也属阴卦，故为阴性。古人认为它正当金秋肃杀之时，喜杀好战，与惊恐怪异、破坏毁折有关，故又名破军星，一般作为凶星符号。但事物都有两重性，既然称之为天柱星，它又有顶天立地、力挽狂澜、砥柱中流的一面，所以还需结合格局、门、神、三奇六仪等符号综合判断，不可一概按凶断。它的特点是不仅好斗，具有破坏性，而且能言善辩。所以古人在人生经验预测中讲：“天柱合式，直言谏议。”“七赤天柱位镇西垣，有气者，舌辩当世；被冲克，优伎乐工”（见《神奇之门》第322~324页）。正因为有此特征，所以在判断人的职业上，如果用神临天柱星，往往职业与军警、教师、律师、演员、外交官等有关。

与艮8宫对应的是天任星。它又名左辅星。五行属土，性质属阳性。古人认为土能生万物，又当春季万物萌生之时，故为大吉之星。它的特征是厚德载物，忠厚诚实，同时任劳任怨，慈祥善良，乐于助人。从职业上讲，如果用神临天任星，往往与土地、农业有关。如人生经验预测中所讲：“任为左辅，司农之职。”“天任得地，田土仆马之富；受克，农圃辛苦之人”（见《神奇之门》第323页）。

与离9宫对应的是天英星。它又名右弼星。它五行属火，阴性。古人认为天英星属离宫之位，烈火炎炎，性躁易暴，所以既有光明、文明、好的一面，一旦过头，就与血光之灾有关，故称之为中平之星。在职业上，如果天英星临用神，往往与火、与文明有关。如在人生经验预测中所讲：“英星右弼合吉格，鼎鼐元勋。”“天英为火宿，稍有气，行行威烈之表；全失局，冶炼劳碌之人。”“天英火司南离，乘权者必主文明；背时者，贪暴昏庸”（见《神奇之门》第323页）。

九星与九宫、八卦的对应关系，见（图23）。这在奇门地盘上是永远不变的。但九星代表天时，所以它必须在天盘上飞，如果又飞回本宫，则为伏吟。比如天蓬星又飞回坎一宫，这时天盘上是天蓬星，地盘上也是天蓬星，在奇门中就叫作“星伏吟”，换句话说，就是九星又飞回本宫，伏在地盘上哭泣、呻吟。如果九星飞到与本宫对冲的方位，奇门中就叫反吟。比如天蓬星本为坎一宫的星，位在正北方，如果飞到离九宫天盘上，也就是与正北相对的正南方位上，这时天盘上是天蓬星、地盘上是天英星，这就叫反吟。而且与之相对，在天蓬星飞到离九宫天盘的同时，离九宫地盘上的天英星也飞到坎一宫的天盘上，正好互相侵占了对方的地位，二者必然相互反对、冲撞而引起痛苦，在奇门中就叫“九星反吟”。

四宫 巽卦 天辅星	九宫 离卦 天英星	二宫 坤卦 天芮星
三宫 震卦 天冲星	五宫 天禽星	七宫 兑卦 天柱星
八宫 艮卦 天任星	一宫 坎卦 天蓬星	六宫 乾卦 天心星

（图23）

九星运转的规律是随时干，也就是说，在时家奇门中，九星是随时辰的天干而运转的。某个时辰的天干落在某宫，这个时辰的值符星也就飞到某宫的天盘上。这一点在下边讲起局时再细讲。

九星的旺相休囚废，与地上五行不同。这一点一定要牢记。地上五行是旺相休囚死。即当令者旺，我生者相，生我者休，克我者囚，我克者死。比如木，在春季当令最旺；木能生火，所以火在春天为相，所谓相，就是次旺；水能生木，木在春天已当令最旺了，生它的水就可以休息了，所以春天水处于休的状态；金本来能克木，如今春天木当令最旺，反过来制住了金的势力，所以这时即春天金处于囚的状态，即被囚禁，发挥不了作用的状态；木能克土，春天木当令最旺，所以能把土完全克住、克死，因而土在春天就处于死的状态，古人就叫我克者死。与木同理，夏季则火旺，土相，木休，水囚，金死；秋季则金旺，水相，土休，火囚，木死；冬季则水旺，木相，金休，土囚，火死；四季土月（即辰、戌、丑、未月），则土旺，金相，火休，木囚，水死。

九星是在天上运行的星体，本身无所谓旺相休囚，它们不受地球上四季气候的影响，因而它们的旺相休囚废，主要是针对它们对地球的作用和影响而言的。具体到奇门遁甲中，就是它们飞临某宫，对该宫的作用和影响。所以，九星的旺相休囚废与地上五行不同。

这就是九星落到我生之宫最旺，落到与我五行相同之宫为相（次旺），落到我克之宫为休，落到生我之宫为废，落到克我之宫为囚。这就是《烟波钓叟歌》中所讲："与我同行即为相，我生之月诚为旺，废于父母休于财，囚于鬼兮真不妄"。比如天蓬星五行属水，如果它飞临坎1宫则为相，因坎宫五行也属水，属于同一种五行，古人又称之为落入兄弟宫，只能起到帮扶作用，所以这时它就处于次旺的状态。如果天蓬星，飞临震3宫或巽4宫，水能生木，古人又称之为落入子孙宫，天蓬星的作用能得到最大发挥，所以它就处于最旺状态。如果天蓬星飞临离9宫，离9宫属火，天蓬星属水，古人称之为落入妻财宫，虽然水能克火，但离9宫喜欢火，火在离9宫当令，水发挥不了什么作用，所以天蓬星就处于休息的状态。如果天蓬星落入乾6

宫或兑7宫，金能生水，古人称之为落入父母宫，因为乾兑均属金，金当令自然能生水，就不需要天蓬星再起作用了，所以就处于废的状态。如果天蓬星落入艮8宫或坤2宫，土能克水，古人称之为落入官鬼宫，因为艮、坤二宫属土，土当令克水，水被囚禁，所以天蓬星就处于被囚的状态。

以上是按落宫来讲，按月令来讲，也是如此。如天蓬星在亥（十月）、子（十一）两月，同属水，就处在相（次旺）的状态。天蓬星在寅（正月）、卯（二月）两个月，因为水能生木，就处在旺的状态。天蓬星在巳（四月）、午（五月）两个月，水能克火，火当令，天蓬星就处在休的状态。天蓬星在申（七月）、酉（八月）两个月，金能生水，金当令，自己就能生水，天蓬星就处在废的状态。天蓬星在辰（三月）、未（六月）、戌（九月）、丑（十二月）四个月，土能克水，土当令，天蓬星就处在囚的状态。其他八个星的旺相休囚废可依次类推。

那么，九星的旺相休囚废，是以落宫为主来判断，还是以月令为主来判断呢？根据易理和实践经验，九星的旺相休囚废，应以落宫为主来判断，兼看月令。

比如，庚辰年十一月（子月），天蓬星落入艮8宫，其他八星分别落入3、4、9、2、7、6、1宫的旺相休囚废。见（图24）。

天冲星 落宫为相 月令为废	天辅星 落宫为旺 月令为废	天英星 落宫为旺 月令为囚
天任星 落宫为囚 月令为休		天芮星、天禽星 落宫为旺 月令为休
天蓬星 落宫为囚 月令为相	天心星 落宫为旺 月令为旺	天柱星 落宫为相 月令为旺

（图24）

（二）地利——十天干落宫状态

下边再讲地利。

所谓地利，就是用神落入九宫的状态。奇门遁甲，又称为天干学，所以十天干是用神的主要代表符号。十天干寄生十二宫的状态，也就是分别落入奇门九宫的状态，决定了它们得不得地利的状态。

古人把十天干的旺相休囚分成十二种状态，描绘一个人，一个单位，一个团体，一个国家，乃至一个民族或一件事物从孕育、降生、成长、壮大、发达到逐渐衰落死亡，继而绝处逢生，再次孕育、成长的周而复始的运动规律，也就是“生生不息谓之易”的变化规律。这就是长生、沐浴、冠带、临官、帝旺、衰、病、死、墓、绝、胎、养十二个阶段、十二种状态。

在奇门遁甲中，由于有阴阳二遁、阳顺阴逆的规律，十天干严格按照阳顺阴逆的规律分别运行在九宫中。

甲为阳木，按阳顺规律，长生在亥（因为水生木），沐浴在子，冠带在丑，临官在寅，帝旺在卯，衰在辰，病在巳，死在午，墓在未，绝在申，胎在酉，养在戌。见（图 25）。

巳（病） 辰（衰）	午（死）	未（墓） 申（绝）
卯（帝旺）		酉（胎）
寅（临官） 丑（冠带）	子（沐浴）	戌（养） 亥（长生）

（图 25）甲木落宫状态

这就是说，甲木如果落在乾 6 宫，则为养和长生的状态，落在坎 1 宫则为沐浴状态，落在艮 8 宫则为冠带、临官状态，落在震 3 宫则为帝旺状态，落在巽 4 宫则为衰、病状态，落在离 9 宫则为死的状态，落在坤 2 宫则为墓、绝状态，落在兑 7 宫则为胎的状态。

乙为阴木，与甲木正好相反，按照阳死阴生、阳生阴死和阳顺阴逆的规律，从甲木死地午开始长生，即乙木长生在午，沐浴在巳，冠带在辰，临官在卯，帝旺在寅，衰在丑，病在子，死在亥，墓在戌，绝在酉，胎在申，养在未。见(图 26)。

巳（沐浴） 辰（冠带）	午（长生）	未（养） 申（胎）
卯（临官）		酉（绝）
寅（帝旺） 丑（衰）	子（病）	戌（墓） 亥（死）

(图 26) 乙木落宫状态

这就是，乙木落在离 9 宫为长生之地，落在巽 4 宫为沐浴和冠带之地，落在震 3 宫为临官禄地，落在艮 8 宫为帝旺和衰的状态，落在坎 1 宫为病地，落在乾 6 宫为死、墓之地，落在兑 7 宫为绝的状态，落在坤 2 宫为胎、养之地。

丙火为阳火，按照阳顺阴逆和木能生火的规律，丙火长生在寅，沐浴在卯，冠带在辰，临官在巳，帝旺在午，衰在未，病在申，死在酉，墓在戌，绝在亥，胎在子，养在丑。见 (图 27)。

巳 （临官） 辰 （冠带）	午 （帝旺）	未 （衰） 申 （病）
卯 （沐浴）		酉 （死）
寅 （长生） 丑 （养）	子 （胎）	戌 （墓） 亥 （绝）

(图 27) 丙火落宫状态

这就是说，丙火落在艮8宫为养和长生状态，落在震3宫为沐浴状态，落在巽4宫为冠带和临官禄地，落在离9宫为帝旺之地，落在坤2宫为衰、病之地，落在兑7宫为死地，落在乾6宫为入墓和绝地，落在坎1宫为胎地。

丁为阴火，按阳死阴生、阳生阴死和阳顺阴逆的规律，丙火阳火死在酉，阴火丁则就长生在酉，沐浴在申，冠带在未，临官在午，帝旺在巳，衰在辰，病在卯，死在寅，墓在丑，绝在子，胎在亥，养在戌。见（图28）。

巳 （帝旺） 辰 （衰）	午 （临官）	未 （冠带） 申 （沐浴）
卯 （病）		酉 （长生）
寅 （死） 丑 （墓）	子 （绝）	戌 （养） 亥 （胎）

（图28）丁火落宫状态

这就是说，丁火落兑7宫为长生之地，落坤2宫为沐浴、冠带之地，落离9宫为临官禄地，落巽4宫为帝旺和衰地，落震3宫为病地，落艮8宫为死、墓之地，落坎1宫为绝地，落乾6宫为胎、养之地。

戊、己为中央土，戊为阳土，己为阴土。天干为阳，地支为阴，在天干生旺死绝的十二种状态中，土与火同宫，因为火在天上，火能生土，又代表上、代表天、代表南方的离宫（先天卦为乾）中，午与未土相合，所以阳土戊土与阳火丙火的十二种状态相同，即戊土也是长生在寅，沐浴在卯，冠带在辰，临官在巳，帝旺在午，衰在未，病在申，死在酉，墓在戌，绝在亥，胎在子，养在丑，见（图27）。阴土己土与阴火丁火的十二种状态相同，即己土长生在酉，沐浴在申，冠带在未，临官在午，帝旺在巳，衰在辰，病在卯，死在寅，墓在丑，绝在子，胎在亥，养在戌。见（图28）。

这里需要特别提醒一下读者，地支与天干不同；地支属阴，地支五行的十二种状态，一是水、土同宫，因为在地球上总是水与土在一起，又代表下、代表地、代表北方的坎宫（先天卦为坤）中，子水与丑土相合，所以在地支中，土与水的十二种状态相同；二是地支五行不分阳顺、阴逆均按顺时针方向论生旺死绝，即不分寅木（阳木）、卯木（阴木），均按木长生在亥，帝旺在卯，墓在未顺序论十二种状态，即与天干甲木的十二种状态相同。同样，也不分巳火（阴火）、午火（阳火），均按火长生在寅，帝旺在午，墓在戌的顺序论十二种状态，即与天干丙火的十二种状态相同。而土，不论辰土（阳土）、戌土（阳土）、未土（阴土）、丑土（阴土），均按水长生在申、帝旺在子、墓在辰的顺序论十二种状态，即与天干壬水的十二种状态相同。同样，申金（阳金）、酉金（阴金）也不分阴阳，均按阳金长生在巳、帝旺在酉、墓在丑的顺序论十二种状态，即与天干庚金的十二种状态相同。目前有的易学类图书，本来是讲六爻预测，只论地支五行的，却将十天干生旺死绝表放在书中，又没有讲清天干与地支的不同用法，则很容易给读者造成混乱。

下边接着讲十天干中庚、辛金的十二种状态。庚金为阳金，金本来藏在土中，土能生金，但矿石必须经过火来熔炼才能成为金属，所以庚金长生在巳（地支巳中藏有丙火、戊土、庚金），沐浴在午，冠带在未，临官在申，帝旺在酉，衰在戌，病在亥，死在子，墓在丑，绝在寅，胎在卯，养在辰。见（图 29）。

巳 （长生） 辰 （养）	午 （沐浴）	未 （冠带） 申 （临官）
卯 （胎）		酉 （帝旺）
寅 （绝） 丑 （墓）	子 （死）	戌 （衰） 亥 （病）

（图 29）庚金落宫状态

这就是说，庚金落巽4宫为养和长生状态，落离9宫为沐浴之地，落坤2宫为冠带和临官禄地，落兑7宫为帝旺状态，落乾6宫为衰、病之地，落坎1宫为死地，落艮8宫为墓、绝之地，落震3宫为胎地。

阴金辛，与阳金庚正相反，根据阳死阴生、阳生阴死和阳顺阴逆的规律，阳金庚死在子，则阴金辛就长生在子，沐浴在亥，冠带在戌，临官在酉，帝旺在申，衰在未，病在午，死在巳，墓在辰，绝在卯，胎在寅，养在丑。见（图30）。

巳 （死） 辰 （墓）	午 （病）	未 （衰） 申 （帝旺）
卯 （绝）		酉 （临官）
寅 （胎） 丑 （养）	子 （长生）	戌 （冠带） 亥 （沐浴）

（图30）辛金落宫状态

这就是说，辛金落坎1宫为长生之地，落乾6宫为沐浴、冠带之地，落兑7宫为临官禄地，落坤2宫为帝旺和衰的状态，落离9宫为病地，落巽4宫为死、墓之地，落震3宫为绝地，落艮8宫为胎、养之地。

金能生水，故阳水壬水长生在申，沐浴在酉，冠带在戌，临官在亥，帝旺在子，衰在丑，病在寅，死在卯，墓在辰，绝在巳，胎在午，养在未。见（图31）。

巳 （绝） 辰 （墓）	午 （胎）	未 （养） 申 （长生）
卯 （死）		酉 （沐浴）
寅 （病） 丑 （衰）	子 （帝旺）	戌 （冠带） 亥 （临官）

（图 31）壬水落宫状态

这就是说，壬水落在坤 2 宫为养和长生之地，落在兑 7 宫为沐浴之地，落在乾 6 宫为冠带和临官之地，落在坎宫为帝旺，落在艮 8 宫为衰、病之地，落在震 3 宫为死地，落在巽 4 宫为墓、绝之地，落在离 9 宫为胎地。

癸为阴水，按阳死阴生、阳生阴死和阳顺阴逆的原则，壬水阳水死在卯，因而阴水癸水就长生在卯，沐浴在寅，冠带在丑，临官在子，帝旺在亥，衰在戌，病在酉，死在申，墓在未，绝在午，胎在巳，养在辰。见（图 32）。

巳 （胎） 辰 （养）	午 （绝）	未 （墓） 申 （死）
卯 （长生）		酉 （病）
寅 （沐浴） 丑 （冠带）	子 （临官）	戌 （衰） 亥 （帝旺）

（图 32）癸水落宫状态

这就是说，癸水落在震 3 宫为长生之地，落在艮 8 宫为沐浴、冠带之地，落在坎 1 宫为临官禄地，落在乾 6 宫为帝旺和衰的状态，落在兑 7 宫为病地，落在坤 2 宫为死、墓之地，落在离 9 宫为绝地，落在巽 4 宫为胎、养之地。

上述十二种状态中的长生，描绘、象征一个人、一件事物仿佛小孩刚刚降生一样，处在开始阶段。沐浴，仿佛降生后处在洗澡，尚未穿衣阶段，还十分娇嫩、脆弱。古人把沐浴阶段，又称为桃花、咸池，因沐浴阶段男女处在两小无猜、相互嬉戏的状态，由此又引申为谈恋爱、男女互相爱慕以致于谈婚论嫁的意思。冠带，则象征小孩子开始穿衣戴帽，逐步长大成人。临官，又叫临官禄地，象征一个人开始参加工作、自己独立挣钱谋生了。帝旺，象征一个人的事业已经达到了高峰阶段。衰，象征一个人或一件事物，开始从顶峰向下衰落，走下坡路了。病，仿佛一个人衰弱到一定程度，开始患病了。死，仿佛一个人病了很久，最后无法治愈而去世了。墓，比喻一个人死后被埋进坟墓的阶段。绝，比喻一个人埋进坟墓或火化后，连躯体也完全消失了，比喻一件事物的彻底终结。胎，比喻此人或此件事物已转化为其他人或事物，重新投胎转世。养，比喻转生投胎后正处在新的孕育、酝酿阶段。然后再次降生，这就是又一轮的长生了。由此可见，古人就是用这十二种状态来描述一个人、一件事物周而复始的生长变化规律。

在上述十二种状态中，长生、沐浴、冠带、临官、帝旺五个阶段，反映了一个人、一件事物从开始到逐渐兴旺发达的过程，因而十天干处在这五种状态，就叫做旺相，就叫得地利。当然，在这五种状态中又有不同的阶段，得地利的程度也不尽相同。从衰、病、死，到墓、绝这五个阶段，反映了一个人、一件事物逐步衰落以致灭亡的过程，因而十天干处在这种状态，就叫做休囚，叫不得地利。当然，这五个状态又反映了休囚的不同程度、不同阶段，不得地利的程度也不尽相同。另外，胎、养二个阶段，可以叫做中平阶段，也可以叫做一个人、一件事物的孕育、酝酿阶段。

这十二个状态中，其中的墓，又叫库，即辰、戌、丑、未四个墓、库。辰墓库中有壬水和辛金，戌墓库中有丙火、戊土和乙木，丑墓库中有庚金、丁火和己土，未墓库中有甲木和癸水。既叫墓，又叫库，二者有什么区别呢？这就要从月令上来区分，十天干从月令上看处于旺相状态，如果落宫在墓地，就不叫入墓，而叫入库。入库，就表明它并未死亡，而只是暂时被放进仓库，发挥不了作用，一旦库门打开（库被冲），被取出来，照样还可以发挥作用。如果十天干在月令上处于休囚状态，这时落宫又进入墓地，这就仿佛一个人或一件事物已经死亡被埋进坟墓一样，那就算真正的入墓，彻底完蛋了。所以在奇门应用中，一定要区分用神是入墓还是入库，绝不能将二者混为一谈。

例如《神奇之门》第 250~252 页实例八测外甥女失踪一例，用神时干辛落巽 4 宫，开始未细分墓、库的区别，一律按入墓断，加上又临死门、天柱凶星，就判断“凶多吉少，恐怕人已被流氓团伙致死”。结果断错。实际上，求测之时为辰月，辰月土生金，时干辛应为入辰库，不为墓，又甲午辛+甲子戊，虽格局为困龙被伤，但子午冲，冲则不为入墓。又 4 月 5 日清明节，刚入辰月，头九天乙木仍在当令（辰月乙木 9 天，癸水 3 天，戊土 18 天），木旺金囚土死，所以天柱星、死门均凶不起来。相反，用神临死门，反而容易找回。实际结果，此女孩被找回。

对于十天干的这十二种状态，古籍中还有“老怕帝旺，少怕衰，中年就怕死、绝、胎”的经验。经过验证，也确有道理。因为人老了，反而处在帝旺状态，青春年少反而处在衰、病状态，中年正应兴旺发达之时反而处于死、墓、绝、胎、养之地，违背了事物的发展规律，自然不吉利。

例如《神奇之门》第 152~154 页实例二女测父病，年干丙为用神，落离 9 宫为帝旺之地，但老怕帝旺（因其父 1921 年生，到 1996 年已经 75 岁了），又逢空亡，所以不吉。

（三）人和——八门

下边再讲人和。

奇门遁甲中的门盘，又叫人盘，所以用八门及其落宫状态来表明人和的状态。

关于八门所分别对应的八卦、九宫方位及其吉凶特征，《神奇之门》第100~104页讲得已比较清楚，这里不再重复。这里重点把八门的信息特征及其吉凶，再综合讲一下。

八门中以开、休、生为三吉门，分别对应乾6宫、坎1宫和艮8宫，在紫白飞星中这三个宫均为白（所谓六白、一白、八白），也是吉的意思。开门，望文生义，就是开基立业的意思，所以它代表一个人一生的事业、官运。休门为休息的港湾，五行又属水，可以讲与男女云雨之事有关，所以还可以代表婚姻、家庭。生门为产业、田宅、生财之源，所以是一个人一生财运的代表。官运（广义上讲就是事业运）、财运、婚姻家庭，这是一个人一生所追求的三件大事，官运亨通，事业发达，财源滚滚，婚姻家庭美满，这是一个人所谓幸福、命运好的主要标志。所以开、休、生为三吉门。

死、惊、伤为三凶门，疾病、死亡，官非诉讼、惊恐不安，意外伤灾、伤心伤身，这是一个人一生中最忌讳的三大坏事，所以用死、惊、伤三凶门来作为代表符号。

杜门、景门为平门，如果格局好，用神旺相，又临吉星、吉神，则可按吉来断；如果格局不好，用神休囚，又临凶星、凶神，则可按凶来断。

以上所讲吉门、凶门和平门，这是孤立的、单独就八门各自的性质而讲的，在实际应用中，吉凶都是相对的，还必须综合分析星、神、格局等不同条件以及在什么情况下应用，并非吉门在什么情况下都吉，凶门在什么情况下都凶。

比如开门本为吉门，如果测疾病、测孕产，开门与白虎同宫，则往往是需要开刀动手术的信息。又如测需要保密的事物，如果用神临开门，则表明事情已经败露、公开，再也保不住密了。

又如生门本为吉门，如果测行人走失，用神临生门，往往是暂时不归之象。相反，测行人走失，用神如果临死门、惊门、伤门，则往往是行人走投无路、自己要回家或能够被找回之象。

又如死门为凶门，但吊死奔丧、埋葬以及打猎、钓鱼等事，如果用神临死门，则为吉象。相反，上述事物如果遇生门，反而不吉。

又如伤门，不利经商、出行、赴任、修造、嫁娶等，但适宜索债、赌博、竞争、捕盗、渔猎等。

总之，一定要具体情况具体分析，不能简单地以吉凶而论。

八门自身有吉凶，但吉凶程度如何，一是看门与宫的生克关系。古人把门生宫称为“和”，宫生门称为“义”。遇吉门，门宫相生，凡事皆吉；遇凶门则相反，门宫相生，反而更凶。古人把门克宫称为“迫”，或“被迫”，把宫克门称为“制”。在这里，吉凶门也是相反的，即吉门克宫吉不就，凶门克宫事更凶；吉门受制吉难成，凶门受制凶难起。二是吉是凶，吉凶起不起、达到什么程度，还要看月令，即具体分析八门和八宫在该月的旺相休囚。

例如《神奇之门》第246~248页实例五测女儿离家出走，时干壬落巽4宫临死门，开始一见死门就按凶断就断错了，其实死门落4宫受木制，又卯月木旺土死，凶门根本凶不起来，所以不但没死，反而用神临死、惊、伤、景四门容易回来，最后女儿在男朋友家住了十天，因患重感冒，于3月17日自己回到家中。

下边把八门在奇门应用中有代表性的含义列举如下：

开门——在测工作中代表工作、代表官职、代表文官、代表单位，在测财中代表工厂、店铺、柜台、门面，在测诉讼中代表法官，在测汽车中可代表发动机，在测航天中，可代表飞机等。一般情况下，还可代表事情的开始、公开，人的开拓精神、开朗外向的性格等等。

休门——在测工作中可代表公门人，坐办公室的人，迎来送往的人，事务工作者，休闲人，离休、退休干部，在测婚姻中可代表婚姻、家庭，出行乘船可代表水路。一般情况下可代表事情的休止，一个人善于处理上下左右的关系，性格闲散，或贪玩、懒惰等等。

生门——在测工作中可代表与房屋、土地、钱物有关的部门，在测财中可代表财运、产业、房屋、阳宅、生意、利息、利润等，在测病中用神临生门，代表身体没问题，或可起死回生。一般情况下，可代表活着的人，有生气的人，性格生龙活虎的人，或从事农业、种植业、养殖业的人等等。

死门——在测工作中可代表屠户、猎户、行刑之人、吊丧之人，救死扶伤的医务人员，从地理上可代表地皮、地基、坟墓、阴宅，一般情况下还可代表死人、死尸、死肉、坏组织、疤痕、锁，或性格死气沉沉，死板固执，或心里不痛快，生闷气或事业不顺利，处于低潮，受困状态等等。

惊门——代表官司、诉讼、口舌是非，律师，也可代表外交官、教师、歌星、言官、纪检、监察部门工作人员等，还可代表受惊、惊慌、惊恐不安等状态。

伤门——代表公安捕盗人员、讨债人、竞争对手，代表汽车、船只、司机，代表伤心、伤灾、身体受伤部位等等。

杜门——代表武官、军警单位、保密单位，代表躲藏之处，代表闭塞不通、血栓、中风，代表性格内向，喜欢关起门来钻研学问、技术的人，因而也可代表技术人员，杜门临巽宫主经络、主风、主气，因而也可代表修炼之人等等。

景门——代表光明、风景、图画、计划、规划、技术指导、文章、考卷，文书、合同、起诉书，状纸、消息、信息，还可代表宴席、酒店、饮酒、酒量，代表火器、枪支、流血、血光，出行代表旱路、道路等等。

八门与九宫八卦的对应关系见（图 33）。

巽 4 宫 杜门	离 9 宫 景门	坤 2 宫 死门
震 3 宫 伤门		兑 7 宫 惊门
艮 8 宫 生门	坎 1 宫 休门	乾 6 宫 开门

（图 33）

八门所涵盖的信息，读者还可以根据其所对应的八卦的阴阳五行性质和万物类象，自己在实践应用中进一步拓展，它们的内涵是相对固定的，外延却是无限的开放的，永远也列举不完的。

（四）神助——八神

最后讲神助。

奇门中的八神，又叫八将，与其他数术类的神煞一样，是古人在天人感应中发现的与九宫八卦具有某种对应性质的八种神秘力量、八种符号，与封建迷信中讲的鬼神不是一码事。

关于所谓鬼神，《易经·文言》中讲："夫大人者，与天地合其德，与日月合其明，与四时合其序，与鬼神合其吉凶。"这是讲的天人合一。什么是鬼神，有没有鬼神？这是古往今来一直争论不休的话题。

唐代著名宰相李德裕有一篇文章（见《全唐文》）讲到对鬼神的看法，我认为颇有参考价值。他文章的大意说，世界上并没有鬼神，所谓鬼神，其实都还是人。一个人为社会为人类立功、立德、立言的贡献特别突出了，他的历史功绩，他的道德楷模，他的言论思想，成为后世学习的榜样，后代人就把他当成神了，换句话说，就是"他永远活在人民的心中了"。因而所谓"神"，就是永远不死的人，就是其精神长期影响后代的人。至于"鬼"也是人，并不像文学作品中描写的那样青面獠牙、子虚乌有的东西，这样的东西谁也没有见过。人们所谓"见鬼"的现象，也只是看到跟生前活着一样的人。只不过，寿终正寝、正常死亡的人，死后一般都安息了；而个别冤枉致死、或非正常死亡、或心事未了的人，死后还不能安息，有时其遗留信息还会出现。如历史上的窦娥冤、民间的附体现象等，就是这类所谓的"鬼"。

因此，《易经·文言》中讲的真正的大人物、圣人、贤人，还必须与鬼神合其吉凶。我理解，就是一个人要为人民为社会多做好事、善事，这样就能得到"神助"，得到人民的拥戴，就会大吉大利；即使是执行法律，惩治恶人、坏人，也要严格执法，实事求是，准确量刑，不可冤枉一个好人。如果一个人做了损害社会、损害他人的恶事、坏事，或者在执法中玩忽职守、贪赃枉法、冤枉好人，那么就会受到"鬼"的惩罚，就会带来凶灾。正如李德裕所言，所谓"鬼"就是"冤魂"，就是"死不瞑目之人"。在你的治下如果造成许多"冤魂"，他们就会给你带来凶灾。

奇门中的八神、八将，虽然不同于"鬼神"之说，只是一种吉凶符号，但也有类似的含义。所谓得神助，就是得到吉神的庇护或帮助；遇凶煞，就是带来不顺或某种凶灾。

奇门中的八神，就是值符（又名小值符）、螣蛇、太阴、六合、白虎、玄武、九地、九天。在预测中具有信息参考作用，也可以作为用神。

值符——由于小值符与地盘六甲大将和天盘值班九星相对应，所以也叫值符，也就是八神中值班的头，带班的首领。由于甲遁在其下，因此小值符按五行性质来分，也应该属于东方甲木的性质，在神煞中属于最吉之神。其特性类似于六爻中的青龙。用神如果上乘值符，表示有最吉之神庇佑。如果用神是物品，则表示此物品是高档货物、真品、精品、名品。如果用神是某单位、某企业的人，则表示该人在单位有一定职务，是个头头，如果在四正宫（即1、3、7、9宫），则可能是正职、一把手，如果在四维宫（即8、4、2、6宫），则可能是副职，其中第6宫又可能例外，因为6宫为乾卦，又为首，因此在乾6宫也可能是正职。另外，值符还可以作为顶头上司、监考官、裁判、原告、放债人、银行、行情、战争的守方等类事物的用神。值符虽为最吉之神，但若逢空亡，则也就不起作用了。因此，古人又有“值符逢空，年命不保”的论断。

螣蛇——具有南方火的性质，古人称之为虚诈之神。专管惊恐怪异、虚诈不实之事。同时它也可以作为用神使用。用神临螣蛇，一般不吉，如果求事可能是虚假之事，又表示变化；如果问病则可能受惊吓，夜多噩梦，又可能被疾病困扰，久治不愈。但也不能一律按凶断，如果某人上乘螣蛇，往往表示他对神秘文化感兴趣，或信佛信道，或喜欢易学文化等等。

太阴——具有西方阴金性质，为荫护之神。一般作为吉神使用，用神上乘太阴，一般表示有贵人暗中帮助。但有时也可作为此人阴险毒辣、老谋深算的贬义符号使用。总之，每一个所谓的吉凶符号都有双重性。

六合——具有东方乙木的性质，为护卫之神。它性格开朗平和，专管婚姻中介之事。一般作为吉神使用，六合所临之方，利于谈判、交易、婚姻嫁娶。既然是六合，就不是一个，起码要有两方才能合，所以它又可表示数量多的意思。六合也可作为用神使用，如六合可代表婚姻、中介人、经纪人、行人走失方向、逃犯等。

白虎——具有西方庚金的性质，为凶煞神。它的性格凶猛好斗，专管行兵打仗、凶杀打斗、疾病死伤、交通事故等。白虎主道路、主风、主刑伤，多数情况下都作为凶的符号使用。但如果用神临吉星、吉门、吉格，又上乘白虎，它又可以作为吉的符号，表示人长得白、性格刚烈、有威严、有能力等。

玄武——具有北方水的性质，为奸谗小盗之神。性格爱偷（包括偷情）、喜盗，专管盗贼、逃亡、口舌、虚假、暗昧之事。用神乘玄武，一般不吉，如果是物品，则可能是腐烂变质或假冒伪劣产品；如果是人，则此人可能喜欢暗中行事，或贪污盗窃、行贿受贿，或拈花惹草、风流放荡。当然，如果用神临吉星、吉门，吉格又上乘玄武，则近朱者赤，玄武也可转化为吉，只能表示此人除原则性以外，还有灵活性一面，处理事物必然会上下有别、内外有别，有圆滑的一面。玄武作用神，主要是作为小偷小摸、小的贪污受贿犯的代表符号。

九地——具有坤土的性质，古人称其为坚牢之神，它性格柔顺安静，有滋生万物、厚道之德，一般情况下均作为吉神使用。由于坚牢，所以也可以作为时间长的符号使用。九地之方，利于屯兵固守，播种养殖。如果开发房地产、坐地经商，上乘九地，自然不仅吉利，而且会长期稳定发展了。

九天——具有乾金的性质，古人称其为威悍之神，性格刚强好动。九天之方可以排兵布阵，行军打仗。用神上乘九天吉神，可以主动出击，大展宏图，如果是出行，自然可以坐飞机出门或出国远行了。所以在今天，九天又可以作为飞机航线的代表符号。同样道理，如果出行临九地，则可能是要坐地铁或通过山中隧道或河底海底通道了。

八神与九宫八卦没有固定的对应关系，它们运行的规律是小值符随大值符（即九星值符），大值符落在哪一宫，小值符也跟着落到这一宫，然后按照阳遁顺时针排列、阴遁逆时针排列，依次将螣蛇、太阴、六合、白虎、玄武、九地、九天排在其他八宫之中。

第三章　奇门遁甲的定局和起局

第一节　奇门遁甲定局的两大依据

上边已经讲过，根据南京大学天文系教授卢央等人的考证，遁甲原本是一种十分古老的历法，这种历法将六十甲子记时的循环系统与八卦九宫的方位和一年二十四节气结合在一起，实际是阴、阳合一的一种历法。

古人在这种历法的基础上，创制了奇门遁甲这种预测、决策技术。因此，奇门遁甲定局，也就是确定每一天用几局的依据，第一个是二十四节气，第二个是六十甲子的干支系统。

（一）一年二十四节气的奇门用局

上一讲已经讲过，奇门遁甲来源于军事上的排兵布阵，它以十天干分别代表六支部队和三个奇兵布在九宫八卦阵中，正转、倒转进行排兵布阵演练，共形成阳遁九局、阴遁九局，共十八种格局，十八种阵势。

我们讲的是时家奇门，即以每一个天干代表一个时辰，这样六十个时辰即六十甲子，正好演练完一局、一种阵式（见《神奇之门》第53页）。

而按照干支历法，一天十二个时辰，12×5=60，五天共有六十个时辰。这就是说，五天可演练完奇门遁甲的一种格局、一种阵式。古人把五天一个奇门局称为一元，

一个节气大致上有十五天，即三个五天，所以正好可演练三局，古人把第一个五天就称为上元，第二个五天称为中元，第三个五天称为下元。也就是说，一个节气可演练上、中、下三种格局、三种阵式。这样，一年二十四

个节气，24×3=72，即一年共演练七十二局。

上边已经讲过，古人在遁甲历法中，将八卦九宫与一年二十四节气的对应关系，按照阴阳五行和时间、空间的统一性一一作了规定：

这就是正北方的坎一宫对应冬至、小寒、大寒三个节气，东北方的艮八宫对应立春、雨水、惊蛰三个节气，正东方震三宫对应春分、清明、谷雨三个节气，东南方巽四宫对应立夏、小满、芒种三个节气，正南方离九宫对应夏至、小暑、大暑三个节气，西南方坤二宫对应立秋、处暑、白露三个节气，正西方兑七宫对应秋分、寒露、霜降三个节气，西北方乾六宫对应立冬、小雪、大雪三个节气（见下图）。

巽四宫	离九宫	坤二宫
芒种　小满　立夏	夏至　小暑　大暑	立秋　处暑　白露
震三宫		兑七宫
谷雨　清明　春分		秋分　寒露　霜降
艮八宫	坎一宫	乾六宫
惊蛰　雨水　立春	大寒　小寒　冬至	立冬　小雪　大雪

（八宫与二十四节气对应图）

冬至一阳生，即从交冬至节这一天开始，太阳开始从南回归线北转，北半球的日照开始一天天增长，即阳气开始逐渐上升。源于古代遁甲历法的奇门遁甲术，就规定从这一天开始用阳遁。

鉴于冬至节对应坎一宫，因此古人就规定冬至节上元五天就用阳遁一局。由于阳遁几局、阴遁几局的确定是根据元帅甲子戊遁在哪一宫来定的，所以冬至上元阳遁一局，也就表明甲子戊是在坎一宫值班的，而其他五甲大将自然是分别在二宫、三宫、四宫、五宫、六宫值班，如此演练完一局，到中元五天演练另一个格局、另一种阵势时，元帅甲子戊自然该轮到去七宫值班了，所以冬至中元就用阳遁七局。带头的元帅甲子戊在七宫，其他五甲则依次该分别在八宫、九宫、一宫、二宫、三宫值班。如此演练完中元五天这一局，到下元五天时，元帅甲子戊自然只能到巽四宫值班了，所以冬至下元就是阳遁四局。这就是冬至节大致十五天内上、中、下三元分别用阳遁一、七、四局的原理。

依据同样原理和阳遁顺排的规则，小寒节就用阳遁二、八、五三个局，大寒节上、中、下三元就用三、九、六三个局。

由于立春、雨水、惊蛰三个节气对应艮八宫，所以依据同样原理，立春上元就用阳遁八局，中元就用阳五局，下元就用阳二局；雨水上、中、下三元就用九、六、三局；惊蛰上、中、下三元就用一、七、四局。

春分等三个节气对应震三宫，所以春分上、中、下三元就用三、九、六局，清明上、中、下三元就用四、一、七局，谷雨上、中、下三元就用五、二、八局。

立夏等三个节气对应巽四宫，所以立夏上、中、下三元就用四、一、七局，小满上、中、下三元就用五、二、八局，芒种上、中、下三元就用六、三、九局。

以上就是阳遁一、八、三、四宫所对应的十二个节气上、中、下三元即三个五天中不同的遁甲用局。这其中，不仅每个节气上、中、下三元严格遵循了甲子戊元帅站宫值班的规律，即每个五天之中甲子戊跳过其他五甲大将所站宫次到下一个宫带头值班，形成了一七四、二八五、三九六这样三个循环站宫系统（其间的变化无非是一七四、四一七或二八五、八五二、五二八或三九六、九六三、六三九等顺排的不同循环）；而且在每个宫三个节气上、中、下三元的横向排列中，均形成了阳顺（即由小到大依次排列）的规律，比如坎一宫三个节气上元自然形成一、二、三的顺排规律，三个节气中元自然形成七、八、九的顺排规律，三个节气的下元自然形成四、五、六的顺排规律。其它三个宫也是如此。（见《神奇之门》第56页一年二十四节气奇门遁甲用局表）。

以上是阳遁。

从夏至这一天开始用阴遁，所谓夏至一阴生，即太阳开始从北回归线往南转，对北半球的日照开始一天天减少，白昼开始减短，夜晚开始增长，即阴气逐渐上升。源于古代遁甲历法的奇门遁甲术就规定从这一天开始用阴遁，以此来模拟自然界变化的规律。

鉴于夏至节对应离九宫，因此古人就规定夏至上元这五天用阴遁九局，即甲子戊元帅站在九宫值班。阴遁的规律是逆排，也就是由大数到小数排列，甲子戊既然站了九宫，其他五甲大将自然应该分别站在八宫、七宫、六宫、五宫、四宫值班。如此演练完上元这一局，到中元五天这一局时，元帅甲子戊自然该站到震三宫去值班了，其他五甲大将自然应该分别到二宫、一宫、九宫、八宫、七宫去值班。如此演练完中元这一局，到下元五天这一局时，元帅甲子戊又该到乾六宫去值班了。这样就形成了夏至上、中、下三元分别用奇门遁甲九、三、六的格局。

依据同样原理和阳顺阴逆，阴遁需要逆排的规则，小暑节上、中、下三元自然就用八、二、五局了，大暑节上、中、下三元自然就是用七、一、四局了。

由于立秋、处暑、白露三个节气对应坤二宫，立秋上元就用阴遁二局，中元就用阴五局，下元就用阴八局。同理，处暑上、中、下三元分别用一、四、七局，白露上、中、下三元分别用九、三、六局。

秋分等三个节气对应兑七宫，所以秋分上元就用阴七局，中元用阴一局，下元用阴四局。寒露上、中、下三元就分别用六、九、三局。霜降上、中、下三元就用五、八、二局。

立冬等三个节气对应乾六宫，所以立冬上元用阴遁六局，中元用阴九局，下元用阴三局。小雪上、中、下三元分别用五、八、二局。大雪上、中、下三元分别用四、七、一局。

以上就是阴遁九、二、七、六宫十二个节气的奇门遁甲用局，不仅在每个节气上、中、下三元中，甲子戊与其他五甲大将站宫值班遵循了逆排的规律，而且在各宫中三个节气上、中、下三元的横向排列中也遵循了逆排的规律。比如离九宫三个节气的上元用局，形成了九、八、七的逆排规律，中元形成了三、二、一的逆排规律，下元形成了六、五、四的逆排规律。其他三个宫也是如此（见《神奇之门》第56页一年二十四节气奇门遁甲用局表）。

以上就是一年二十四节气中阴遁、阳遁不同的用局。只要记住了每个节气所对应的宫位，理解了奇门遁甲阳遁、阴遁顺逆排布的原理，自然就知道了每个节气上、中、下三元该用的奇门局了，根本用不着死记硬背。看起来七十二局眼花缭乱，实际只有一四七、二五八、三六九这三个循环系统。这三个数列，在风水术和日常生活中也均有应用。

（二）日干支与每个节气上、中、下三元的对应规律

关于六十甲子作为日干支符号与每个节气上、中、下三元的对应规律，这一点在《神奇之门》第58~60页已经讲得很清楚了，这里再归纳重点提示一下。

由于天干有十干，而上、中、下三元一元为五天，自然每一元的符头只能是甲或己。而地支有十二个，天干、地支相配六次为一轮即一个甲子，这样地支在上、中、下三元中的分布规律就形成：子、午、卯、酉为上元的第一天地支，寅、申、巳、亥为中元的第一天地支，辰、戌、丑、未为下元的第一天地支。

子、午、卯、酉按与八宫方位的对应关系，分别在北、南、东、西四正方位。按地支与月建的对应关系，则为四个仲月，即子为十一月为冬季的第二个月，午为五月为夏季的第二个月，卯为二月为春季的第二个月，酉为八月为秋季的第二个月，每季第二个月即中间一个月，古人称为仲月，故有仲春、仲夏、仲秋、仲冬之说。按五行寄生十二宫的状态，则子、午、卯、酉均为帝旺之月，即子为水的帝旺之月，午为火的帝旺之月，卯为木的帝旺之月，酉为金的帝旺之月。同时，子、午、卯、酉又为五行的桃花之地，即子为甲木的沐浴（又叫桃花、咸池）之地，午为庚金的沐浴（桃花）之地，卯为丙火的沐浴（桃花）之地，酉为壬水的沐浴（桃花）之地。按地支五行不分阴阳来说，则子、午、卯、酉分别为木、金、火、水的桃花。

寅、申、巳、亥按与八宫方位的对应关系，分别在东北、西南、东南、西北四隅（又叫四维）方位。按地支与月建的对应关系，分别是春夏秋冬每季的第一个月，即寅为正月，巳为四月，申为七月，亥为十月，古人称之为

四孟月，按五行寄生十二宫来讲，则分别为木（长生在亥）、火（长生在寅）、金（长生在巳）、水（长生于申）四长生之月。按木、火、金、水三合局冲长生者为驿马来说，则寅、申、巳、亥分别是四个驿马星，即申、子、辰合水局马星为寅，寅、午、戌合火局马星为申，巳、酉、丑合金局马星为亥，亥、卯、未合木局马星为巳。

辰、戌、丑、未按与八宫对应关系，也分别在东南、西北、东北、西南四隅（又叫四维）方位。按地支与月建的关系，分别为春夏秋冬四季中最后一个月，即辰为春三月，未为夏六月，戌为秋九月，丑为冬十二月，古人称之为四季月。按五行寄生十二宫来讲，则分别为四墓（又叫四库）之月，即辰为水库，戌为火库，丑为金库，未为木库。

以上是就干支分别来讲，即甲、己为符头，符头的地支如果是子、午、卯、酉，则这五天就用该节气的上元局；如果符头的地支是寅、申、巳、亥，则这五天就用该节气的中元局；如果符头的地支是辰、戌、丑、未，则这五天就用该节气的下元局。

实际上，干支是组合在一起的，一元为五天，一个节气包括上、中、下三元，即十五天，六十天用完六十甲子的组合，所以六十天中必然有四个上元、四个中元、四个下元。因而，在实际遇到的日干支中，就是甲子日、甲午日、己卯日、己酉日这四个符头日开始的五天，用该节气的上元局；甲申日、甲寅日、己巳日、己亥日这四个符头日开始的五天，用该节气的中元局；甲辰日、甲戌日、己丑日、己未日这四个符头日开始的五天，用该节气的下元局。

以上就是奇门定局的干支历依据。

第二节　用拆补法定局既简捷又符合自然规律

上节讲到奇门遁甲定局的两大依据，一个是二十四节气，一个是六十甲子系统，如果一年正好是三百六十天，一个节气又正好是十五天，则符头与交节日对应不爽，自然奇门遁甲的定局，即确定每天用阴遁或阳遁几局，就简单明了，不成什么问题了。

但实际上，地球绕太阳运行一周是365.2422日，一年二十四个节气，每一个节气平均15.2184日，并非正好十五天。而地球绕太阳运行又是一个椭圆形轨道，二十四节气也不是绝对等分的。这样一来，每个节气交节的这一天，并不能都与符头即上元的头一天的日干支碰到一起。由此就出现所谓超神接气的问题。

为了解决这一实际问题，古人提出了三种办法：

第一种是置闰法，即超神多达九天以上时，阳遁就在芒种节置闰，即将芒种节所用上、中、下三元再重复用一遍，这样到夏至节改阴遁时自然就变成接气了；或者阴遁时，在大雪节置闰，即将大雪节上、中、下三元再重复一遍，这样到冬至节改阳遁时自然就变成接气了。这种方法，违背了天体运行的客观规律，即地球绕太阳运行时，不可能到芒种节或大雪节时放慢速度，将过去十五天左右走过的路程改为用三十天左右才能走完，所以它是违背自然规律的，是不符合科学精神的。

第二种方法，是所谓茅山道人用过的方法，即严格按二十四节气交节时间定奇门用局，即一交节，就先用该节气的上元局，然后用中元局，各用完五天后，再用下元局，如果用了五天下元局，下一个节气仍未到，则继续仍用该节气的下元局；如果下元局尚未用够五天，下一个节气已经来到，则立即舍去上个节气的下元局，从交节的那一时刻起，就改用新的节气的上元局。这种方法，严格遵循了奇门用局的第一大依据二十四节气，但却舍弃了第二大依据干支系统，所以我认为也是不符合遁甲日历阴阳合一的科学依据的。同时，这种方法违背了古代干支记时的固有规律，使奇门定局变得更加复杂化，即必须依靠每年事先按交节时刻编好的奇门遁甲历书才能应用。

第三种方法，就是古人创造的拆补法。这种方法，既严格遵循了奇门定局的第一大依据二十四节气，即进入某节气就严格用该节气的奇门局；同时，也严格遵循了奇门定局的第二个依据干支记时系统，即甲、己为符头，符头日地支为子、午、卯、酉的，就用上元局；符头日地支为寅、申、巳、亥的，就用中元局，符头日地支为辰、戌、丑、未的，就用下元局。这种方法既符合天体运行的客观规律，又简捷实用，只要有一本标明交节时刻和每日干支的历书，每一个研习奇门遁甲的人都可以自己随时来确定每天的奇门用局，不必依靠某些所谓“奇门大师”事先编好的奇门遁甲万年历才能定局预测。因此，我提倡使用拆补法定局。

关于使用拆补法定局的原理，在《神奇之门》第64~72页已经讲得很清楚。这里再举一个例子，加深一下印象，同时说明必须注意的问题：

比如：2001年阳历6月21日（农历五月初一）这一天的干支为乙卯，这一天16时12分即下午4点12分交夏至节。这一天下午4点12分以前属于芒种节内，芒种节上、中、下三元用局是六、三、九。再看6月21日乙卯日的符头为甲寅，寅、申、巳、亥地支用中元，这样就知道6月21日这一天16时12分以前应该用阳遁三局。

6月21日16时12分交夏至节，这表明从下午4点12分开始进入阴遁的夏至节内，夏至节上、中、下三元的用局是九、三、六，而乙卯日的符头仍是甲寅，寅，申、巳、亥地支用中元，所以下午4点12分开始就必须改用夏至中元阴遁三局才符合自然规律。

6月22日丙辰，符头仍是甲寅，所以继续使用夏至中元阴三局。

6月23日丁巳，仍为夏至中元阴三局。

6月24日戊午，仍为夏至中元阴三局。

6月25日己未，换了符头。符头地支辰、戌、丑、未用下元局。因此这一天开始用夏至下元阴六局。

6月26日庚申，仍用夏至下元阴六局。

6月27日辛酉，也用夏至下元阴六局。

6月28日壬戌，仍为夏至下元阴六局。

6月29日癸亥，仍为夏至下元阴六局。

6月30日甲子，换了符头，符头地支子、午、卯、酉的用上元，故从这一天开始改用夏至上元阴九局。

7月1日乙丑，仍用夏至上元阴九局。

7月2日丙寅，仍用夏至上元阴九局。

7月3日丁卯，也用夏至上元阴九局。

7月4日戊辰，也用夏至上元阴九局。

7月5日己巳，换了符头。符头地支寅、申、巳、亥的用中元，故从这一天改用夏至中元阴三局。

7月6日庚午，仍用夏至中元阴三局。

7月7日辛未，仍用夏至中元阴三局。但是，这一天，上午9点52分交小暑节，说明只能在9点52分以前用夏至中元阴三局。9点52分以后必须改用小暑中元用局，小暑上、中、下三元的用局是八、二、五，故应改用小暑中元阴二局。

我们回过头来把夏至节的用局看一下：

6月21日下午4点12分至6月24日共三天零6个小时38分，用的是夏至中元阴三局。

6月25日至29日这五天，用的是夏至下元阴六局。

6月30日至7月4日这五天，用的是夏至上元阴九局。

7月5日至7月7日上午9点52分以前，共二天零11个小时51分(每天24小时，从头一天晚上11点开始计算起)，用的又是夏至中元阴三局。

从上例可充分看出所谓拆补局的特征，即它不是整齐地在每个节气内，先用上元五天，次用中元五天，再用下元五天，而是将某个元（或上元或中元或下元）的用局拆开了，同时又根据符头干支的实际情况，交节后该先用中元就用中元局，该用下元就用下元局，该用上元就用上元局。

比如上例，进入夏至节后，先用了三天多中元阴三局，然后五天用下元阴六局，再五天用上元阴九局，最后又补用中元阴三局二天多。

形成了：拆中元——下元——上元——补中元的格局。这就是所谓拆补法，又叫拆补局。这样在夏至节内，实际上，上元用了五天，下元用了五天，中元用了五天零18个小时29分。也就是2001年夏至节内的实际时间是十五天零18个小时29分。

由此可看出，拆补法既严格遵循了二十四节气的实际运行时间，又恪守了干文记时与奇门用局的对应关系，既符合天体运行的自然规律，又符合奇门遁甲所用干支系统的机理，所以我认为它是比较科学的，故提倡大家都采取这种方法。

当然，以上是从理论上讲的。从实践上看，经过我和我会人员以及广大学员的实际验证，也证明用这种方法定局，其预测准确率也是很高的。

我这样讲，并不完全否定置闰法和茅山道人法的准确性。从奇门古籍看，置闰法在历史上是应用很多的。拙著《神奇之门》一书中不少实例，也是用的置闰局，因为当时我还没有研究拆补法，事实证明用置闰法也是可以测准的。另外，也有的学员告诉我，他使用茅山道人法定局，也测对了许多事情。

究竟用哪一种方法定局，其准确率更高，广大奇门爱好者可以通过大量实践去对比去检验。我个人没有这么多精力，只能根据理论上的探讨和个人有限的实践，表明我的态度：我认为拆补法定局应该是准确率最高的。

第三节　奇门遁甲起局的方法步骤

（一）从传统的式盘到纸上快速起局法

奇门与太乙、六壬在历史上合称为“三式”，既然叫“式”（轼），就是运用式盘的转动来进行预测的。因而，转盘或叫活盘奇门遁甲，应该是历史上的正宗，或叫主要方法。有人提出：飞盘奇门遁甲应该是正宗，活盘奇门只是一种方便法门而已。这种说法，我不敢苟同。我认为，一者，所谓飞盘，就不叫式，就不能转动，只能像下象棋一样，先画好一张棋盘，然后将每个符号制成棋子，然后在上面飞来飞去。二者，奇门遁甲原本来源于军事上的排兵布阵，所以代表军队的十天干符号，在九宫八卦阵上跳来跳去，也就是说采取九宫跳涧法来布阵。一旦成为一种预测术以后，将代表天时的九星、代表人和的八门、代表神助的八神纳入其模型之中，就未必都按照地盘上排兵布阵的队形来运转。其中九星代表天体、代表天时，地球围绕它们运转，或者按视觉认为它们围绕地球运转，这些天体自有其轨道，不会按地上九宫跳涧路线来运转。另外，八门也只有八个，如果按九宫跳涧法，则每一次必有一宫无门，这也不符合易理。所以，我认为，飞盘奇门不是正宗，活盘奇门才应该是正宗之法。

按传统活盘奇门，必须制成十八个活盘（如刘广斌《奇门预测学》一书所示）才能使用。河北省周易研究会会员邱宗云将传统的十八个活盘即阳遁九局和阴遁九局浓缩成一个塑料盘，一面是阳遁九局，一面是阴遁九局，利用九个刻度尺来转动天、地、人、神四层盘，组成每一局来使用，这比刘广斌的方法自然前进了一大步。但是弊端仍然很多：其一，此塑料盘必须随身携带，一旦忘记带，就不能进行预测；其二，九个刻度很难对准，有一层盘对不准，该局就错了；其三，利用此盘预测，留不下资料，难以总结提高。

为了使奇门预测这门古老的技术在今天能够发扬光大，我遵循自己制定的对古代数术“一要去伪存真，二要化繁为简，三要规范统一”的原则精神，对古代奇门应用工具大胆进行了改造、革新，创造了纸上快速起局法，借用民间智慧题“一个西瓜切四刀，九块西瓜十块皮”的井字形切法，把奇门式盘改为井字形格局，既保留了天、地、人、神四层盘，又巧妙地把时间、空间方位直觉地再现出来，更完整更巧妙更活灵活现地表达出奇门遁甲的太极认知原理（见第一章第一节）。

这种纸上井字格起局法，既简捷明晰，一目了然，又便于保留预测资料，利于事后研究得失，总结经验教训，不断提高奇门的预测、决策水平。同时，这种方法不容易出错，可适合各种年龄段的人使用。掌上起局法只适合年轻又记忆力特别好的人使用，上了年纪、记忆力差的人，用掌上起局法就不适应了。

（二）纸上井字格起局法的步骤

第一步，先把阳历时间的年、月、日、时，换算成干支历。这也可以说是学习奇门遁甲以及其他一切古典预测术的第一道关口。也就是要把干支记年、记月、记日、记时搞得滚瓜烂熟，最好能够记住每年、每月、每天的干支。开始不熟，只有随身携带万年历，随时进行查阅。

比如：阳历 2001 年 8 月 20 日下午 4 点 10 分，有人求测。

首先要查看万年历，找出 2001 年 8 月 20 日这一天的干支，即辛巳年、丙申月、乙卯日。这里要注意的一点是，丙申月是从交立秋节（即 8 月 7 日 19 时 34 分）开始的，而不是从农历七月初一（阳历 8 月 19 日）算起。

一般万年历上只有年、月、日干支，那么这一天下午 4 点 10 分的时辰干支是什么呢？这就要根据日上起时法来推出。

日上起时法

甲、己还加甲，乙、庚丙作初。

丙、辛从戊起，丁、壬庚子居。

戊、癸何方发，壬子是真途。

日上起时法，古人又叫五鼠遁元或五子遁元。也就是根据每天的日干求出其子时天干的方法。这段歌诀的意思就是：日天干为甲和己的，从这一天子时起甲子，然后按甲子、乙丑、丙寅……的顺序往下排，也就是说子时的天干是甲。日天干为乙或庚的，从这一天子时起丙子，然后按丙子、丁丑、戊寅、己卯……的顺序往下排，也就是说子时的天干是丙。丙日或辛日，子时天干为戊，即从戊子、己丑、庚寅、辛卯……依次往下排。丁日或壬日，从庚子、辛丑、壬寅、癸卯、甲辰……依次往下排。戊日或癸日，则从壬子、癸丑、甲寅、乙卯、丙辰……依次往下排干支。

现代一天二十四小时与干支历一天十二地支的对应关系是固定的，比如上例下午 4 点 10 分，即 16 点 10 分，是在干支记时一天十二地支的申时内，即下午 3~5 点或叫 15~17 点之内。

按照日上起时法中的口诀，8 月 20 日这一天是乙卯日，也就是说日天干是乙，符合“乙、庚丙作初”的口诀，所以这一天子时应从丙子数起，然后是丁丑、戊寅、己卯、庚辰、辛巳、壬午、癸未、甲申……这样就把下午 4 点 10 分这一具体求测时辰的干支甲申也求出来了。于是首先把求测之时的干支历写在下边：

辛巳年丙申月乙卯日甲申时。

这就是起局的第一步。

第二步，根据二十四节气和这一天干支的符头，确定这一天的奇门用局，也就是定局。

查2001年8月20日在立秋节内，立秋节上、中、下三元的用局是二、五、八。20日乙卯，它的符头就是前一天即19日的甲寅，符头日地支寅、申、巳、亥的用中元局，这样就决定了8月20日乙卯日应该用立秋中元阴遁五局。这就是上一节讲的定局。

第三步，根据确定的用局，画出井字格，先布地盘的三奇六仪。

比如：8月20日乙卯日这一天用阴遁五局，这就是说在奇门地盘上，必须把甲子戊元帅先布在五宫内，然后按戊、己、庚、辛、壬、癸、丁、丙、乙永远不变的队形，依据阴遁逆排的原则，将己、庚、辛、壬、癸、丁、丙、乙分别布在四、三、二、一、九、八、七、六宫内（见下图）。

己 四 宫	癸 九 宫	辛 二 宫
庚 三 宫	戊 五 宫	丙 七 宫
丁 八 宫	壬 一 宫	乙 六 宫

（阴遁5局地盘图）

第四步，由于我们讲的是时家奇门，所以要把具体求测时辰的旬首（10个时辰为一旬，故旬首必然是甲），也就是六甲（在奇门地盘值班的六甲大将）找出来。然后根据六甲遁在六仪下的原理，看值班某甲大将隐遁在哪一宫，该宫所对应的九星就是值符，该宫所对应的八门就是值使门。换句话说，就是依据时辰旬首来确定九星值符和值使门。

比如8月20日乙卯日甲申时这一例，一看是甲申时，它本身就是旬首，就不用再找了。甲申遁在庚下，现在地盘庚在震三宫，震三宫固定对应的九星是天冲星、八门是伤门，由此就确定了这个时辰的奇门格局中，天冲星为值符，伤门为值使门。

这就把天盘值班的星，人盘值班的门找出来了。

第五步，转动天盘，确定九星的落宫位置。首先依据值符随时干的运转规律，把值符星排到时辰天干这一宫的天盘位置上，同时把它原来所在宫地盘的三奇六仪携带着也写在值符星所落天盘位置上。然后按转盘奇门的规律，即天蓬星后边依次跟着天任星、天冲星、天辅星、天英星、天芮星（天禽星寄到天芮星身边一起转）、天柱星、天心星（顺时针方向）的固定队形，将其他八星以及它们分别携带的原来宫位地盘的三奇六仪一起排到应该落宫的天盘上。

比如上例，确定了天冲星为值符，依据值符随时干运转的规律，时干是甲申时，而甲申是遁在庚下边的，所以就把天冲星排到三宫天盘上，同时把它原来所携带的地盘三奇六仪庚，也带到了天盘上（见下图）。

4　己	9　癸	2　辛
神盘： 人盘： 天盘：天冲星　庚 地盘：　3　　庚	5　戊	7　丙
8　丁	1　壬	6　乙

（值符飞落震三宫天盘图）

然后按九星圆形转动的固定位置，依次将天辅星和己写在四宫天盘上，天英星和癸写在九宫天盘上，天芮星和辛、天禽星和戊写在二宫天盘上，天柱星和丙写在七宫天盘上，天心星和乙写在六宫天盘上，天蓬星和壬写在一宫天盘上，天任星和丁写在八宫天盘上（见下图）。

这样就形成了九星都在本宫天盘上和天地盘三奇六仪相同的伏吟格局。

天辅星 己 4 己	天英星 癸 9 癸	天禽星戊 天芮星辛 5 戊 2 辛
天冲星 庚 3 庚	5 戊	天柱星丙 7 丙
天任星 丁 8 丁	天蓬星 壬 1 壬	天心星乙 6 乙

（天盘九星伏吟图）

第六步，转动人盘，确定八门的落宫位置。

在第四步中依据旬首落宫位置，已经找出了值使门。值使门运转的规律是随时宫，也就是随时辰地支的落宫。这里需要注意的是，必须按阳遁顺行、阴遁逆排的顺序来排宫次。

比如上例，值使门为伤门，甲申遁在庚下，说明申时值使门就在庚所在的三宫，因此人盘伤门仍落在三宫。由于值使门在本宫不动，其他八门也在本宫不动，所以就形成了八门伏吟的格局（见下图）。

杜门 天辅 己 4 己	景门 天英 癸 9 癸	死门 天禽戊天芮辛 5 戊 2 辛
伤门 天冲 庚 3 庚	1 戊	惊门 天柱 丙 7 丙
生门 天壬 丁 8 丁	休门 天蓬 壬 1 壬	开门 天心 乙 6 乙

（八门伏吟图）

如果上例不是甲申时求测，而是丁亥时求测，值使伤门就要按照阴遁逆排的原则，从申时所在的震三宫，酉时退到坤二宫，戌时退到坎一宫，亥时退到离九宫，即按三、二、一、九宫的逆排顺序，到亥时应落到离九宫位置。值使门一旦确定落宫位置，其他八门则按活盘奇门中八门圆形转动的规则，顺时针依次排在其他七个宫内。比如值使伤门落到九宫，则按顺时针方向，伤门前边的杜门就落二宫，杜门前边的景门就落到七宫，景门前边的死门就落到六宫，死门前边的惊门就落到一宫，惊门前边的开门就落到八宫，开门前边的休门就落到三宫，休门前边的生门就落到四宫（见下图），如此八门落宫位置就确定了。

生门 4	值使 伤门 9	杜门 2
休门 3		景门 7
开门 8	惊门 1	死门 6

（乙卯日丁亥时阴遁八门落宫图）

活盘或叫转盘奇门与飞盘奇门的区别就在于不仅九星值符确定落宫后，其他八星不走九宫跳涧的布朗式曲线，只按圆形位置转动；而且，值使门确定落宫位置后，其他七门也不走九宫跳涧的布朗式曲线，也按圆形位置转动。

惊门 4	开门 9	休门 2
死门 3	5	生门 7
景门 8	杜门 1	值使 伤门 6

（乙卯日丁亥时阳遁八门落宫图）

只是，值使门在确定落宫位置时，按阳遁顺行、阴遁逆行的九宫跳涧的布朗式曲线排宫次。比如上例乙卯日丁亥时，如果是阳遁，则值使伤门的落宫，按阳顺宫次，即申时在三宫，酉时在四宫，戌时在五宫，亥时在六宫的次序，确定值使伤门落六宫。值使门确定以后，其他七门则不再按六、七、八、九、一、二、三、四、五的跳涧顺序排列，而按八门在奇门盘中组合的圆形固定位置依顺时针方向转动即可。这就是值使伤门落六宫，一宫则为杜门，八宫则为景门，三宫则为死门，四宫则为惊门，九宫则为开门，二宫则为休门，七宫则为生门（见上图，乙卯日丁亥时阳遁八门落宫图）。

总之，第六步转动人盘是比较难的一步。有的初学者往往思路不清，把确定值使门落宫的方法与后来转动其他七门的方法混为一谈。二者的方法不同，也是转盘奇门与飞盘奇门的重要区别之一。

第七步，转动神盘，确定八神的落宫位置。

奇门起局中地盘、天盘、人盘确定以后，最后一步就是转动神盘，确定小值符、螣蛇、太阴、六合、白虎、玄武、九地、九天的落宫位置。八神的排列顺序是固定不变的，只要按照小值符随大值符（即九星值符）落宫、阳遁八神顺时针排列、阴遁八神逆时针排列的原则进行就可以了。

比如上例 2001 年 8 月 20 日下午 4 点 10 分求测，大值符天冲星在震三宫伏吟，那么小值符也就随之落在震三宫神盘上了，其他七神按阴遁逆时针排列，即螣蛇落在艮八宫、太阴落坎一宫、六合落乾六宫、白虎落兑七宫、玄武落坤二宫、九地落离九宫、九天落巽四宫（见下图）。

	九天 杜门 天辅　己 4　　己	九地 景门 天英　癸 9　　癸	玄武 死门 天禽戊　天芮辛 5　戊　2　辛
神盘 人盘 天盘 地盘	值符 伤门 天冲　庚 3　　庚	 5　　戊	白虎 惊门 天柱　丙 7　　丙
	螣蛇 生门 天壬　丁 8　　丁	太阴 休门 天蓬　壬 1　　壬	六合 开门 天心　乙 6　　乙

（乙卯日甲申时阴遁 5 局八神落宫图）

如果是乙卯日甲申时阳遁 5 局，那么九星值符则是天柱星，天柱星在七宫伏吟，八神落宫就按顺时针方向排列了，这就是小值符落七宫、螣蛇落六宫、太阴落一宫、六合落八宫、白虎落三宫、玄武落四宫、九地落九宫、九天落二宫（见下图）。

玄武 杜门　乙 天辅　乙	九地 景门　壬 天英　壬	九天 死门 禽戊　芮丁 戊　丁
白虎 伤门　丙 天冲　丙	戊	值符 惊门　庚 天柱　庚
六合 生门　辛 天任　辛	太阴 休门　癸 天蓬　癸	螣蛇 开门　己 天心　己

（乙卯日甲申时阳遁5局八神落宫图）

至此，一个奇门格局的地盘、天盘、人盘、神盘就算排完了。熟练以后，就可按《神奇之门》规范、简化的井字格格式，将2001年8月20日下午4点10分的奇门格局写在下边了：

2001年8月20日下午4点10分某人求测某事；

干支历为：辛巳年丙申月乙卯日甲申时

阴遁5局，甲申旬，天冲星为值符落3宫，伤门为值使落3宫，格局如下图：

天 杜　己 辅　己	地 景　癸 英　癸	武 戊死辛 戊芮辛
符 伤　庚 冲　庚	戊	虎 惊　丙 柱　丙
蛇 生　丁 任　丁	阴 休　壬 蓬　壬	合 开　乙 心　乙

如果是8月20日晚上9点30分求测，则干支历为：辛巳年丙申月乙卯日丁亥时，阴遁5局，甲申旬，值符天冲星落八宫，值使伤门落九宫，格局如下图：

地 生　癸 英　己	武 戊 伤 辛 芮 癸	虎 杜 丙 戊 柱 辛
天 休　己 辅　庚	 戊	合 景　乙 心　丙
符 开　庚 冲　丁	蛇 惊　丁 任　壬	阴 死　壬 蓬　乙

（三）奇门起局中的一些规律

利用井字格纸上快速起局法，熟练以后，一般情况下，在一两分钟内就可以起出一个奇门格局，比摇六次起一个六爻卦还要快。

同时，熟练以后，你还会发现一些规律性的东西。比如，凡是六甲之时问事，不论是甲子时、甲戌时、甲申时，还是甲午时、甲辰时、甲寅时，由于是时家奇门的旬首，六甲大将在地盘值班，它所在的宫位对应的九星在天上值班，对应的八门在人间值班，因而必然是星、门都伏吟的格局。即九星、八门都在本宫伏着不动。这样一来，九星所携带的三奇六仪必然也是伏吟格局，即天地盘上下两个奇仪符号相同。记住这个规律，凡遇到六甲之时问事，起局就更简单更快了。如上例乙卯日甲申时即是。

又比如，凡是六癸之时（在大六壬中称为旬尾、闭口），即癸丑、癸卯、癸巳、癸未、癸酉、癸亥这六个时辰求测，由于天干只有十个，从甲到癸正好十位，而奇门只有九宫，所以无论是阳遁还是阴遁，值使门是顺排宫次(即从小数到大数)，还是逆排宫次（即从大数到小数），八门必然又转回本宫，所以六癸时必然都是八门伏吟的格局（九星不一定伏吟）。如上例，如果是2001年8月20日下午1点至3点即未时求测，则干支历为：辛巳、丙申、乙卯、癸未，阴遁5局，甲戌旬，甲戌己在地盘4宫，所以天辅星为值符随时干癸落9宫，而杜门为值使门，从甲戌时所在的4宫，按阴遁逆排宫位，乙亥时到3宫，丙子时到2宫，丁丑时到1宫，戊寅时到9宫，己卯时到8宫，庚辰时到7宫，辛巳时到6宫，壬午时到5宫，癸未时到4宫。由此，可看出，凡值使门随旬首六甲在某一宫，到六癸时，由于中间数过九个宫次，所以必然又回到原来的宫位。（见下图）

辛巳、丙申、乙卯、癸未。

阴5局，甲戌旬，天辅星为值符落9宫，杜门值使落回本宫伏吟：

杜 庚 冲 己	景 己 辅 癸	死 癸 英 辛
伤 丁 任 庚	戊	戊惊辛 芮丙
生 壬 蓬 丁	休 乙 心 壬	开 丙 柱 乙

第三条规律，就是凡是戊、癸日的癸亥时，无论是阳遁还是阴遁的任何一局，都是星、门伏吟局。原因是，凡是戊、癸日的癸亥时，其旬首必然是甲寅，甲寅遁在癸下，值符随时干必然又落回本宫，值使随时宫也必然又回到本宫。

比如：戊申日癸亥时求测，甲寅旬，阳2局，天柱星值符，惊门值使，格局如下图：

杜 庚 辅 庚	景 丙 英 丙	死 戊 芮 戊
伤 己 冲 己	辛	惊 癸 柱 癸
生 丁 任 丁	休 乙 蓬 乙	开 壬 心 壬

在奇门起局中，也许还有其他一些规律，这里不再列举，希望学员们在研习中自己去找。

第四章　如何分析判断奇门格局

第一节　奇门用神的主要特征

任何古典预测，要分析判断，几乎都要首先找出“用神”来。所谓“用神”并没有任何神秘甚至“封建迷信”的含义。所谓“神”就是你要预测的“信息”，“用神”就是用一个或几个特定的代表符号来准确地与你求测的隐性信息相沟通、相联系，使你通过阴阳五行生克制化的原理这一逻辑思维方式和比类取象的联想这种形象思维方式，与此时此地令你“一触即发”或叫做“顿悟”的灵感思维相结合，将求测事物的来龙去脉与结局一下子看清楚了。用《易经》的语言，就叫“感而遂通”，使你与求测事物的信息（也就是该事物过去、现在以及未来发展的趋势与结局等隐性情况）一下子沟通起来。

这种沟通信息的桥梁就叫“用神”。这是古人的一种叫法。在大六壬中叫“类神”，也是比类取象的意思，似乎比“用神”的含义更加明确一些。我们既然学习的是古人留下的这种区别于现代预测通过显性信息、由已知推测未知的一种特殊的模拟预测技术，那么沿袭古人的符号语言是难免的了。当然，随着历史发展，我们也可以逐渐将这种具有神秘色彩的语言去掉，比如不叫“用神”，而叫“信息类比符号”等等。但这需要“时间老人”的认可。

要分析判断奇门遁甲的信息格局，首先必须充分认识奇门“用神”或叫“类神”、“信息类比符号”的特征。我认为奇门用神有以下四大特征：

（一）奇门用神多达六十四个

四柱主要根据五行的旺衰与偏枯来取用神，所以一般只有一行或二行、三行，也就是一个或二个、三个用神。六爻预测主要取世应和六亲为用神，所以一般也只有七个，即官鬼、妻财、父母、子孙、兄弟和世、应这七个。大六壬有月将、天官、六亲和神煞四大信息系统，仅神煞一项就有一百多个，所以，其“类神”未免失之过多过繁，使人难以掌握。

奇门遁甲的用神，比起四柱、六爻要丰富得多，但比六壬要少，它共有六十四个。也就是说，组成奇门这一预测模型的所有符号都是用神，这就是十天干、十二地支、九星、八门、八神、八卦、九宫。这六十四个符号都有阴阳五行等属性所决定的相对固定的内涵，又有无限拓展的外延。因为奇门遁甲是以这六十四个符号来类比万事万物的。这六十四个符号主要代表什么事物，在《神奇之门》中和本书前边第一章、第二章中已经列举了许多，这里不再重复。

初学奇门，感到奇门用神多达六十四个，似乎很复杂、很难记，其实它比六爻应该说更容易一些。学六爻，光是六十四卦的卦画、卦象、卦意、卦爻辞就很难记住，还须配上天干地支、定世应、纳六亲才能使用。而奇门六十四个符号，只用八个经卦，搞清楚天干、地支记时系统，然后按天时、地利、人和、神助四大类，把九星、九宫、八卦、八门、八神的信息含义记住，就完全可以运用了。而且它的模型更加立体完整，信息量更加丰富多彩。在一个时辰内完全可以用一个固定不变的格局来预测多人多事（如本书下编第三章第十四节一局测三省三人三件不同之事）。

（二）奇门用神的多义性

这就是说，奇门用神这六十四个符号，在预测不同类别事物时，它们有不同的含义。比如十天干中的“乙”，在五行上属阴木，在时间上属阳时，在人体体表代表脖颈和肩，在体内主肝脏，在三奇中为日奇，在测婚姻中代表女子一方，在测病中代表医生，代表中草药，如果男性求测日干为“乙”还可表示该男性具有女性阴柔的特点，等等。总之，奇门中是以这六十四个符号类象万事万物的，这一点与其他预测术相同。

（三）奇门用神的多重性

这一点是奇门预测突出的特征。也就是说，奇门预测同一事，具有多重用神，可以让你从多角度观察判断同一事物，故而准确度更高。比如一个人，如果仅从背后观察，只见她留着长发或扎着辫子，而且身穿花衬衫，自然认为她是一个女人。如果再从正面观察一下，你却发现她面目粗糙，棱角分明，而且还留着胡须，这才认清他的真面目，原来是一个男子，是一个画家或歌唱家。奇门由于用神的多重性，可以使我们从整体上、从多角度、多侧面，综合分析判断一个人或一个事物（详见《神奇之门》第144~145页）。

在测人事上，除了以年、月、日、时为用神外，还必须兼看年命，特别是在预测人生比较重要问题时，比如升学、就业、婚姻、出国、官运、财运、大的病灾、生死攸关的事情等。

所谓“年命”，按古籍中原意，包括“本命、行年”两部分。“本命”是指本人出生之年的干支。“行年”有两种推法：第一，是不分何年生人，男命一律从一岁起丙寅，二岁起丁卯，三岁起戊辰……依此顺推六十甲子，周而复始，至求测之人求测之年的虚岁数为止，就是该男命的行年；女命则一律从一岁起壬申，二岁起辛未，三岁起庚午……依次逆推六十甲子，周而复始，至求测之人求测之年的虚岁数为止，就是该女命的行年。第二，是按六旬来分，甲子旬生人，男一岁起丙寅，女一岁起壬申；甲戌旬生人，男一岁起丙子，女一岁起壬午；甲申旬生人，男一岁起丙戌，女一岁起壬辰；甲午旬生人，男一岁起丙申，女一岁起壬寅；甲辰旬生人，男一岁起丙午，女一岁起壬子；甲寅旬生人，男一岁起丙辰，女一岁起壬戌。均按男顺女逆来推其行年。

在大六壬中也使用“本命”、“行年”，有人甚至把“行年”看得比“本命”还重要。但六壬用的是地支。

我认为，在奇门测人时运上，涉及到人生一些重大事情时只看“本命”

即可，不必再推“行年”。如果每测一人一事，再推一次“行年”，就未免太繁琐了，不符合我主张的“简捷实用”的原则。有的学员有精力，有兴趣，也不妨在这方面进行一些探索和实践，看看古人发明的推“行年”的方法是否更有助于提高预测准确率。

奇门兼看“年命”或叫“本命”，主要是他（她）出生之年的天干落宫状态。

（四）奇门用神的纲领性

奇门用神虽然有六十四个之多，但决非杂乱无章，而是有序有类、有纲有领的。原则上，测天时以九星为主；测人事以八门为主；测地理、方向以九宫为主；测六亲以年、月、日、时为主。总之，无论测什么事，日干和时干一般情况下是基本用神，日干为求测之人，时干为所测之事。抓住这两个基本用神，然后再按你所测事物的不同类别，去寻找与该事物对应的特殊用神。如此，从多角度观察，进行综合分析，就能得出比较准确的结论。

第二节　奇门分析判断的根本思路

奇门分析判断的依据是中国人独特的哲学思维——阴阳五行的生克制化。这一点与其他古典预测术完全相同。

（一）分析判断前的准备工作

一个奇门局起好以后，在分析判断前，首先要做好三项准备工作：第一项是把纲领性的用神，即天盘上的年、月、日、时干标出来，同时把求测类别的特殊用神标出来。比如《神奇之门》第 271~275 页实例三，测北京抢银行大案一例，首先根据 1996 年 6 月 3 日上午 8 点多发案时间，按干支历丙子年癸巳月辛未日壬辰时，起出阳 3 局，甲申旬的奇门格局：

武 死 戊 冲 己	地 惊 己 辅 丁	天 开 丁 庚 英 乙
虎 景 癸 任 戊	 庚	符 乙 休 庚 禽 壬
合 杜 丙 蓬 癸	阴 伤 辛 心 丙	蛇 生 壬 柱 辛

第一项准备工作，就是把天盘的年干丙（在8宫）、月干癸（在3宫）、日干辛（在1宫）、时干壬（在6宫）分别扯一条线把它们标出来（最好用彩色笔，这样更醒目），同时把刑侦破案类事物的特殊用神，即代表抢劫案案犯的符号"天蓬星"、代表逃犯符号的"六合"、代表公安破案人员的"白虎"、"伤门"和"值使门死门"等符号扯一条线出来标示出来。这样做的目的，就是为了从眼花缭乱的奇门格局中，把有关此事的用神先醒目的找出来，以便进入分析判断过程。

第二项准备工作，就是根据六甲旬首把格局空亡的地方标出来。上例阳3局、甲申旬，根据六甲旬空的原理，我们知道甲申旬中午、未空，而地支午在离9宫、地支未在坤2宫，由于午、未二个地支逢空亡，故表明此时的奇门局中离9宫和坤2宫逢空亡。我们把这一点也标出来，可以在9宫和2宫各写一个"空"字，也可以把"空"字写在9宫与2宫交界线上，以此表示这两个宫空亡。古人讲"空亡藏有玄机"，也就类似命理学中所谓"天机泄于病处"一样。奇门局中某宫逢空，往往从中可以泄露事物的一些信息，特别是有关用神所在宫如果逢空亡，更能昭示给我们一些信息。"空亡"究竟能给我们提示哪些"玄机"，这要具体情况且体分析，很难概括地讲清楚。起码它表示事物有变化，过去实，现在空了；或者说现在空了，填实或冲实之年、月、日，该事物又可能实了；或者昭示此事将来要落空、应空，空忙乎一场；等等。总之，它与事物的成败得失有关。奇门用六甲旬空，由于我们讲的是时家奇门，一般情况下只标时干空亡之处即可，有时，日干空亡也有用；甚至年干空亡、月干空亡，都能向我们提供一些信息。

第三项准备工作，就是把时辰的驿马星标出来。古人云："天机泄于动处。"六爻中有动爻的卦，就会又变出一个卦，叫"变卦"或"之卦"，无动爻的卦叫静卦。有动爻，就表明事物有变化。同理，在奇门局中标出驿马星，也是为了找出事物变化的信息。驿马星的歌诀是这样的：

申、子、辰，马在寅；
寅、午、戌，马在申；
巳、酉、丑，马在亥；
亥、卯、未，马在巳。

驿马星的确定，一是根据十二地支在八卦九宫中的位置，四维宫中东北角的阳木寅与西南角的阳金申处在对冲位置，阳与阳相斥又对冲；东南角上的阴火巳与西北角上的阴水亥处在对冲位置，阴与阴相斥又对冲，一冲必然要动，所以寅、申、巳、亥这四个地支为驿马星。二是根据古代隔一段距离就设一个驿站，用飞马轮换着接力传递文件、消息这一古老的传递信息的方式来定的。水长生于申、帝旺于子、库于辰，申子辰合成水局，就好像一匹精力饱满的驿马，从开始上路，到跑得最快最有力，然后逐渐疲备无力，最后进入下一个驿站的马圈里休息喂养，完成了这一段距离的传递任务。从驿站马圈内又牵出一匹刚刚吃饱喝足的新马，来接替上一匹马的传递任务。由于寅冲水的长生申，所以寅就是接替申、子、辰这一段路程的驿马。由于新上路奔跑的驿马必然是精力充沛的新马，所以寅、申、巳、亥四个长生位的地支就是驿马星。

具体到奇门应用中，就是求测时辰地支是申或子或辰的，驿马星就是寅。求测时辰地支是寅或午或戌的，驿马星就是申。求测时辰地支是巳或酉或丑的，驿马星就是亥。求测时辰地支是亥或卯或未的，驿马星就是巳。比如上例测北京抢银行大案一局，发案时辰的地支是辰时，按照申子辰马星在寅的规律，就要把"马星寅"标在艮八宫，因为艮八宫所含地支中有"寅"字。

当然，日、月、年的地支也会有马星的。但奇门中一般不用，所以就不用标出来了。

（二）分析判断的根本思路

奇门分析判断的根本思路，任何奇门古籍都没有讲过。我根据奇门独特的象数理时空模型的组成原理和我本人以及我会人员大量的实践经验，借宋代大文豪苏轼登庐山的一首诗，概括总结为四句话，这就是：

横看成岭竖成峰，
远近高低皆不同；
不识庐山真面目，
只缘身在此山中。

意思是，要看清奇门格局中隐藏的该时空中立体的全方位的信息，必须竖看天、地、人、神四层盘；横看用神与周围有关事物的生克制化关系；还要通过内盘与外盘来分辨事物在空间上的位置是近是远，在时间上是快是慢；最后还要以月令为主，看用神与有关事物各自的旺相休囚，从而决定事物是成是败，成于何时，败于何时。

（三）竖看一个宫中天、地、人、神四大要素及主客基本状况

世界上的任何事物，依据“天人合一”的观点，都离不开主观、客观两个方面。而一个人或一件事物从主观本体上说，都离不开天时、地利、人和、神助四个方面。一个人或一件事物能够达到成功的彼岸，无非是该人或事物在天时、地利、人和、神助四个方面都占优势或占了大部分优势。一个人或一件事物之所以失败，无非是该人或事物在上述四个方面都不占优势或大部分不占优势。所以，在奇门预测中，首先要从用神落宫中，分析天时、地利、人和、神助四大要素，看其主观条件如何。

比如《神奇之门》第 206~207 页实例二，测中国女企业家协会副理事长李月珍拟引进外资建商城一事，首先应分析日干庚（代表求测的李月珍）所落坤 2 宫的状态，也就是天、地、人、神四大要素：

（1）日干庚落坤 2 宫为冠带、临官之地，说明李月珍得地利。

(2) 日干庚临天英星，虽然从月令卯月木生火来说，天英星处于废的状态，但九星旺相休囚以落宫为主来判断，从落坤2宫来说，为火生土，我生之宫为最旺，说明天时旺相，李月珍现在得天时。

(3) 日干庚临死门，死门为凶门，且在本宫伏吟为相地，因此看李月珍眼下不占人和。这正符合当时有人告她的状，她与原来所搞房地产项目的老板发生矛盾，她决定跳出来自己单独引进台商资金开发太和电子城这一新项目的状况。

(4) 日干庚上乘六合吉神，说明她有合作伙伴相助。

其次，在竖看中，还要看天、地盘三奇六仪所形成的克应关系或叫吉凶格，观察用神在主客上目前所呈现的基本状态（一般情况下均以天盘三奇六仪为客，地盘三奇六仪为主）。

比如上例：日干庚代表李月珍为客在天盘，地盘上有5宫寄2宫的丙和二宫地盘的壬，于是就形成了庚+丙、庚+壬两组克应关系。依据古人留下的奇门十干克应和吉凶格经验，庚+丙虽然为太白入荧凶格，但为客进利，为主破财。所以，从此看李月珍为客还是有利的。庚+壬为上格，凶格，又为移荡格，主动，所以李月珍从前一个房地产合作项目中主动撤出来自己去搞，从主客关系来讲，也是有利的。如果为主，她守在原来项目之中反而对她不利。

（四）横看用神落宫与用神所处周围事物之间的生克制化关系

世界上任何事物都不可能孤立地存在，依据“五行关系论”，它必然与周围相关事物处在一个金、木、水、火、土又相生又相克的五行生物链条之中，或呈现平衡状态或出现失衡状态，由此而决定了事物的成败得失、吉凶悔吝。

奇门九宫格这个模型，从横的方面来说，它依据八卦五行与方位的关系，组成了一个由二金、二木、一火、一水和三土紧密构成的生物链，以象征地球以及地球上的万事万物（见下图）。

木	火	土
木	土	金
土	水	金

（奇门地盘九宫五行图）

在这个模型中，兑7宫和乾6宫的金都能生水；坎1宫的水既能滋润中5宫、坤2宫、艮8宫的土（子与丑合），又能浇灌帮助震3宫、巽4宫的木生长；3宫、4宫的木自然能生助离9宫的火；9宫的火又能生助中5宫、坤2宫、艮8宫的土（午与未合）；中5宫、坤2宫、艮8宫的土，自然又生7宫、6宫的金。这样形成一个循环相生系统。地球上的土最多，其次是树木花草、金石矿产，水和火相对较少，地下是水，天上是火，这大体符合地球上的客观状况，主要是符合处在北半球以黄河流域为中心的中国的地理状况。

在这个模型中，同时存在着五行相克即相互制约的关系。这就是金克木，木克土，土克水，水克火，火克金的循环相克关系。

奇门预测就以上述摹拟事物之间所存在的生克制化关系，来横向分析用神与其他事物之间的关系，比如日干与年、月、时或其他特殊用神之间的关系。横向比较时，就不再考虑三奇六仪或星、门、神原来的五行属性，而均以其落宫地盘的五行属性来比较其生克关系。

仍以《神奇之门》第206~207页李月珍求测建商城一事为例。

(1) 看日干与时干的关系。时干癸代表下级、代表群众，今时干癸落4宫为木，克日干庚所落坤2宫之土，正说明有小人在背后捣鬼，告她的状，所以使她心中生闷气（临死门），决定跳出原来项目之中，自己另搞。日干在2宫逢空亡，表明她转移了地方，时干克不住了。

(2) 看月干与日干的关系。月干己代表同事、同行，今月干己落3宫为木，也克2宫之土。月干己上乘值符，说明正是原来项目的头头、负责人反对她，所以她决定离开，自己另搞一摊。

(3) 看年干与日干的关系。年干乙落坎1宫，受日干庚落宫所克，说明她既有抗上的性格，一般情况下，她在上级领导面前说了话还是管用的，换句话说，上级领导会听从她的意见。

(4) 如果细分析，则李月珍1952年生，年命壬落兑7宫属金，既克时干、月干之木，又生年干之水。所以说，同事、小人是克不住她的，上级领导与她的关系是不错的，上级领导还要靠她这个民营企业家来发展壮大本地经济的。

(5) 李月珍要开发新的房地产项目，值使门一般情况下为项目的用神，生门更是代表房地产的特殊用神，今值使门生门落8宫，与日干落2宫均为土，属比和关系，这自然表示她可以承担这个项目。

(6) 开发房地产的目的不是建居民住宅楼，而是在市中心繁华地带建商城，从事坐地经营项目，所以开门又是其特殊用神。今开门落6宫属金，与日干宫相生，与年命宫比和，这说明她从事这个项目是有利的。

(7) 更关键一条就是投资后会不会产生效益，是效益好，还是效益一般，还是没效益，甚至亏本。奇门在这方面的特殊用神，是看甲子戊与生门落宫之间的生克关系，即甲子戊代表资本，生门代表利润，如果生门生甲子戊，生门落实格局又好又旺相，自然会赚大钱；如果甲子戊生生门落宫，只要不断地投资，也会有较好效益；如果甲子戊克生门，甲子戊落宫旺相、格局又好，也会取得一定效益；如果生门克甲子戊，生门落宫格局又不好，则必然要赔本。此例，生门落8宫，甲子戊落6宫，土生金，生门生甲子戊，明显表明投资后效益会很好。所以，我告诉李月珍大胆地开展这个项目，前景、效益一定会很好。

以上就是横看的种种思路。

(五) 通过内外盘以及伏吟反吟等格局，分辨事物在方位上的远近，在时间上的快慢

奇门在阳遁格局中，以一、八、三、四宫为内盘，在空间上表示近，在时间上表示快；以九、二、七、六宫为外盘，在空间上表示远，在时间上表

示慢。

奇门在阴遁格局中，与阳局正好相反，即以九、二、七、六宫为内盘，在空间上表示近，在时间上表示快；以一、八、三、四宫为外盘，在空间上表示远，在时间上表示慢。

另外，还要分伏吟局与反吟局。凡星门伏吟局，在空间上主近，在时间上主慢；凡反吟局，在空间上主远，在时间上主快。这一点，又与内外盘不完全一样。

还有一点，日干为求测之人，时干为求测之事，这是两个纲领性用神。如果日干、时干均落外盘，则主远，主慢；日干、时干均落内盘，则主近、主快；如果日干和时干一内一外，也表示空间上比较远，时间上比较慢。

仍以《神奇之门》第206~207页上的格局为例，此例为阳遁，故应以一、八、三、四宫为内盘，以九、二、七、六宫为外盘，这时，时干癸落内盘四宫，日干庚落外盘二宫，为一内一外，主远主慢；又八门伏吟，主本地，主慢；生门为房地产，也在内盘。所以根据这些情况，判断该房地产项目就在石家庄市内，但不会进展太快。

又如《神奇之门》第271~275页北京抢银行大案，根据案犯用神天蓬星、六合、日干辛均落内盘，内盘主近，主本地，故断案犯是北京人，不是外地人。又依据日干在内盘1宫，时干在外盘6宫，一内一外主慢，故断此案不会很快侦破。

（六）以月令为主，看用神与有关事物的旺相休囚，依据生克制化，决定事物是成是败，然后定应期，成于何时，败于何时

“横看成岭竖成峰，远近高低皆不同”，其中所谓“高低”，在奇门格局中，就是以月令为主，分辨用神与有关事物各自落宫的旺相或休囚死墓绝等状态。从而才能依据生克制化的哲学原理，来判断事物的成败与吉凶悔吝。

比如《神奇之门》第206~207页李月珍投资建商城一例，现在是己卯月，月干己所在3宫正旺相，代表李月珍的日干庚在2宫正处死地，幸亏日干宫逢空亡，她已主动从原来合作的项目中抽身出来，月干、时干虽旺，但也克不住她。日干落2宫属土，到辰月土旺，她重新注册“太和房地产开发有限公司”得以成功。土能生金，到开门所在的戌、亥之月（1995年10月18日即丙戌月壬午日）太和电子城破土动工。经过一年多建设，于1996年底的丑月（即生门所在艮8宫当令之月），又是土旺之月，太和电子城竣工，随即于1997年（丁丑年）元月8日（辛丑月庚戌日）即土月土日，正式开业运营。

又如《神奇之门》第271~275页测北京抢银行案一例，根据内盘、外盘和日干、时干一内一外，已确定了不会很快破案，慢则断年、月，但又有庚加壬的时格主快，所以综合这些情况，不能断年，只能断月。但是，当下为癸巳月，天蓬星落8宫为土，在月令上为相地，日干辛落1宫为水，在月令上为囚地。白虎和值使死门为公安，分别落在3、4宫，从月令巳火上看，3、4宫属木，当下处休地；但死门在4宫，4宫对应辰、巳月，又为当令，所以值使门应该说还是比较旺的，是能克住案犯的。依据“值使门落宫定应期”的方法，死门值使落巽4宫有3、4、5、8四个数可供判断使用，由此可判断，起码三个月以后才能破案。事实上，6月3日发案，9月9日才破了案，正好是三个月多一点。

第三节　奇门定应期的主要方法

对奇门格局，在分析了远近、快慢和旺相休囚之后，最后一步就是对事物的成败得失确定应期，也就是实现的年、月、日、时。这是最后一步，也是最难的一步。一般情况下能够断准年、月、日就很不容易了，如果连时辰也能断准，那当然就更好了。

奇门断应期的方法，古籍中提供了一些方法，要么失之偏颇，只强调某一种方法，如《神奇之门》第147~148页所引《奇门法窍》所讲；要么，列举种种方法，杂乱无章，使读者难以适从。

现在我根据古人经验和我个人及我会人员在实践中的一些体会，把定应期的方法，分成三大类来加以解说：

（一）成功类事物定应期的方法

对奇门格局依据天、地、人、神、主客状况以及生克制化、旺相休囚等分析，首先判定事物可以成功，诸如婚姻可成、学校能上、工作能就、职务可升、求财有益、疾病能愈等，其次可按远、慢断年、月，近、快断日、时的原则，依靠下列方法来定具体的应期：

①以用神旺相、当令之时为应期；

②用神需生者，以能生之时为应期；

③用神需克者，以克住之时为应期；

④用神旬空，以填实或冲实之时为应期；

⑤用神入库者，以冲库之时为应期；

⑥用神逢刑、冲者，以合时为应期；

⑦马星当令或被冲时为应期；

⑧值使门落宫或时干落宫，该宫所含的数，往往是事物成败的期限，即所需的时间，比如几年、几月、几日、几时等。值使门或时干落宫所临之干，有时也是应期。

比如《神奇之门》第154~155页测动手术后何时出院一例，根据时干用神丙临太岁、临吉门、落宫旺相，年命乙临吉星、吉神、落宫旺相，病星天芮受制凶不起来等情况，判断病能愈；而且又根据日干、时干均在内盘主快，应按日、时来断的原则，首先看时干和值使休门均落3宫，3宫含3、4、8三个数字，如果断三天则太快了，也不符合常理（昨天刚作了手术，从手术到拆线，起码也要一周），所以就断，最多不会超过十三天。那么具体是哪一天或二天出院呢？这就要看与疾病有关的符号了，一是生逢生日，死逢死期，今已判断病可愈，自然要看生门所落之宫了；二是空亡藏有玄机，今生门落宫逢空亡，空的是辰、巳，求测之日是5月9日丙午日，10天后，5月19日为丙辰日，20日为丁巳日，这二天正好是辰、巳填实之日，所以就断这二天是应期。实际结果，就是5月20日上午痊愈出院了。

又如《神奇之门》第185~187页测在美国考行医执照一例，杜新会首先判定叶教授女儿最终能被录取，但根据八门伏吟主迟和日干丁落外盘3宫、时干癸落内盘9宫，日、时一内一外也主迟，迟断年、月，断年不合事理，所以就确定断月。那究竟哪一月才能收到录取通知书呢？这就要看与通知书有关的符号了。在奇门中一般以丁奇为通知书，天盘丁奇在3宫，地盘丁奇在4宫，今巽4宫辰、巳逢空亡，空亡藏有玄机，所以杜新会就断阴历九月（戌月）即阳历10月7日或8日交寒露节以后，就收到录取通知书。结果10月9日就收到了通知书。

（二）失败类事物定应期的方法

对奇门格局依据天、地、人、神、主客状态以及生克制化、旺相休囚等分析，判定事物不能成功、必然败亡，诸如恋爱不成、考试落榜、升职无望、求财亏本、病重不治等等，需要断应期者，也可按远、慢断年、月，近、快断日、时的原则，通过下列方法确定应期。

①用神休、囚、死、墓、绝之时为应期；

②忌神旺相、当令，用神受克之时为应期；

③用神旬空，以填实之时为应空、失败之期；

④用神被合者，以刑、冲之时为应期，用神逢刑、冲者，以合时为应期；

⑤马星当令或被冲之时为应期；

⑥值使门或时干落宫，该宫所含的数，往往是事物成败的期限，即所需的时间，比如几年、几月、几日、几时等。值使门或时干落宫所临之干，有时也是应期。

比如《神奇之门》第152~154页实例二女测父病，根据各种用神符号落宫状况，我已断定其父病重不能治，必然要去世。求测人又提出“何时去世？”要求断应期。于是我依据日干、时干一内一外和星门均伏吟都主迟的原则，以及年干丙、病神天芮均在内盘，又主快主近的原则，按月、日来断。首先以用神死、墓、绝的方法，断其父将死于酉月或戌月，又以年命甲午辛逢午午自刑，刑以合为应期，午与未合，故断当死于酉月或戌月的未日。结果死于当年阳历的 9 月 7 日（即丁酉月丁未日）。

又如《神奇之门》第 306~308 页验测希特勒发动二次世界大战一例，首先根据各种用神落宫状态，断定希特勒必然失败，但何时失败呢？其一，日干丁、时干己均落外盘，主远主慢，慢断年、月，以事理应以年来判断。其二，值使门落宫之数一般为事物成败的期限，今值使死门落七宫，七宫含 2、4、7、9 四个数，丑年辰月，土生金，七宫旺相，故应按七年或九年来断应期。其三，代表希特勒的日干丁落乾 6 宫属金，自然应以对立面的震、巽木代表世界反法西斯力量。1938 年年干戊、1939 年年干己，土能生金，希特勒大肆向外扩张。1940 年干庚金、1941 年干辛金，为金当令最旺之时，希特勒最猖狂。1942 年年干壬水、1943 年年干癸水，泄金之气，希特勒开始走下坡路。1944 年年干甲木，1945 年年干乙木，木旺金囚，自然是希特勒失败灭亡被囚之应期了。

（三）破获、找寻、阻止类事物定应期的方法

在奇门中甲与庚是一对主要矛盾，庚被称为阻隔之神，换句话说，庚是表示事物受阻的主要符号。好事受阻，自然不吉，比如血管受阻为中风，脑血管受阻为脑血栓、脑梗阻，心血管受阻为心梗，食道受阻为食道癌，胃受阻为胃癌，肠受阻为肠梗阻、肠癌；事业受阻，难以升职；经商受阻，难免破财；年干受阻，流年不利；月干受阻，当月不顺；日干受阻，当日不顺；时干受阻，当时不顺；等等。

而坏事，需要拦截、阻挡、阻止的事，遇到庚，自然就成为好事了。所以，在奇门中遇庚并非都是凶，都不吉，需要发挥庚的阻隔作用时，庚就是吉的符号了。这就是事物的辩证法，这就是辩证逻辑思维。

由此哲理决定了，凡需要破获、截获、阻拦、阻止一类的事物，定应期的方法就要用庚格的方法。这类事物诸如刑侦破案，抓捕逃犯，找寻走失的行人，寻找丢失的钱物，等等。

古人的经验，有三种庚格用法：

（1）庚临年、月、日、时干，即天盘为庚，地盘为年干、月干、日干或

时干者。一般情况下，奇门局中出现年格者，表示当年内刑侦可破案，逃犯能抓获，行人能找回，失物可寻到；出现月格，当月内为应期；出现日格者，本日为应期；出现时格者，本时辰内即为应期。

(2) 如果没有第 (1) 类这样的庚格出现，日干为用神者，可按阴日看庚上之干、阳日看庚下之干为应期，即日干为阴干者，可在奇门局中找地盘是庚这一宫，看庚所在地盘之上的天干 是什么，该天干往往就是应期之年干、月干、日干或时干。如果日干为阳干，可在奇门局中找天盘是庚的这一宫，看天盘庚之下的地盘上是什么天下，往往该天干就是应期之年干、月干、日干或时干。

(3) 如果没有第 (1) 类这样的庚格出现，用神是时干者，则可以根据时干所临九星来用另一种庚格法定应期，即时干临阴星，看庚上之干；时干临阳星，看庚下之干为应期。

在上述三种庚格方法中，还需注意一点：这就是一般情况下，空亡不为格，乙庚合不为格。这就是，如果庚格所在某一宫逢空亡，这个庚格就不成立了，就不起作用了。如果庚格所在某一宫，乙与庚同时出现在天盘之上或地盘之上，由于庚与乙合，贪合忘克，就难以发挥它的阻截作用了，所以此庚格也就不成立了。

比如《神奇之门》第 271~275 页测北京抢银行一案，奇门格局中，兑七宫出现了庚+壬的时格，发案时间为 6 月 3 日壬辰时，6 月 17 日打电话找我们求测，自然尚未破案，所以如果出现时格，也不一定在本时辰内就能破案，但它向我们提示了可以破案的信息。根据内外远近已确定以月断应期，这时既然虽有时格，也不能按时格断应期了，就该换另一种庚格方法，即“阳日看庚下之干，阴日看庚上之干” (因日干为用神，要阻截的是日干)，发案时间的 6 月 3 日为辛未日，天干辛为阴金，故应按“阴日看庚上之干”定应期。今奇门格局中坤 2 宫庚上之干为丁，那么就应断当年丁月为应期。天干定了，再去找地支，发案时为癸巳月，按天干顺序，午月为甲午，未为乙未，申月为丙申，酉月为丁酉。如此，就知道应该农历八月丁酉月为破案的应期了。实际上，就是到阳历 9 月 9 日即农历刚进入丁酉月就破了此案。

可惜，当时我们刚学奇门不久，对定应期的方法尚未掌握得十分熟练，所以具体应期没有断出来。

又如《神奇之门》第246~248页实例五测女儿离家出去，在奇门局中找不到年、月、日、时格，根据日、时一内一外主慢，值使开门落2宫，大致卡定在十天或十二天左右可回来的期限内，又以时干壬（因用神是时干，要阻拦找回的是时干）在巽4宫所临之天禽星为阳星，所以按“时干临阳星，看庚下之干”的方法，找见坎1宫庚下之干为戊，就断戊日可回。确定了天干，再按十天左右查万年历得知3月17日为戊午日，由此就可判定3月17日为应期了。实际上，这个女孩子正是3月7日离家，3月17日这一天回来的。

又如《神奇之门》第255~257页实例一测找发票，根据日干己、时干壬均在内盘主快，八门反吟也主快，值使休门落9宫和时干落3宫均主三天左右，又时干为丢失之物为用神，所以可按时干临星之阴阳的方法找庚格，今时干壬临天禽阳星，“时干临阳星看庚下之下”，6宫庚下之干为癸，可判定当在癸日找到，即12月23日癸未日找到，实际上是12月22日壬午日就找到了，提前了一天。

又如《神奇之门》第258~259页实例三测失钱，由于时干为失钱，为用神，时干壬临天蓬阳星，所以应按“庚下之干”定应期，今巽4宫庚下之干为丙，3月30日为丙寅日，故断3月30日可找到。果然在3月30日把自己挪动了收藏之地的六千八百元人民币如数找到。

最后，再说一点，因为今日中国与世界大多数国家一样，以通用阳历记年、月、日、时，所以我们进行奇门预测时，也要尽量以阳历的年、月、日、时定应期，以适应时代的发展。

第四节　十干克应与吉凶格

分析奇门格局中用神的吉凶得失，除了看其天时、地利、人和、神助以外，还必须看其在主客关系上处于什么状态，与星、宫、门、神组成什么格局，是吉格还是凶格。这就是奇门预测中讲的“十干克应”、“八门克应”与“吉凶格”（见《神奇之门》第五章，即第110~132页）。

这部分内容，学员普遍反映难以记忆、难以熟练掌握。为帮助大家从易理上加深对其理解和记忆，这里也再讲一下。

（一）十干克应所显示的主客状况

所谓十干克应，就是十个天干在奇门天盘与地盘中所组成的各种主客关系。奇门预测中，一般均以天盘三奇六仪为客，地盘三奇六仪为主。奇门遁甲又以甲为中心，以甲与庚这一对矛盾来模拟万事万物对立统一的客观规律，因此，许多克应关系与吉凶格往往都是从“甲”这个角度来讲的，对“甲”有利的，一般多为吉格，对“甲”不利的，往往都是凶格。比如，凡遇到“庚”组成的克应关系，往往都讲是凶格，这是因为出发点是站在“甲”的立场讲的。如果，站在“庚”的角度来讲，不仅不凶，反而为吉。所以，我们必须充分认识：世界上没有绝对的吉、绝对的凶，吉凶都是相对的，而且必须分析对谁吉，对谁凶。也就是说，必须以马克思主义辩证唯物主义的哲学观点来学习奇门，来分析奇门符号向我们展示的吉凶内容。

(1) 甲子戊与自身和其他天干所形成的主客状况。

戊/戊，甲甲比肩，名谓“伏吟”。遇此，凡事不利，道路闭塞，以守为好。伏吟主本地，主内部，主迟，如果是六甲之时问事，尚可谋为行动。

戊/乙，甲、乙均为东方木，东方木又名青龙，故曰“青龙和会”。门吉事也吉，门凶事也凶。

乙/戊，前者为甲子戊在天盘为客，乙奇在地盘为主，阳木与阴木会和，由门来决定其吉凶，门吉事也吉，门凶事也凶。现在二者颠倒过来了，乙奇在天盘为客，甲子戊在地盘为主，为客必然主动进攻，这时乙木就会克戊土，故曰“阴害阳门”（戊为阳土为天门，己为阴土为地户）。利于阴人、阴事，不利阳人、阳事，也就是说对女人或隐蔽性的事情有利，对男人或公开性的事情不利。决定吉凶，还是看门。如果门吉，尚可谋为；门凶、门迫，则要破财伤人。

戊/丙，即甲子戊在天盘，丙奇在地盘，由于甲木生丙火，丙火又生戊土，丙火是甲木的儿子，是克制庚金的主力，所以在奇门中列为第一吉格，名曰“龙回首”。凡求好事，诸如求婚、求学、求财、求官、出行、出国、建造、出征、打仗等，均大吉大利。但如果“龙回首”的格局遇上门迫（即门克宫，特别是凶门克宫）、入墓（如甲子戊落6宫入戌墓）或击刑（如甲子戊落3宫形成子卯刑），则吉的程度大减，吉事不成，甚至吉事成凶。正因为此格利于好事，所以坏事遇此，反而不吉，如测疾病，遇此格，不仅不吉，反而可能显示病情十分严重。

丙/戊，前者戊为客、丙为主，客生主，主生客，主客相生，对“甲”最有力，所以为第一吉格。现在主客颠倒过来，丙为客、戊为主，甲木生丙火，丙火生戊土，仍是主客相生。主主静，客主动，丙火是甲木的儿子，现在主动回到母亲身边，所以名曰“鸟跌穴”，列为奇门第二吉格。此格也是对谋好事大吉大利，诸如求婚、求学、求财、求官等，不用费多大力气，就能成功。同样，如果遇上门迫（特别是凶门克宫）、入墓（如丙入6宫戌墓）或者击刑（如在3宫，地盘甲子戊形成子卯刑），则吉的程度会大减，甚至吉事不成，反而变凶。另外，此格同“龙回首”一样，测坏事则不吉。如测疾病，遇此格，不仅显示病重，甚至可能是病人去世入穴的征兆。

戊/丁，即甲子戊在天盘，丁奇在地盘，甲木生丁火，丁火生戊土，也是主客相生。故列为第三吉格，名曰“青龙耀明”。也是对求取好事，诸如求婚、求学、求官、求财等大吉大利。由于甲子戊为主帅，所以古人讲宜见上级领导、贵人；又由于丁奇主文书、主文明，所以利于求取功名富贵。但是，如果丁奇入墓（如丁奇落艮8宫入丑墓）或遇门迫（门克宫，特别是凶门克宫），则不仅吉的程度大减，甚至会招来是非。

丁/戊，即丁奇在天盘，甲子戊在地盘，与前者正好相反。但仍是主客相生，所以列为第四吉格，名曰“青龙转光”。因甲木生丁火，丁火在上，光明更加显著。所以，诸如求婚、求学、求财、求官等好事会更加顺利。故古人讲遇此格“官人升迁，常人威昌”，也就是说，即使平民百姓遇此吉格，也会事业发达、声名卓著。同样，如果遇到入墓或门迫之时，吉的程度会大减，甚至招来是非。

戊/己，即甲子戊在天盘，甲戌己在地盘。由于天盘戊入地盘戌之墓库，所以名曰“贵人入狱”凶格，于公于私都不利。只有等待冲出墓库之时，才能有转机。这是站在天盘甲子戊为贵人的角度讲的。

己/戊，即甲戌己在天盘，甲子戊在地盘，与前者刚好相反。由于戌为犬为狗，甲为龙，故名曰“犬遇青龙”，这也是站在天盘甲戌己角度讲的。因为一般以天盘三奇六仪为用神。“犬遇青龙”格，如果门吉，则谋事可以实现；如果门凶，则枉费心机。这又体现了主客关系的吉凶，主要由八门的吉凶来决定。因八门代表人事。

戊/庚，即甲子戊加甲申庚。因值符甲最怕庚金克杀，天盘值符甲在地盘遇到庚金，自然要躲避，故名“值符飞宫”格。甲为青龙为吉神，庚为白虎为阻隔凶神，所以测好事不吉，凶事更凶，求财没利益，测病也主凶。惟一的出路，就是值符甲飞离此宫，所以遇此格，又主换地方、换人。

庚/戊，即甲申庚在天盘，甲子戊在地盘，与“值符飞宫”格正好相反。也就是说，值符甲在地盘，天盘飞来庚金，如泰山压顶一般，冲克甲不能动弹，故名“值符伏宫”格，又叫“天乙伏宫”格。这也是站在甲的角度讲的。所以，从甲的角度说，遇到庚金冲克，自然是大凶之格，百事不可为。惟一出路也是换地方、换人。因而古籍在总结人生经验预测中说“庚加戊，戊加庚，多成多败，此地不比他地”（见《神奇之门》第 323 页）。但是，如果用神是天盘庚，不仅不凶，反而为吉，求财（甲子戊为钱财）一定会“多成”，然而由于甲与庚相冲，在甲当令旺相之时，庚金难免被囚，成“多败”之势，所以还是换地方、换人为好。

戊/辛，即天盘是甲子戊，地盘是甲午辛。由于辛金克甲木，子午又相冲，所以名为“青龙折足”格，吉门有生助，尚能谋事；若逢凶门，主招灾、失财，或有足疾、折伤。这是站在天盘甲的角度讲的。

辛/戊，与前者正相反，主客换了位置，甲午辛在天盘，甲子戊在地盘。古人名曰“困龙被伤”格，这又是站在甲的角度讲的。因甲在地盘，受到辛金冲克，所以被困受伤，主凶。如果委曲求全、安分守己尚可，妄动则带来祸殃，或吃官司，或破财。但是，如是用神是天盘的辛，那就不仅不凶反而为吉，也可以说“为客无害了”，当然由于子午相冲，挣到手的钱也容易花掉，所以也有不吉的一面。

戊/壬，即天盘为甲子戊，地盘为甲辰壬。由于壬为天牢，甲为青龙，子水又入辰墓，因而古人名为“青龙入天牢”凶格。在这里千万不可按字面上的五行生克来看，比如说“戊土克壬水”，“壬水生甲木”，必须按遁甲的特殊关系来看。由于“青龙入天牢”，所以不论公开的事还是隐蔽的事都不利。这也是站在天盘甲子戊为用神的角度讲的。

壬/戊，与前者换了主客关系，即甲辰壬在天盘为客为用神，地盘上是甲子戊，这一颠倒，变成了吉格，古人叫“小蛇化龙”格。因壬为小蛇，甲为青龙，也可理解为由五甲甲辰壬变成了一甲元帅甲子戊，升迁发达了。所以主男人发达，女人产婴童。

戊/癸，即甲子戊加甲寅癸。因甲为青龙，癸为地网，又名华盖，故名“青龙华盖”格。由于甲与癸一阴一阳，水能生木，又戊与癸相合，所以吉凶由门来定，即逢吉门为吉，可招福临门；逢凶门为凶，事多不成。

癸/戊，甲子戊与甲寅癸颠倒了主客关系。由于子水生寅木，戊与癸合，也就是说主客仍呈相生相合关系，所以名曰“天乙会合”格。吉凶仍由门来决定，即逢吉门为吉，宜谋事求财，婚姻喜美，有吉人赞助成合。如逢凶门，或门宫迫制（即门宫相克），则反而会招来祸害和官司是非。

（2）乙奇与自身和其他天干所形成的主客状况。

乙/乙，即乙乙比肩，名曰“日奇伏吟”格。不宜见上层领导和贵人，不宜求名求利，只宜安分守己。也就是伏吟利主，宜静不宜动，宜守不宜进。

乙/丙，天盘为日奇，地盘为月奇，乙木又生丙火，故名“奇仪顺遂”格，谋事多吉。但在测婚中，乙奇代表妻子，丙奇代表第三者男人，如果乙奇临吉星，说明此人本质好，在官场主客关系处理得好，故能迁官晋职；如果乙奇临凶星，说明此女本质不好、作风坏，难免与第三者男人搞到一起，故出现夫妻反目离别的情况。

丙/乙，二者主客关系颠倒过来，丙奇在上，乙奇在下，即阳在上，阴在下，这符合事物一般规律，因而名曰“日月并行”吉格，公谋私为皆为吉利。

乙/丁，即天盘为乙奇，地盘为丁奇，乙木生丁火，故名“奇仪相佐”吉格，最利文书、考试，百事可为。

丁/乙，二者主客关系颠倒，仍是相生关系，由于丁为玉女，得到乙奇相生，故名“玉女奇生”格，贵人加官晋爵，常人婚姻财帛有喜。

乙/己，即天盘为乙奇，地盘为甲戌己。由于戌为乙木之墓，故名“日奇入墓”格，即乙奇被土埋没。如果门凶，事必凶。如果门吉，则有救；得开门则为地遁吉格。

己/乙，甲戌己在上，乙奇在下，与前者换了主客关系，一般均以天盘三奇六仪为用神，故站在己的角度，己为地户，乙为日奇，故名曰“地户逢星”格，宜遁迹隐形，宜退不宜进。

乙/庚，即乙木在上，庚金在下，虽然乙、庚合为夫妻，但阴在上，阳在下，违反常规，庚金刑克乙木，故名“日奇被刑”格，往往会夫妻不合，为争讼财产，各怀私意。

庚/乙，二者换了主客关系，故名“太白逢星”格，由于庚克乙、乙庚又相合，所以为客有利，为主就不利了，只宜退不宜进了。

乙/辛，乙在上，辛在下，乙为青龙，辛为白虎，辛金冲克乙木，而且是阴克阴，故名“龙逃走”凶格，主家破人亡，财散人走，奴仆拐带，六畜皆伤。在测婚中，遇此格，一般皆为妻子主动提出离婚，离开男方。

辛/乙，辛在上，乙在下，辛金主动冲克乙木，故名“虎猖狂”凶格，亦主家败人亡，远行多灾殃。测婚时遇此格，一般皆是男人主动离婚，把家拆散。

乙/壬，乙奇在天盘，甲辰壬在地盘。由于壬为天罗，乙为日奇，故名“日奇入天罗”凶格，主尊卑悖乱，官讼是非，有人谋害之事。

壬/乙，颠倒了主客关系，变为阳在上、阴在下，符合一般事物规律，故曰“小蛇得势”格，因甲辰壬为第五甲，可称为一条“小蛇”，得“日奇”乙相助，故名“小蛇得势”。主女人柔顺，男人发达。如果测孕育，可生儿子，有工作有俸禄，出门还有车坐。

乙/癸，乙奇在上，甲寅癸在下。癸水虽生乙木，但癸为地网，故名“日奇入地网”凶格，宜退不宜进，以躲灾避难为吉。

癸/乙，癸在上为客，乙在下为主。癸为地网，但高者可为华盖，故名“华盖逢星”格，癸虽然多为凶的符号，但现在癸为用神，又得日奇相助，故对癸来说为吉。如果得吉门，则贵人禄位，常人平安；如果得凶门，自然就又凶了。

(3) 丙奇与自身和其他天干所形成的主客状况。

丙/丙，天地盘皆为丙奇，即月奇伏吟，由于丙的性格暴躁，办事容易偏激过火，不守常规，主客二个丙到一起，犹如午午自刑一样，更加重了丙奇的缺点，故名“月奇悖师”格，主文书逼迫，破耗遗失，特别是容易出现单据票证遗失不明的情况。

丙/丁，天盘为丙，地盘为丁，阳在上，阴在下，丙火又名朱雀，丁为星奇，故名“星奇朱雀”，二奇阴阳互补，自然为吉，所以主贵人文书吉利，常人平静安乐。如果再逢开、休、生三吉门，则为天遁吉格。

丁/丙，二者主客颠倒，变为阴在上，阳在下，名曰“星随月转”。如果是贵人可越级高升，巧妙利用阴阳互补的优势；如果是平常人，往往不能忍受“阴阳颠倒”的状态，反而容易乐里生悲，造成不幸。

丙/己，即丙奇在上，下遇甲戌己。因丙火入戌墓，故名“火悖入刑”格，逢吉门得吉，逢凶门得凶，主囚人刑杖，文书不行。

己/丙，阴阳颠倒，己在天盘，丙在地盘，戌为火墓，己又名地户，所以叫作“火悖地户”凶格，如果男人遇此格，容易冤冤相害；女人则易被人奸污。

丙/庚，天盘为丙奇，地盘为庚。由于丙为朱雀、为荧惑火星，庚为太白金星，故曰“荧入太白”。由于阳火克阳金，二者争战不已，故谋求好事，遇此为大凶格，主门户破败、盗贼耗失、事业难成。但如果测敌人、仇人、贼盗来不来，由于奇门多以庚为敌人、仇人、贼盗的符号，而现在天盘有丙火克制庚金，所谓“火入金乡贼即去”，故古人又名此格为“贼退”格。敌人、仇人、盗贼退去，这自然为吉了。

庚/丙，即天盘为庚，地盘为丙。天盘为客为动为进，地盘为主为静为守。现在作为敌人、仇人、盗贼、阻隔之神的庚主动进攻来了，虽然丙火能克庚金，但丙火在下，处于不利和被动状态，因而站在甲的角度来讲，这自然是大凶之格。故名“白入荧”凶格，又叫“贼来”格。占贼，贼必来，须防故人来偷营，盗贼入室来抢劫，所以以固守为好。但在实际应用中，如果求测之日干或年命即为庚，庚就是我方，当然此格变为吉格了，必然“为客进利，为主破财”了。只要主动进攻，先发制人，就会有利于自己。

丙/辛，丙在上，辛在下。丙火克辛金，丙为月奇为阳，又与阴金辛相合，故曰“月奇相合”吉格。凡谋事能成，测人疾病也不凶。

辛/丙，辛在上，丙在下，阴阳颠倒了，虽然二者仍然相合，但吉的程度就减了，故名“干合悖师”格，即阴干辛与悖师丙相合。如果门吉则事也吉，门凶则事凶，如果合作求财，容易因财致讼。

丙/壬，天盘为丙，地盘为壬。由于壬、丙对冲，壬又为天罗，故名“火入天罗”凶格，为客不利，是非颇多。

壬/丙，二者颠倒了主客关系，但仍然是互相冲克，天盘壬又名“水蛇”，所以起名“水蛇入火”格，也为凶格，主官灾刑禁，络绎不绝，两败俱伤。

丙/癸，天盘为丙奇，地盘为癸水，癸水克丙火，癸在下又名地网，故名“月奇地网”格，凡事暗昧不明，容易由阴人、小人害事，招来灾祸。

癸/丙，阴阳颠倒，阴水癸在上，阳火丙在下。癸高者可称“华盖”，丙又为“悖师”，故名“华盖悖师”格，贵贱逢之皆不利。只有修养高超、能屈能伸、善于因势利导的上等人物才能变不利为有利，反怒为喜。

(4) 丁奇与自身和其他天干形成的主客状况。

丁/丁，为“星奇伏吟”格。由于丁奇最灵，其他天干伏吟都不吉、不宜动，惟独丁奇伏吟，仍然为吉，主文书证件即至，喜事从心，万事如意。

丁/己，即天盘丁奇，地盘为甲戌己。由于戌为阳火之库，己（对应地支为丑）为阴火之库，己土又名勾陈，故名曰“火入勾陈”格，主有阴私之事，谋求不利，奸私仇冤，事因女人。

己/丁，天盘甲戌己，地盘丁奇。因戌、丑为火墓，丁奇为南方火，又名朱雀，古人名“朱雀入墓”，这又是从地盘丁的角度所讲。实际天盘为客，应从天盘角度来讲，不妨改名为“地户朱雀”格，地户遇丁奇毕竟为吉，所以此格主文书词讼，先曲后直，先凶后吉。

丁/庚，天盘丁奇，地盘庚，丁为文书，庚为阻隔之神，故名“星奇受阻”格，庚主文书阻隔、消息不通；但是如果是外出之人或走失之人，遇庚受阻，故又主行人必归。

庚/丁，二者颠倒，庚在上，丁在下。古人名曰“亭亭之格”，我们不妨改为“金屋藏娇”之格，因庚属阳金，为男人，丁为玉女为情人。故主因私匿或男女关系起官司是非，门吉有救，门凶事必凶。

丁/辛，天盘丁奇，地盘甲午辛。甲午辛为罪人，辛又为监狱，故名“朱雀入狱”格。从地盘罪人辛的角度讲，上遇丁奇，自然为吉，所以主“罪人释囚”；如果从天盘丁奇来讲，丁奇为官人、为贵人，遇到辛这个主错误、主犯罪的符号，也就是说当官的有职权的人犯了错误、有了牢狱之灾，必然要失掉原来的地位，所以又主“官人失位”。

辛/丁，天盘为甲午辛，地盘为丁奇，甲午辛为罪人，又名狱神，故名“狱神得奇”格。如果经商求财，可以获得加倍的利润；办其他事也会有意外的收获；如果犯了错误，也会免予处分，坐牢狱的囚犯，也会获得赦免。

丁/壬，天盘丁，地盘壬，名“奇仪相合”格。因丁与壬相合，壬又为天罗，与讼狱有关，所以主凡事有成，贵人辅助，讼狱公平。测婚遇此，因丁壬合为淫荡之合，故多为苟合关系，但也不可一概而论。

壬/丁，壬在上，丁在下。丁壬相合，壬又为小蛇，故名“干合蛇刑”格。主文书牵连，贵人匆匆，男吉女凶。因天盘壬为阳为男，遇丁奇相合，自然为吉。而地盘丁为阴为女，上有天罗壬盖头，毕竟不吉。

丁/癸，丁在上，癸在下。丁为阴火，癸为阴水，又为地网，二者又对冲，故名“雀投江”凶格。主文书口舌是非，经官动府，词讼不利，音信沉溺不到。

癸/丁，癸在上，丁在下。地网阴水遇阴火，癸又名螣蛇，蛇被火烧烤，自然弯曲摆动不已，故名“蛇夭矫”凶格，主文书官司，火焚也逃不掉。

(5) 甲戌己与自身和其他天干所形成的主客状况。

己/己，天地盘均为甲戌己，己又名地户，故名“地户逢鬼”凶格。测病遇此格，发凶或必死。求谋好事不成，可暂不谋为，谋为则凶。

己/庚，因为庚+己为刑格，现在二者主客反过来了，故名“刑格返名”。庚为阻隔之神，所以不宜谋事，词讼先动者不利，如临阴星则有谋害之可能。

庚/己，庚在上，己在下。名为“官府刑格”，主有官司是非，因官讼被判刑，住牢狱更凶。庚为阻隔之神、为凶的符号，但己为地户为丑为庚之墓地，所以二者相遇，无论为主为客都不吉利。

己/辛，即甲戌己加甲午辛。戌为午火之墓。己为地户，辛主罪人，又主骸骨，故名“游魂入墓”格。主人鬼相侵，住宅易遭阴邪鬼魅作祟，凡事须小心谨慎为妥。

辛/己，天盘为辛，地盘为己。辛为罪人，己为地户为监狱，故名“入狱自刑”格。主错误由自己造成，奴仆背主，有苦诉讼难伸。

己/壬，己为地户，壬为天网，己在上，壬在下，故名“地网高张”凶格。凡事不吉，谋为不利。一阴一阳暗中冲克，己为阴、壬为阳，甲戌己与甲辰壬又有辰、戌相冲，故易出狡童佚女、奸情伤杀之事。

壬/己，壬在上，己在下，甲辰壬与甲戌己辰戌相冲，壬又为蛇，故名“反吟蛇刑”凶格。主官司败诉，大祸将至，顺守可吉，妄动必凶。

己/癸，甲戌己加甲寅癸。己土克癸水，癸水又在北方玄武之位，故名“地刑玄武”凶格，主男女疾病垂危，有囚狱词讼之灾。

癸/己，二者主客颠倒，癸在上可名华盖，故名“华盖地户”凶格。男女测之，音信皆阻。此格躲灾避难方为吉。

(6) 甲申庚与自身和其他天干所形成的主客状况。

庚/庚，名为“太白同宫”，又名“战格”。二个凶神相遇，必然相互争斗，所以主同事、朋友或兄弟之间不和，不仅不利谋事，而且还容易招来官灾横祸。

庚/辛，庚辛均为白虎，二者相遇，故名“白虎干格”。因庚为太白金星，故又名“太白刑格”。远行不利，诸事有灾殃。

辛/庚，因辛为天狱，遇庚同类相残，故名“天狱自刑”格，又名“白虎出力”格。主主客相残，刀刃相见，逊让退步稍可，强进血溅衣衫。

庚/壬，庚+壬为“小格”，又名“上格”。壬水主流动，庚为阻隔之神，故主远行迷失道路、音信不通。但如果站在庚的角度，庚若为用神，遇壬水流动，又有变动、变化之意，所以此格又名“移荡格”。

壬/庚，因壬为蛇，庚为太白。蛇遇太白被阻，故名“太白擒蛇”格。凡作为难以进展，但遇词讼，则会刑狱公平，立判邪正。

庚/癸，庚加癸为“大格”，因甲申庚与甲寅癸之间寅申相冲相刑，故为大凶之格。庚又为道路，所以多主车祸，行人不至，官讼不息。如果测生育，则可能母子俱伤。

癸/庚，癸在上，庚在下。癸又名地网，庚为太白，故名“太白入网”格。由于寅申相冲相刑，所以凡事无成，吉事也易成空。又主以暴力争讼，自罹罪责。

(7) 甲午辛与自身和其他天干形成的主客状况。

辛/辛，即甲午辛加甲午辛。由于午午自刑，辛又名天狱、天庭，故名“伏吟天庭 ”格，主为事自破，进退不果，公废私就，讼狱自罹罪名。

辛/壬，因辛为牢狱，壬为凶蛇，故名“凶蛇入狱”格，主争讼不息，先动失理。又甲辰壬中辰为辛金之墓库，辛在上为客为动，一动必先入辰墓，故曰“先动失理”。

壬/辛，壬在上，辛在下。辛金入辰墓，辰墓中有壬水，壬为螣蛇，又为天网，罩住辛金，故名“螣蛇相缠”格，纵得吉门，也不能安宁，若有谋望，被人欺瞒。

辛/癸，辛为天牢，癸为华盖，故名“天牢华盖”格，主日月失明，误入天网，动止乖张。辛为白虎，癸为地网，故又名“虎投地网”格。

癸/辛，癸在上，辛在下。癸为地网，辛为天牢，故名“网盖天牢”格。主官司败诉，死罪难逃；测病亦大凶。

(8) 甲辰壬与自身和其他天干形成的主客状况。

壬/壬，即甲辰壬加甲辰壬，壬为天罗，又名天狱，辰辰自刑，故名“天狱自刑”格。又因壬为蛇，壬又名地罗，故又名“蛇入地罗”格。主求谋无成，祸患起于内部，诸事主破败，外人缠绕，内事索索。如果遇吉门吉星，尚可缓解困顿的处境。

壬/癸，“天罗逢地网”格，诸事不利。又阳水在上，阴水在下，二水相遇，阴阳交和，玄武水又主暧昧之事，所以此格又名“幼女奸淫”格，主有家丑外扬之事发生。如果门吉，尚可谓“风流男女”；如果星凶，说明本质上坏，且本性难改，故必然反福为祸，因男女暧昧之事招来凶灾。

癸/壬，癸在上，壬在下，阴阳颠倒。癸、壬均为水蛇，故名“复见螣蛇”格。主嫁娶重婚，后嫁无子，不保年华。推而广之，主事物变化，另找主人，或另找合作伙伴。

(9) 甲寅癸与自身和其他天干形成的主客状况。

癸/癸，癸为地网。上边是网，下边也是网，故名“天网四张”格。天网四张，不可谋事，只宜退避。如果强行谋事，不仅无成，还会带来凶灾。故主行人失伴，病讼皆伤。“天网四张”格，如果落入一、二、三、四宫为网低，受困更重，最好退避忍耐为上，以等待时机。如果落入六、七、八、九宫，为网高，可匍匐而出，故尚可小心谨慎谋事，以逐步改变受困之境遇。

甲寅癸与其他天干形成的主客状况，前边均已讲到，这里不再重复。

以上九个天干，即三奇六仪，相互之间共组成八十一种主客关系，其中有吉有凶，有大吉有大凶，有小吉有小凶，也有半吉半凶。这是仅就二者从阴阳、主客、上下不同位置组成的吉凶格。许多情况下，还必须结合用神所临的星、门、神，以及与地盘宫所形成的迫、制、墓、库、六仪击刑等种种情况，来综合判断其吉凶得失。

再一点需要提醒大家注意，上述种种格局所下的具体吉凶断语，只是古人和我们在运用奇门预测中的一些经验。正如《易经》中的卦爻辞在某种程度上具有“寓言性”一样，上述断语也具有“寓言性”，必须在实际应用中充分发挥形象思维，比类取象、取意，拓展延伸之，才能以一种通行语言，去融会贯通，理解认识世界上的万事万物。

（二）十干克应以外，其他常用的吉凶格。

第一类是所谓吉格，其实都是相对的。

(1) 九遁。

由于遁甲术来源于军事，过去主要在军事上应用，所以九遁的原意主要是用于军事上的攻守进退、埋伏截击、安营扎寨、修桥穿井、水战陆战等等。今天，在和平时期主要是用于求婚、求学、求官、求财、谈判交易、建筑修造等。九遁组成的特点，是有的尽管天地盘组成的主客关系不佳，但只要遇三吉门和吉神，也为吉；大多数遁，又都是三奇与三吉门的结合，自然更为吉了。

天遁：丙/丁，“星奇朱雀”格，又临生门吉门。自然百事生旺，谋为吉利。

地遁：乙/己，“日奇入墓”凶格，但遇开门吉门，则为有救，因为己为地户，地户逢开门，就可以安营扎寨、埋伏截击、建筑修造了。但吉的程度自然不如天遁。

人遁：丁/乙，“玉女奇生”格，又得休门吉门、太阴吉神，自然为大吉之格，百事谋为，均为吉利。

风遁：天盘乙奇落巽4宫，又得开、休、生三吉门之一。巽主风，故名风遁。这一方位宜于祷风雨、行垒战、用火攻，用飞砂走石来对付敌军。

云遁：乙/辛，本为“龙逃走”凶格，但如果得开、休、生三吉门之一，则成云遁吉格，这一方位可以求雨、立营寨、造军械，理伏、掩袭敌人；也利于外出云游，修仙炼道。

龙遁：天盘乙奇落坎1宫，或乙/癸日奇入地网凶格，得开、休、生三吉门之一，则为龙遁。这一方位，可以演练水军，教习水战，修桥穿井，筑堤塞河，开渠放水，密送机谋，掩袭敌人。

虎遁：乙/辛入艮宫（寅为虎），合休门或生门，或者天盘庚逢开门入兑宫，均称为虎遁。这一方位可以安营扎寨，招安设伏，建筑修造，捕捉射猎等。

神遁：天盘丙奇，门盘生门，神盘九天。这一方位，可以祭祀祈神，建坛点将，训练士兵，挥师远征。

鬼遁：丁奇、杜门、九地三者到一个宫，或丁奇、开门、九地三者到一个宫，名为鬼遁。这一方位适宜偷营劫寨，设伏攻虚，禳镇灾邪，超度亡灵。

以上九遁，虽都为吉格，但如果三奇入墓、吉门被迫，那就难以称心如意了。

(2) 三奇得使。

乙、丙、丁三奇在天盘，无论地盘六仪如何，只要门盘是值使门，就为“三奇得使”。天地盘主客形成吉格，又值使门为吉门，自然大吉大利；即使天地盘主客形成的格局不佳，值使门不是三吉门，也可以谋事、行动，当然，其吉利的程度就不可同日而语了。

(3) 玉女守门。

值使门所落之宫，正遇地盘丁奇。此格利于宴会、婚姻等喜乐之事。

(4) 三奇贵人升殿。

乙奇到 3 宫，为日出扶桑，贵人升于乙卯正殿。

丙奇到 9 宫，为月照端门，贵人升于丙午正殿。

丁奇到 7 宫，为星见西方，贵人升于丁酉正殿。

三奇升殿之时，这些方位宜出师、远行、征伐、嫁娶、求财、求官、修造、迁移等，凡事吉利。会三吉门更吉。如逢门迫、制，则吉的程度自然要减少了。

(5) 奇游禄位。

乙奇到 3 宫、丙奇到 4 宫、丁奇到 9 宫，均为其禄地。如果再合三吉门，自然更为吉利。

(6) 天显时格。

甲、己日的甲子时、甲戌时，乙、庚日的甲申时，丙、辛日的甲午时，丁、壬日的甲辰时，戊、癸日的甲寅时，实际上就是六甲之时。此时必然是星、门都伏吟的格局，但由于六甲大将在带班领头，虽然伏吟一般情况下均主凶，不宜行动，但天显之时，尚可行动，可以出行、求财、求官、行兵、打仗等，有罪者也能赦免。但伏吟主迟，若求速则不达，求速则凶。

(7) 三诈五假。

所谓“诈”就是设计谋事，所谓“假”就是借助某种力量来谋事。

开、休、生三吉门，合三奇，上乘太阴，叫真诈。三吉门合三奇，上乘六合，叫休诈。三吉门合三奇，上乘九地，叫重诈。

三诈之格，对嫁娶、远行、上官赴任、商贾求财等，都吉利。

五假：景门合三奇，上乘九天为天假，宜于争战诉讼、见贵求官、上书献策、谈判结盟。杜门合丁、己、癸三者之一，上乘九地，叫地假，宜于潜藏埋伏、躲灾避难、探谋私事。惊门合六壬上乘九天，叫人假，宜捕捉逃亡。伤门合丁、己、癸，上乘六合，为神假，宜索债、捕捉、交易、伏藏。死门合丁、己、癸，上乘九地，叫鬼假，宜超度亡灵、破土修茔、狩猎、伐邪。

五假，如果遇到门迫或奇仪入墓，则就变吉为凶，难以借八神之灵气，达到目的了。

第二类是所谓凶格。

(1) 庚加年、月、日、时，分别称为年格、月格、日格、时格。庚为阻隔之神，年、月、日、时分别为用神，用神受阻，自然不吉为凶了。但如遇破案、失物、行人走失等，遇此格则反而为吉。凶犯被擒、失物找到、行人归来，自然为吉事了。

(2) 年、月、日、时加庚，也就是天盘是年、月、日、时干，地盘是庚。用神受阻，自然也不吉利了。但如果用神需要阻，则又变凶为吉了。

(3) 六仪击刑。

古籍中只讲六甲落宫形成的六个击刑格，即

甲子戊加3宫，形成子卯刑；

甲戌己加2宫，形成戌未刑；

甲申庚加8宫，形成申寅刑；

甲午辛加9宫，形成午午自刑；

甲辰壬加4宫，形成辰辰自刑；

甲寅癸加4宫，形成寅巳刑。

上述六甲落宫形成击刑，都是六甲所含地支与地盘暗含的地支形成的刑格。

其实，除此之外，天盘与地盘三奇六仪之间也可以形成击刑格。如天盘甲午辛加地盘甲午辛，形成午午自刑；甲辰壬加甲辰壬，可形成辰辰自刑；甲申庚加甲寅癸，可形成申寅相刑。

由此推理，我认为，比如丁丑日求测，日干丁落入坤2宫，2宫地盘有未，未与日支丑也可视为相刑。又如丙寅日求测，丙落巽4宫，日支寅与地盘巳也可视为相刑。又如戊戌日求测，戊落艮8宫，日支戌与地盘丑也可视为相刑。又如丁酉日丁落兑7宫，日支酉与地盘酉，也可视为酉酉自刑。又如己亥日，己落乾6宫，也可视为亥亥自刑。是否如此，大家不妨在实践中进行检验。

六仪击刑为凶，轻者闹矛盾、破财；重则有病痛之苦、伤害之灾或诉讼牢狱之难。

(4) 三奇入墓。

乙奇落乾6宫（入戌墓），丙奇落乾6宫（入戌墓）、丁奇落艮8宫（入丑墓）。

三奇入墓，难以发挥其力量，吉事不吉，凶事不凶，无力之象。

(5) 三奇受制。

丙、丁落坎1宫，乙落6、7宫，火受水制，木受金制。其吉的作用难以发挥。但还需依据月令，分析三奇和宫的旺衰，不可一律判定。

(6) 时干入墓。

用事或求测之时干落入某宫，该地盘正是它的墓地。不局限于戊戌、己丑、丙戌、丁丑、壬辰、癸未六个时辰。在具体应用中，还需根据时干的旺衰分辨是入墓还是入库。

入墓，则凶的程度大，事情难以成功。入库，则暂时受困，待冲出之时，还可成事。

(7) 门迫。

指门克宫。吉门克宫吉不就，凶门克宫祸重重。这就是说，吉门克宫，不吉，吉事难以办成；凶门克宫，不仅事办不成，还会带来麻烦，甚至灾祸。

在具体应用中，还必须以月令为纲，分辨门与宫的旺衰。休囚之门克不动旺相之宫，旺相之门能克休囚之宫。

(8) 悖格。

丙加六甲值符，或六甲值符加丙，或丙加年、月、日、时之上，古人又称为悖格。悖，指违背常理、违背正道。由于丙为阳火、为天威，性格暴烈，办事容易偏激过火，把事情搞乱，所以在发挥丙奇吉的作用的同时，还需防止过激行为，防止出乱子，惹麻烦。

(9) 伏吟。

九星、八门均在原宫不动或又转回本宫，叫伏吟。

有星伏吟、门伏吟和星、门都伏吟三种情况。其中九星伏吟，说明天时不利；八门伏吟，说明人和欠佳。星、门都伏吟，当然更不好。

伏吟在时间上主慢、主迟，在空间上主近、主本地、主内部。伏吟一般不吉。伏吟不宜动，动则破财耗失、伤人伤心。其凶的程度还需结合用神的格局来定。

但伏吟利主，此时宜收敛财货，讨债催款；如果是体育竞赛，则利于主方，主方多赢。

其中，六甲之时也是星门伏吟，但又变为天显时格了，也可以行动。具体吉凶还必须结合用神所临星、门、神、格局等因素来定。

(10) 反吟。

九星、八门落到与它原来所在宫相对冲的宫中，就叫反吟。有九星反吟、八门反吟和星、门都反吟三种情况。

反吟在时间上主快、主速，在空间上主远、主外地、主外部。反吟在事物上主反复。一般也为凶。

反吟利客，如果不主动去努力尽人事，则事情往往会半途而废。测婚不成，求财空忙一场。

反吟也有好的一面。测体育竞赛，反吟利客队，客队多胜。测行人走失，反吟人可回来。测失物，反吟可找回。测刑侦破案，反吟可破案擒贼。测疾病，如果是新近得的病，反吟则愈；如果是久病，反吟自然就大凶了。

反吟吉凶的程度，也必须结合用神所临星、门、神、格局等因素具体来分析。

(11) 五不遇时。

指求测或用事之时，时辰的天干克日干，而且必须是阳干克阳干，阴干克阴干。四柱命理上叫七杀，奇门中叫五不遇时。

古人有“五不遇时人将逝”的论述。这是说，测病如遇五不遇时，则大凶，病人可能要去世了。

实践证明，出行、谒贵、求学、求婚、求财、求官、出国、上任等等用事之时，最好避开五不遇时，不然轻者不顺利，重则有灾厄。

求测之时，如果遇五不遇时，那就不一定都凶了。

况且，五不遇时，这也仅是从时间这个角度上讲是不利因素，具体事物的吉凶，还必须结合用神所临星、门、神、格局等因素，综合判断。

第五节　预测之后的决策

国际易经学会主席、美国夏威夷大学哲学系教授成中英先生，1996 年 12 月出席中国首届周易应用学术研讨会期间，曾有一段著名的题词：

“周易是理解学、预测学、决策学，三学合一才是真学。”

这段话讲得十分深刻、完整。他的意思无非是说，周易首先是中国人的哲学，是中国人对万事万物规律的理解和认识；其次，周易还是中国人独特的预测学，它不同于西方现代的预测学、未来学；再次，周易又是中国人独特的决策学，它可以决天下之疑，指导人们的生产实践和社会实践，促进人与自然、人与人、人与社会的协调统一，可持续性发展。凡是学习周易的人，都应该从这三个方面正确认识周易，并把三学结合，应用于实践。这才是获得了周易的真髓，体现了周易的真正价值。

奇门遁甲是在周易基础上发展起来的一门应用技术。我们学习它，也要首先从理论上、从思维科学的角度充分理解和认识它对事物规律的高度概括和抽象；其次要真正熟练掌握它独特的预测技术；然后用它来帮助人们把握事物发展的规律，正确地指导生产实践和社会实践，发挥其决策价值。只有将三学结合在一起，才能说真正掌握了奇门遁甲，成了一位有真才实学的易学工作者。

奇门预测，只是为人们咨询服务的第一步，预测出事物的成败得失、吉凶悔吝，紧接着就是为求测者提供决策意见。

我在《神奇之门》一书第134~141页，结合古人经验，将如何提决策意见，概括为两句话：这就是“急则从神缓从门，动静先后分主客”。

(一) 急则从神缓从门

这句话的含义，其实就是选择有利的时间、空间，去做对我有利的事。

急则从神，就是讲在事情危难、时间紧急的情况下，来不及从容选择有利的时间、有利的方位，就可以在脑子里一转，在手上一掐，从此时此刻六甲值符所在方位或九星值符飞临的方位来采取行动，或主动出击，或退却避难。

比如2001年8月29日甲子日，用处暑上元阴一局。凌晨4点多即丙寅时，在你身边假如发生了危难紧急的情况，需要马上撤离逃走。这时，你就可以在手掌上点一下，阴一局，甲子戊在一宫、己在九宫、庚在八宫、辛在七宫、壬在六宫、癸在五宫、丁在四宫、丙在三宫，甲子旬、值符为天蓬星，丙寅时必然飞临三宫。于是，就可以向地盘甲子戊所在的北方或天盘值符飞临的东方紧急疏散或逃走。

所谓缓从门，就是在事情比较从容的情况下，可以预先选定吉利的时间、吉利的方位，指导人们的行动。

奇门在选日上，要尽量避开制日、伐日。所谓制日，指天干克地支之日，如甲戌日、庚寅日、癸巳日、己亥日等。所谓伐日，指地支克天干之日，如己卯日、丙子日、癸未日、壬辰日等。多选用宝日、义日与和日。所谓宝日，指天干生地支之日，如甲午日、戊申日、癸卯日，等。所谓义日，指地支生天干之日，如甲子日、己巳日、癸酉日。所谓和日，指天干地支比和之日，如丙午日、壬子日、庚申日等。

奇门在选时上，一要避开五不遇时，二要尽量不用五阴时，多用五阳时。所谓五阴时，即时干是己、庚、辛、壬、癸的五个时辰。因为阴时利主不利客，不利于行动办事。所谓五阳时，即时干为甲、乙、丙、丁、戊的五个时辰。因为阳时利客不利主，所以出外办事行动则有利。

比如，本书下编第二章第二节例一儿子婚姻何时成一例，通过预测，我断其婚姻这次一定能成。求测者立即问何时成？这既是定应期，又是提决策意见。确定年内子月、丑月可成，就建议双方老人主动促使两个年轻人领结婚证、结婚。

又如：本书下编第二章第十三节例一结婚吉日天气如何一例，我为小儿子选定结婚日子为己卯年戊辰月丙午日甲午时，即 1999 年 4 月 24 日上午 11 点举行婚礼，丙午日既是天干地支比和的和日，甲午时又是五阳时之首。

正如我在上例中所讲，择吉既是一种民俗，又是中国几千年易学文化中一门繁杂的学术。其中有精华，有合情合理的一面，也有故弄玄虚、迷信无稽的糟粕。究竟结合奇门预测，如何比较合情合理的选择吉日良辰，我将在奇门高级班中专题讲解，这里就不多论述了。

在奇门决策中，除了选时，就是择方，即选择有利的空间方位。这必须结合奇门格局所显示的具体信息来定。笼统地讲，自然是吉星、吉门、吉神、吉格所在的方位为吉。但实际应用，要根据用神与周围事物的关系，所处的境遇来定。

比如《神奇之门》第156~158页实例五测外出求医，经过预测，我不仅提出决策意见：不宜外出到西安找胡万林治病，而且说你就在本地即深圳住家东边或东南方向找医生看看，吃点中药就会好转。结果就是这样。原因是病星在坤2宫伏吟，3宫、4宫均属木，木能克土，所以如此决策。

又如《神奇之门》第282~284页实例三测房产纠纷，我预测后，提出决策意见，建议张老板在明天下午到法院调解时，一定要争取坐在室内东南角，这样对他比较有利。理由是原告在坤2宫西南方位属土，张老板为被告，坐在东南角巽宫属木，木能克土，所以对他有利。

又如《神奇之门》一书第362~363页在第九届周易国际会上现场表演奇门预测，湖北荆州市委党校张贵河副教授提出：既然我的第一本书稿能出版，从哪个方向找贵人帮助？杜新会告诉他到北方找出版社。原因是开门落坎宫。结果，张贵河在会后就将书稿交给了河北的花山文艺出版社，2000年2月该书以《中国异人传奇》的书名正式出版了。

（二）动静先后分主客

奇门遁甲在预测和决策之中有一个重要特点就是分主客。这也十分符合矛盾的辩证法。

在实际生活中，更是处处充满了主客问题。在战场上是主动出击，还是以逸待劳；是大张旗鼓、公开地挑战；还是偃旗息鼓、暗地偷袭。在商场上是先发制人，还是后发制人；是采取普天盖地的广告战，争取一下子占领市场，还是稳扎稳打，靠产品质量逐步扩大市场上的份额。在求官中，是积极上下活动，疏通关系，还是被动等待时机。在官司诉讼中是做原告，首先起诉对方，还是做被告，等待对方起诉自己，等等。

在奇门应用中，大致以以下几条原则来分主客：

①从动与静来分，动者为客，静者为主；

②从行动先后来分，先动者为客，后动者为主；

③从态度来分，积极主动为客，消极被动为主；

④从攻与防来分，进攻者为客，防守者为主；

⑤从距离来分，远者为客，近者为主；

⑥从内外来分，外者为客，内者为主；

⑦从奇门天地盘上分，天盘三奇六仪为客，地盘三奇六仪为主；

⑧从十天干记时来分，甲、乙、丙、丁、戊五个阳时利客，己、庚、辛、壬、癸五个阴时利主；

⑨从奇门格局上分，星、门反吟局利客，星、门伏吟局利主。

比如本书下编第二章第十节实例三，在开发区建厂，为买地皮准备打官司，经过预测，我告知求测人作为原告可以把官司打胜，于是就鼓励他主动起诉对方，结果将官司打赢，把地皮买到了手。又如本书下编第二章第五节实例四测河北科迪药业公司能否争取到国家科技基金资助，经过预测有希望，我就鼓励他主动去北京和省里有关部门作工作，结果不仅得到国家科技资金三千万元，还得到省里配套债券贷款两千万元，加上自筹资金，这个重点工程就启动开工了。

又如《神奇之门》第287~289页实例六杜新会测劳动纠纷，李师傅首先主动上告了工厂领导，经过预测，原告必胜，被告虽然当时气势汹汹，但必然会泄气撤火。于是就为李师傅决策，让他采取被动策略，等待对方来找自己，而且要见好就收，适可而止。结果，工厂不仅没有处分李师傅，反而答应了他的全部条件，连过去遗留长期没有解决的问题也给解决了。

总之，只有预测准确，决策意见提得对、提得好，该进则进，该退则退，才能指导人们遵循事物发展的客观规律，发挥主观能动性，不断协调主观与客观的关系，经过奋斗，到达成功的彼岸，取得预期的效果。

第五章　人生命运预测古文详解

古文第一段：

其法先明戴九履一，细寻接气超神，八门配合九宫，九宫要带三奇。年月日时要旺相，八门九宫须推移，离宫头面，乾艮两足；肩耳在于坤巽，震兑左右胸襟，坎为阴肾，中为心腹。

解说：

第一段主要讲奇门的定局和起局，以及九宫格与人体的对应关系。“其法先明戴九履一”，是说要掌握奇门测人生的方法，首先要弄明白奇门九宫格的原理。“细寻接气超神”，是讲其次要弄明白一年二十四节气、六十甲子干支系统与奇门用局的关系，搞清楚什么时候超神，什么时候接气，这仍然讲的是用置闰法定局。我提倡用拆补法定局，既简捷又符合自然规律，当然就不存在超神接气的问题了。“八门配合九宫”，这是讲的起局，要按奇门起局的方法，把九星、八门、八神都配到九宫之中。“九宫要带三奇”，这是提纲挈领地讲九宫形成的主客状况和吉凶格，最好要带有乙、丙、丁三奇才为吉。“年月日时要旺相”，是说年、月、日、时是纲领性的主要用神，用神旺相才为吉。“八门九宫须推移”，再以门为主来看人生的吉凶祸福及其推移变化。九宫与人体部位的对应关系是：离9宫代表一个人的头部和面部。乾6宫和艮8宫分别代表一个人左右两条腿和足部。左右两个耳朵、两条胳臂和肩膀分别由坤2宫和巽4宫来代表。震3宫和兑7宫分别代表一个人的左右胸襟部位。坎1宫代表男女的阴部和肾、膀胱系统。中5宫代表一个人的心脏和腹部。

古文第二段：

年干父母，月干兄弟，日干本身，时干子女。推及妻妾，但看乙丁之落宫；若问夫君面首，庚丙二干定不够。要详细其强弱，即能决其荣枯。旺相得奇，且富且贵；死囚墓绝，极贱极贫。

解说：

这段主要讲如何取用神，以及对用神的基本看法。“年干父母”，是说在预测一个人的家庭状况时，以年干落宫代表其父母，如果求测者先问父亲情况，则该年干代表其父，以年干相合之干代表其母（比如年干是辛，则以丙代表其母；年干是己，则以甲即值符代表其母）；同时，还可以乾宫代表其父，以坤宫代表其母，从多重用神角度综合判断。“月干兄弟”，是说在预测一个人的家庭状况时，以月干落宫代表该人兄弟姐妹的情况。“日干本身”，即以日干代表求测者本人的情况。“时干子女”，即以时干落宫代表该人的子女状况。如果是预测一个人在工作单位、在社会生活中所处的状况，则以年干为上级领导，以值符为顶头上司，以值使为顶头上司中的副职，以月干为同事、为同行、为朋友、为竞争者；以时干为下级、为群众、为小人、为其所饲养的宠物；等等。“推及妻妾，但看乙丁之落宫”，如果要预测妻子的情况，就看乙奇落宫状态；如果要问妾，旧社会一夫多妻制，现在是一夫一妻制，但仍有“包二奶”或“养情人”、“小蜜”等情况，就看丁奇落宫状态就行了。这都是从男人角度讲的。“若问夫君面首，庚丙二干定不移”，这又是从女人角度讲的。如果一个女人要问测丈夫的情况，就以庚为用神；如果一个女人要问“面首”（这大约是从唐代武则天时代才出现的专用名词），即女人“养的汉子”、“男情人”、“男童”、“男妓”，则以丙为用神。以上是基本用神，还可同时以求测之人的“日干”相合之干，为其配偶情况。还可进一步以男女双方的年命落宫来观察情势。“要详细其强弱，即能决其荣枯”，这是说，确定用神之后，还要仔细分辨其旺相休囚，才能判断其荣耀发达，还是枯萎困顿。“旺相得奇，且富且贵”，如果用神旺相，又临三奇、吉星、吉门、吉神、吉格，自然是富贵之命。“死囚墓绝，极贱极贫”，如果用神死囚墓绝，又临凶星、凶门、凶神、凶格，自然就是极贱极贫的命了。

古文第三段：

格局要分轻重，命运验其得失，未布局先看孤虚旺相，即开口必辨天地乘时。太白入乾坤，父母早年沦没；若临兄弟宫位，手足竟是仇敌。日奇被刑，庄生嗟叹；时干逢之，邓通无儿。

解说：

从这一段开始讲如何分析奇门格局。“格局要分轻重，命运验其得失”，意思是说，要根据奇门格局的好坏、旺衰、吉凶程度，来判断一个人的命运是发达还是多蹇，是顺利还是坎坷，是成功还是失败。“未布局先看孤虚旺相”，意思是，在尚未看用神的具体格局以前，首先要看用神的孤虚和旺衰。用神逢空亡为孤，落空亡对冲之宫为虚。旺衰一是指用神按寄生十二宫来分析旺衰，二是以月令为纲来分析其旺衰。“即开口必辨天地乘时”，也就是说预测师从一开口就必须分辨用神得不得天时、地利、人和与神助的基本状况。“太白入乾坤，父母早年沦没”，太白金星指的是十天干中的庚。我在《神奇之门》和本书中一再讲，奇门遁甲是以甲与庚这一对矛盾，来模拟万事万物对立统一的客观规律，对以甲为中心为我方来说，庚是最凶之神，所以多数情况下遇庚都不吉利。这里就是讲，无论在测近期运气还是测终身命运的奇门格局中，如果是庚落乾宫，则往往该人的父亲早年去世（庚落天盘、地盘都算，可能落天盘的应验率更高一些）；如果是庚落坤宫，则往往该人的母亲英年早逝（庚落天盘、地盘都算，可能落天盘的应验率更高一些）。“若临兄弟宫位，手足竟是仇敌”，是说如果太白金星庚落入月干所在的宫位，兄弟姐妹之间互相疏远、隔阂，甚至矛盾激化，好像仇敌一样。“日奇被刑，庄生嗟叹”，日奇就是乙奇，在奇门中代表妻子。被刑，就是遇上太白金星庚，乙+庚，庚+乙均为刑格。本来乙与庚相合为夫妻，如果分别落在两个宫中相生则吉，落入一个宫中，一个在天盘，一个地盘反而不吉，反而容易相互刑克，因为庚金克乙木，所以对乙奇、对妻子不利，轻则妻室经常闹病、身体不好，重则妻子早亡，使丈夫嗟叹不已。庄生指春秋战国时道家学派的第二号人物庄子，本名庄周，相传他中年丧妻，妻子死后，他敲着盆子嗟叹歌咏。明代冯梦龙有一篇小说叫《庄子鼓盆成大道》记述演义此事。这里是借用庄子丧妻的典故，说明乙奇遇庚，往往妻子会遭到伤害的情况。“时干逢之，邓通无儿”，是指时干加庚，或庚加时干，因为时干在六亲中代表子女，所以如果遇到这种情况，即使日干主人好像汉代负责铸钱的大富翁邓通一样，广有田宅、财富和妻妾，但往往也没有后代，特别是难有儿子来继承他的产业。

古文第四段：

生门产业，要得三奇。成败分于内外，生克决其得失。生门太白逢冲陷，背祖离乡之客；被冲克，售尽祖父旧园。生在外而身在内，必迁居而发富；身在外而生在内，纵有祖业亦难留。身生二宫俱在内，安享仆马之福；身生俱在外宫，远方创业之人。

解说：

这一段主要讲如何分析判断一个人的财运。财为养命之源，有财才能算命好，这是人生命运的基础。有了财，才能受教育，提高文化修养，学到高科技知识。财能生官，有了财也就有了官，有了事业，有了在社会上立足的名誉和地位。所以，看一个人的命运，首先要看他的财运。在奇门中就以生门来代表产业、代表财运。“生门产业，要得三奇”，是说生门代表一个人一生的财运和产业，最好是落宫要旺相，又得三奇、吉星、吉格、古神。“成败分于内外，生克决其得失”，这是说，一个人财运、产业的大小得失，既要从奇门格局中的内盘、外盘来分析，又要看与日干的生克关系。下边就是从这两方面做的进一步分析。“生门太白逢冲陷，背祖离乡之客”，是说，如果生门临庚落宫冲克日干之宫，此人必然背祖离乡，做客在外地。因为生门既代表产业、财运，又可代表一个人的出生之地、祖籍、祖业，现在遇到庚这个阻隔凶神，又冲克日干，所以此人必然在老家待不住，守不住祖上产业，只能背祖离乡，到外地去流浪，去寻求发展。“被冲克，售尽祖父旧园”，上边一句讲的是生门与庚冲克日干，现在反过来，如果是日干冲克生门与庚的落宫，则主该人主动将祖上留下的产业、房屋、庭院卖光售尽，必然是个败家子。“生在外而身在内，必迁居而发富”，是讲生门落在外盘，而日干本身落在内盘，这种格局说明他的产业、财运在外边，所以必须离开本地，迁居外地或外国才能发达富裕起来。“身在外而生在内，纵有祖业亦难留”，是说日干本身落在外盘，而生门落在内盘，这种格局，表明即使祖上有产业可继承，也留不住他。“身生二宫俱在内，安享仆马之福”，是说，日干本身与生门二者都落在内盘宫，既有祖业可继承，又得父母、祖上家族各种人的庇护和照顾，再加上自身的努力，自然可以安然享福了，既有仆人伺候，出门又有车坐。“身生俱在外宫，远方创业之人”，是说，日干本身和生门都落在外盘宫，则必然要离开出生地，到远方外地甚至外国去创业立家了。

古文第五段：

日值孤，时值虚，少年无依；时落孤，日落虚，老后鳏独。命被冲克，乞食道路；日临墓绝，难释愁眉。

解说：

这一段进一步从年、月、日、时这些纲领性用神来讲人的命运。主要是讲命运不好的格局。古人在四柱命理学中曾有这样的比喻，即把一个人的一生比作一棵树木、一棵花草一样，而年、月、日、时分别为其根、干、花、果，即年柱为根，月柱为干，日柱为花，时柱为果。“日值孤，时值虚，少年无依”，是说，如果在四柱奇门局中，日干落入空亡之宫，时干落入空亡对冲之宫，这个人必然少年时代命运不好，无依无靠，得不到父母的庇护。“时落孤，日落虚，老后鳏独”，是讲，如果四柱奇门局中，时干落入空亡之宫，日干落入空亡对冲之宫，则这个人必然到老年鳏寡孤独，得不到子女的赡养和照顾。“命被冲克，乞食道路”，是说，年命为根，如果年干落宫被生门、被日干或时干冲克，这个人好像一棵花木失去根基一样，难免四处漂泊，甚至会乞食道路。“日临墓绝，难释愁眉”，是说，如果日干落入墓绝之地，则可能一生不顺利，经常处在愁眉不展的困顿状态。

古文第六段：

财官生旺，盖因飞鸟跌穴；鳌头独立，必得青龙返首。天辅旺相得奇门，文明翰苑；天冲旺相得奇仪，威镇边疆。天禽位镇中宫，得奇门，百官元首。英星右弼合吉格，鼎鼐元勋。天柱合式，直言谏议。天心入垣，医药最良。任为左辅，司农之职。天芮不可得地，逢奇门曹董之流。蓬星位镇北垣，得奇门叛君之贼。

解说：

第五段主要讲命运不好的格局。这一段则反过来，讲命运好的种种格局。主要是从九星角度来讲。“财官生旺，盖因飞鸟跌穴”，是说，一个人之所以一生财官两旺，发达荣耀，是因为他的日干临着飞鸟跌穴（即丙+戊）的格局，或者生门、开门宫临飞鸟跌穴的吉格而生助日干宫。“鳌头独立，必得青龙返首”，在旧社会如果一个人能考中状元，考中进士，金榜题名，必然是出生格局中日干得青龙返首（戊+丙）的吉格，或天辅星临青龙返首吉格而生日干宫。在旧社会是“学而优则仕”，当了官自然就有权有势也有了钱。所以，无论是戊+丙还是丙+戊的吉格，都有利于升学、升官与发财。在今天，则要变通使用，灵活判断。“天辅旺相得奇门，文明翰苑”，是说，如果日干临天辅文曲星，天辅星落宫或月令旺相，又得三奇、吉门、吉格，则必然在文化科技教育事业上有成就、有名气。“天冲旺相得奇仪，威镇边疆”，是说，如果日干临天冲星，天冲星又旺相，又得三奇、吉门、吉格，则可能成为威镇边疆的武官将领。“天禽位镇中宫，得奇门，百官元首”，是说一个人的日干或年命临天禽大吉之星，天禽星本是位镇中宫之星，如果旺相，又得三奇、吉门、吉格，则可能成为百官的元首，即国家的总统、主席、总理等一把手。“英星右弼合吉格，鼎鼐元勋”，是说，如果一个人的日干临天英星（又名右弼星），天英星旺相，又得三奇、吉门、吉格，则此人可能是开国元勋或支撑国家的栋梁大臣。“天柱合式，直言谏议”，是说一个人日干如果临天柱星，天柱星旺相，又得三奇、吉门、吉格，则此人可能是朝廷中的言官，如谏议大夫之类，在今天就可能是纪检、监察部门或人大、政协的官员。“天心入垣，医药最良”，是说一个人的日干如果临天心星，天心星旺相，又得三奇、吉门、吉格，则除了他也是领导干部以外，则还可能是著名的医生、医学家、卫生部门的官员。“任为左辅，司农之职”，天任星又名左辅星，如果日干临天任星，天任星旺相，又得三奇、吉门、吉格，那在旧社会就是大司农，在今天也是负责农林水利等方面的官员，如农业部长、林业部长、水利部长、厅长、局长等。“天芮不可得地，逢奇门曹董之流”，天芮星是颗凶星，主贪婪狠毒，如果日干临天芮星，休囚废则无妨，如果天芮星旺相得地，也得三奇、吉门、吉格，这个人也会地位很高、权势很大，但难免成为曹操、董卓一类的奸雄人物。“蓬星位镇北垣，得奇门叛君之贼”，天蓬星本是北方坎宫的一颗凶星，胆大妄为，又聪明狡诈，如果日干临天蓬星，天蓬星休囚废尚无妨，如果天蓬星旺相得地，又得三奇、吉门、吉格，则可能成为背叛君主的盗贼首领。

古文第七段：

开门有奇，应是文职。伤门得令，定系虎臣。生门得奇，石崇富足。景门合局，丹天文明。惊门入式，好辩之人。休门合奇，礼宾首长。杜门得地，保密军警。死门得奇，职在司刑。

解说：

第六段主要从九星角度讲，第七段主要从八门角度来讲。八门代表人事，与人所从事的职业关系最密切。“开门有奇，应是文职”，是说，奇门格局中如果日干临开门，又得三奇，应是文职官吏。“伤门得令，定系虎臣”，如果日干临伤门，又得三奇或旺相得令，一定是个武官。“生门得奇，石崇富足”，如果日干临生门，生门又得奇或旺相得吉格，则该人一定会像南北朝时有名的大富豪石崇一样富足。“景门合局，丹天文明”，是说，如果日干临景门，景门落宫又旺相得三奇、吉格，则此人一定会在文化事业上有成就，成为著名的作家、画家、书法家、科学家或教育家等。“惊门入式，好辩之人”，如果日干临惊门，惊门又旺相得奇，则此人可能能言善辩，会是一位外交家、教师、歌唱家、律师等。“休门合奇，礼宾首长”，是说，如果日干临休门，休门又旺相得三奇，在旧社会可能是礼宾司的官员，在今天就可能是各级领导机关中负责迎来送往和为首长服务的官员，如秘书长、办公厅主任、机关事务管理局局长等。“杜门得地，保密军警”，如果日干临杜门，杜门又得时得地，旺相带三奇，则可能是保密机关或军队警察部门的官吏。“死门得奇，职在司刑”，如果日干临死门，死门又旺相得三奇，则可能是负责刑法的官员，如法院、检察院、司法厅、监狱、劳改局的官员。

古文第八段：

分布八门，星神奇仪。合局者，豪富豪贵，失局者，下等平人。开门、心星皆是金，稍有气，医卜星相；若值死囚，手艺辛勤。休门、天蓬同是水，稍有气，兵弁役吏；值死囚，军卒贼人。生门、天任是土宿，得地者，田地富足；若失时，庸工耕耘。伤门、天冲皆为木，稍有气，兵役之首；值死休，马后相奔。杜门、天辅亦是木，稍有气，乃是寒儒；值墓绝，僧道山林。景门、天英为火宿，稍有气，行行威烈之表；全失局，冶炼劳碌之人。死门、天芮俱是土，稍有气，赵魏家长；值墓空，孤穷之人。惊门、天柱同属金，稍有气，幕宾教授；若失令，说唱巫祝之人。

解说：

上边两段分别从九星、八门的不同角度，讲述了得三奇、得吉格、得吉神又旺相得令得地的日干，必然是社会上等人物。从这里即可看出，所谓九星的吉凶、八门的吉凶只是相对的，不同五行的九星主要代表了一个人的先天素质不同，不同五行的八门主要代表了一个人在社会上所从事职业的不同。这第八段古文，主要讲失局失令的日干，中、下等平民百姓的不同命运。因为旺相得令、得奇、得吉格、吉神，完全合局的人毕竟是少数，大量的是中等和下等的平民百姓。“分布八门，星神奇仪”，这是说，每一个人所遇到的星、门、奇、仪、格局、八神及其旺相休囚绝不相同。“合局者，豪富豪贵”，只有完全合局的人，才能成为豪富豪贵的上流社会人物。“失局者，下等平人”，如果不能形成全好的格局，自然就成为社会中等或下等的平民老百姓了。“开门、心星皆是金，稍有气，医卜星相”，是说一个人的日干临着开门吉门或天心星吉星，但不得奇、不得吉格，只要开门、天心星稍微有气，比如在五行旺、相、休、囚、死这五种状态中处于休的状态，或按五行寄生十二宫来分，处于衰、病或胎、养状态，则可能从事医卜星相脑力劳动，成为一般的医生、相士、占卜者。“若值死囚，手艺辛勤”，如果开门或开心星处于死、囚、墓、绝状态，则可能成为靠要手艺辛勤操劳的体力劳动者。从这里就可以看出，开门既代表官职，也代表工作，不得地不得令，又不得三奇、吉格，也当不了官。“休门、天蓬同是水，稍有气，兵弁役吏”，是说休门、天蓬星在五行上都属水，在失局的前提下（即不旺相，又不得奇、得吉格），只要稍微有气，比如处在休或衰、病、胎、养状态，则可能在军队上当个排长、班长，或在官府中当个衙役差吏，在现代社会就可能当个科长、公务员。“值死囚，军卒贼人”，如果休门或天蓬星处在死、囚、墓、绝状态，则可能只是一般的士兵甚至沦为小偷盗贼。“生门、天任是土宿，得地者，田地富足”，是说，生门和天任星五行都属土，虽然失局又不旺相，但如果处在休或衰、病、胎、养状态，也会有一定的田地，通过劳动，自给自足。“若失时，庸工耕耘”，如是处于死、囚、墓、绝状态，则只能靠给别人打工、出卖劳动力为生。“伤门、天冲皆为木，稍有气，兵役之首”，是说，伤门和天冲星五行皆属木，虽然失局又不旺相，但如果处在休或衰、病、胎、养状态，也会在部队中当个小头头，或在差役中当个领班。“值死休，马后相奔”，如果处在死、囚、墓、绝状态，则只能当个一般士兵或普通差役，跟在骑马首领的后边奔跑。“杜门、天辅亦是木，稍有气，乃是寒儒”，是说，杜门和天辅在五行上也属于木，虽然失局又不旺相，但如果处在休或衰、病、胎、养状态，则可能是一位清贫的知识分子。“值墓绝，僧道山林”，如果处在死、囚、墓、绝状态，则可能是归隐山林之中的和尚或道士了。“景门、天英为火宿，稍有气，行行威烈之表”，是说，景门和天英在五行上都属火，虽然失局不旺相，但如果处在休或衰、病、胎、养这种稍微有气的状态下，则在文化科技等与火有关的事业上也会有一定成绩，立足于社会之中也会有一定的风度气魄。“全失局，冶炼劳碌之人”，如果完全失局，处在死、囚、墓、绝状态，则只能是从事冶炼等与火有关行业的体力劳动者。“死门、天芮俱是土，稍有气，赵魏家长”，是说，死门和天芮星五行都属土，虽然失局不旺相，但如果处在休或衰、病、胎、养等稍有气的状态下，也会成为像赵、魏这样大姓人家的家长，富有一定的田土庄宅。“值墓空，孤穷之人”，如果处在死、囚、墓、绝又空亡的状态，则只能是孤独无依的穷困老百姓。“惊门、天柱同属金，稍有气，幕宾教授”，是说，惊门、天柱星都在五行上属金，稍微有气，还可能成为为首长出谋划策的幕僚宾客或设帐授徒的教书先生。“若失令，说唱巫祝之人”，如果完全失令，处在死、囚、墓、绝状态，则只能成为说唱卖艺之人或在民间为百姓算命禳灾的巫婆神汉。

古文第九段：

八门辨别旺相，再论九星，天蓬乘时，边疆之将；失地利，军卒贼人。天任得地，田土仆马之福；受克，农圃辛苦之人。天冲有气者武贵，背时者车船江湖之流。天辅为文昌，得气者文雅仕官；失地利，僧道画工。天英火司南离，乘权者必主文明；背时者，贪暴昏庸。天芮本是黑星，得天时，性恶霸道；失天时，牧隶庸工。七赤天柱位镇西垣，有气者，舌辩当世；被冲克，优伎乐工。天心原是六白，得地者，才华国柱；若空墓，九流相寻。

解说：

这一段又进一步从九星角度讲，一个人所临九星不同，即秉赋不同，会在社会上从事不同的行业；九星的旺相休囚不同，在本行业中所处的社会地位又会高低不同、层次不同。“八门辨别旺相，再论九星”，是说，不仅对八门要辨别其旺相休囚死，对九星也必须分析其旺相休囚废。“天蓬乘时，边疆之将”，是说，一个人的日干临天蓬星，同时又有吉门、吉格或得奇，总之，前提必须是合局（下边讲的其他星，也应该如此，只不过在这里省略了这些前提），天蓬星又旺相得时得地，该人可能是镇守边疆的将官。“失地利，军卒贼人”，也是说在失局又失地利、处于囚、废的状态下，可能只是一般的士兵或靠偷窃为生的贼人。“天任得地，田土仆马之福”，是说，日干合局，天任星又旺相得时得地（落宫旺相为得地，月令旺相为得时），则此人必然广有田庄钱财，既有仆人伺候，又有车马乘坐。“受克，农圃辛苦之人”，如果日干失局，天任星又处于囚、废状态，则此人只能是在农田辛苦劳动的体力劳动者。“天冲有气者武贵”，是说，日干合局，所临天冲星又旺相得时得地，则此人可能是军队武装部门有权势有地位的人。“背时者，车船江湖之流”，如果日干失局，所临天冲星又处在囚、废状况，则此人可能只是个车夫、司机或摇船的艄公。“天辅为文昌，得气者文雅仕官”，是说，日干合局，所临天辅星为文昌星，天辅星旺相得时得地，则此人可能成为风流儒雅的文职官员。“失地利，僧道画工”，如果天辅星处于囚、废失时失地的状态，则此人只能成为出家的和尚、道士或靠绘画卖艺为生的劳动者。“天英火司南离，乘权者必主文明”，是说，日干合局，所临天英星属火，负责南方离卦的方位，如果天英星旺相得时得地，则此人必然在文化科技事业上有成就，闻名于世。“背时者，贪暴昏庸”，如果天英星不得时不得地，处于囚、废状态，则此人性格可能贪暴昏庸。“天芮本是黑星，得天时，性恶霸道”，是说，按“紫白飞星学说”，天芮星属于二黑星，如果旺相得时得地，则此人必然性恶霸道。这和第六段中所讲“天芮不可得地，逢奇门曹董之流”完全一致，可以相互印证。“失天时，牧隶庸工”，是说，如果日干失局，所临天芮星又处于囚、废状况，则此人只能给人当奴隶或者靠打工、牧羊、放牛、出卖劳动力为生。“七赤天柱位镇西垣，有气者，舌辩当世”，是说，按“紫白飞星说”，天柱星为七赤，位居正西方，如果日干合局，天柱星又旺相得时得地，则此人可能成为朝中的言官或外交家、演说家、闻名于世的律师、歌唱家等。“被冲克，优伎乐工”，如果天柱星失时失地、处于囚、废状态，则此人可能只是街头说书唱戏吹拉弹唱之人。“天心原是六白，得地者，才华国柱”，是说，按“紫白飞星说”，天心星属六白，如果日干合局，天心星又旺相得地得时，则此人可能是才华横溢的国家栋梁之材。“若空墓，九流相寻”，如果天心星处于囚、废甚至逢空入墓状态，则此人只能到医、卜、星、相等走江湖卖艺的九流人物中去寻找了。

古文第十段：

青龙返首，鳌头独立。飞鸟跌穴，富贵成名。青龙转光，邑长县令。戊加丁奇，富贵荣耀。白虎猖狂，凶顽之辈。青龙逃走，懦弱之人，更主因妻成败，而且驼背驼身。朱雀投江，刀笔书吏；螣蛇夭矫，毒心小人；失时者目盲耳聩，乘气者火焚伤身。太白入荧者，进，主先贫后富；荧入白者，退，主家业萧条。庚加戊，戊加庚，多成多败，此地不比他地。飞干伏干，此人不比他人。太白同宫，兄弟雷攻。太白逢星，妻室常病。星逢太白，惟薄丑声。大格者，萍迹四海；小格者，暂时清贫。年月日时四格，即六亲而推去，看是何宫测验，而为悖戾无礼相从，推及父母兄弟妻子贤否，可以详明。

解说：

这一段又从奇门格局的角度讲如何预测人生的命运。“青龙返首，鳌头独立”，是说，一个人的日干如果逢上“戊+丙”龙回首的吉格，又得吉星、吉门、吉神，又得时得令，在旧社会科举考试中就会金榜题名，“学而优则仕”；在现代社会，也会考取高等学历，出人头地。“飞鸟跌穴，富贵成名”，如果逢上“丙+戊”鸟跌穴的吉格，其他方面又合局，则此人一生不仅富贵而且会有名望、名气。“青龙转光，邑长县令”，如果一个人逢上“丁+戊”青龙转光的吉格，其他方面又合局，则可能成为镇长、乡长、县长一级的官吏。“戊+丁奇，富贵荣耀”，同样遇到“戊+丁”青龙耀明的吉格，其他方面又合局，也会既富贵又荣耀。“白虎猖狂，凶顽之辈”，如果一个人逢上“辛+乙”白虎猖狂的凶格，说明此人既凶狠又顽固，不是个善良之辈。“青龙逃走，懦弱之人”，如果一个人遇上“乙+辛”龙逃走的格局，则可能是个胆小怕事、性格软弱的人。“更主因妻成败，而且驼背驼身”，这是接着上句说的，即如果一个男人逢上“乙+辛”的格局，本来乙、庚合为夫妻，乙为妻为阴，庚为夫为阳。现在男人成了乙奇，性格懦弱如同女人，必在家中阴阳颠倒，妻子反倒成了庚，为阳为主，在家中主事，所以必然会“因妻成败”，做什么事无论成功、失败都取决于妻子。由于这样的男人怕老婆，凡事不敢做主，直不起腰杆，因而久而久之，在形体上也会出现驼背驼身的状态。“朱雀投江，刀笔书吏”，如果一个人的日干出现“丁+癸”雀投江的格局，因为此格主官司是非，所以此人就可能是整天与官非打交道的师爷、书办，现代社会就可能是法官、审判员、调解员一类的人物。“螣蛇夭矫，毒心小人”，如果遇上“癸+丁”蛇夭矫的凶格，则可能是心底贪毒的小人。“失时者目盲耳聩，乘气者火焚伤身”，这是接着上二句讲的，就是说，如果“丁+癸”“癸+丁”的格局处于死、墓、绝的状态，“丁+癸”者可能出现眼睛不好，诸如近视、散光、青光眼、白内障甚至看不见东西的状况（因丁又代表眼睛，受到癸水的冲克，自然会出现毛病）；“癸+丁”者则可能出现耳朵不好，诸如耳聋、耳背的状况。如果“丁+癸”“癸+丁”的格局处于特别旺相的状态，还要防止出现火灾、水灾等损伤身体的灾害。“太白入荧者，进，主先贫后富”，是说，如果日干逢上“庚+丙”白入荧的格局，此格又叫“贼必来”格，为客有利，为主破财，只要积极主动去谋事，会先贫后富，逐步改变贫穷的状态，富裕起来。“荧入白者，退，主家业萧条”，是说如果日干逢上“丙+庚”荧入白的格局，此格又叫“贼必退”格，如果，日干丙不积极主动谋事，采取消极退让的态度，则必然败家破财，家业一步步萧条衰落下来。“庚加戊，戊加庚，多成多败，此地不比他地”，是说，如果日干遇上庚+戊或戊+庚这样值符伏宫或值符飞宫的格局，由于甲与庚是一对主要矛盾，二者既相克又相冲，甲旺相当令时，自然能反冲克庚，庚旺相当令时，自然能冲克甲，甲子戊又主钱财，所以必然呈现多成多败反复较量的斗争局面。为了避免这种状况出现，只好避开主要对手，换个地方去经营。“飞干伏干，此人不比他人”，是说，如果出现日干加庚，或庚加日干这样飞干、伏干的格局，由于日干受阻，遇上了克星，如果庚是合作伙伴，则必须将此人撤换掉才行。“太白同宫，兄弟雷攻”，这是说，如果天地盘都是庚，因为天盘为客，地盘为主，必然主客相斗，兄弟、姐妹、同行、同事、合作伙伴之间相互攻击，争斗不止。“太白逢星，妻室常病”，是说庚+乙或者乙+庚，因乙奇为妻子受到庚的刑克，必然经常闹病。“星逢太白，帷薄丑声”，是说丁+庚或庚+丁，因丁奇为玉女，为第三者女人，无论是第三者女人丁奇主动追求有妇之夫庚，还是有妇之夫庚主动追求第三者女人丁奇，都会破坏一夫一妻制家庭的稳定，造成婚外恋等丑事，使家中名声不好。“大格者，萍迹四海”，是说，一个人如果出现“庚+癸”的大格，由于寅申相冲，则可能一生漂泊不定，四海为家。“小格者，暂时清贫”，如果一个人呈现“庚+壬”的小格，因为庚+壬为二阳相斥的凶格，故可能暂时清贫；但庚+壬又为移荡格，主流动、变动，如果能够审时度势，及时改变自己的处境，经过奋斗，也会改变清贫的状况，富裕起来。“年月日时四格，即六亲而推去，看是何宫测验，而为悖戾无礼相从，推及父母兄弟妻子贤否，可以详明”，这是说，在奇门格局中根据年、月、日、时落宫，以六亲来推断，即年干代表父母、月干代表兄弟姐妹、日干代表本人、时干代表子女，看庚落在哪一宫而形成了庚格，或年格或月格或日格或时格，由于庚是一个阻隔凶神，悖戾无礼，从而就可以分析断定父母、兄妹、妻妾、子女中是哪一个贤慧、哪一个不肖，等等情况，都可以明了。

古文第十一段：

辛为天狱，壬为地牢，主低下之品，更主抑郁难伸。癸为天网，须看高低，高者化为华盖，可推贵格；低者天网缠身，寂寂孤贫。且忌玉女守门，妻随人行。乙丁妻妾，看是谁亲谁疏。乙奇入墓，妻不生子。丁乙同宫，另续相亲。乙奇在上，妻妾和谐；丁在乙上，妾幸夫心。

解说：

这一段进一步讲一些特殊格局。“辛为天狱，壬为地牢，主低下之品，更主抑郁难伸”，是说，甲午辛是个犯错误、犯罪、主牢狱之灾的符号，甲辰壬为凶蛇为地牢，也是个与牢狱之灾有关的符号，如果日干加壬或壬加日干，日干加辛或辛加日干，甚至日干就是壬+辛或辛+壬的格局，再加上凶星、凶门、凶神，轻者就容易犯错误、受处分，重者触犯刑律坐牢，一辈子受压抑、心中郁闷，难有抬头做人、扬眉吐气的日子。“癸为天网，须看高低，高者化为华盖，可推贵格；低者天网缠身，寂寂孤贫”，这段话是说，在奇门格局中，癸这个符号代表天网，如果癸加日干、日干加癸，特别是出现癸+癸的格局，就必须分辨高低，落入六、七、八、九宫为网高，再结合星、门、神的吉凶与旺相，如果临吉星、吉门、吉神又旺相，则天网就化为华盖了，此人也可成为上流社会的富贵人物；如果这种格局落入一、二、三、四宫，则为网低，再加上凶星、凶门、凶神与死、囚、墓、绝状态，自然此人就成为一生默默无闻、孤独贫穷的下等平民百姓了。“且忌玉女守门，妻随人行”，是说，玉女守门虽然是吉格，利于婚姻喜庆之事，但如果，在终身局中出现这种格局，就容易出现男主人的小妾（丁）红杏出墙、跟其他男子私通、私奔的现象。现代社会是一夫一妻制，不允许有二房三房妻妾，但也有“包二奶”、“养情人”、“小蜜”等情况，可变通判断。“乙丁妻妾，看是谁亲谁疏，乙奇入墓，妻不生子。丁乙同宫，另续相亲。乙奇在上，妻妾和谐；丁在乙上，妾幸夫心”，这段话仍然是针对旧社会一夫多妻制的婚姻状况来讲的。意思是说，乙为妻，丁为妾，看丈夫对谁亲近，对谁疏远，必须看二者落宫格局，特别是主客关系。如果乙奇落乾 6 宫入戌墓，则妻不生子，自然难讨丈夫欢心。如果丁与乙同宫，必然会再续娶小老婆。如果乙奇在天盘、丁奇在地盘，必然家中由妻子主事，小妾听从妻子的指挥，所以能够妻妾和谐相处。如果，丁奇在天盘、乙奇在地盘，则必然是小妾受到丈夫的宠爱，在家中说了算。

古文第十二段：

诸格忌落空亡，吉者减昌而苦者更苦。若临墓绝之地，无告穷民。八门推来最怕反吟，伏吟亦是凶神。五行配合斯理，取用在乎一心。余不尽言，惟应用者悟之。

解说：

这一段是对全文的总结。“诸格忌落空亡，吉者减昌而苦者更苦”，这是说，以上所讲的各种格局，无论吉格、凶格，都忌讳空亡。如果是吉格逢空亡，那么吉的程度就减少了；而如果是凶格逢空亡，不仅凶的程度不减，反而会更加凶苦，道理是空亡为孤地，本身就不吉利，所以苦者更苦。“若临墓绝之地，无告穷民”，这句话是接着上边讲的，即如果日干逢凶格，落空亡，又临墓绝之地，则此人就可能是没有出路、无人帮助的穷苦老百姓。“八门推来最怕反吟，伏吟亦是凶神”，是说，八门代表人事，人生命运格局如果出现八门反吟的格局，必然会不顺，会反常，会一生起伏大，不平静。如果出现伏吟的格局，也主凶，一生坎坷沉沦，难有大的发展。“五行配合斯理，取用在乎一心”，这是讲，总之，要用阴阳五行生克制化的古典哲学，来理解、灵活运用以上讲的这些道理，如何取用神，如何分析判断，完全在于你自己的心灵，在于你对这些道理的融会贯通。“余不尽言，惟应用者悟之”，其余的就不讲了，只有靠学习、运用奇门遁甲预测术的人自己在实践中去体会去领悟了。

下　编

奇门应用实例评析

第一章　热门话题预测评析

（一）美国总统克林顿是否会被弹劾下台？

1998年9月26日，北京时间上午11点20分，新加坡国立大学经济学博士、《应用易学》杂志总编辑黄违洪先生给河北省周易研究会会长张志春打电话，说道：

近期媒体报道，美国独立检察官斯塔尔向国会提交了关于克林顿总统绯闻案的调查报告，国会迅速将报告公诸于众，举国哗然。受这场“政治大地震”的侵袭，克林顿的总统宝座摇摇晃晃。议员们纷纷激烈谴责克林顿的错误行为。有人主张驱动弹劾程序，有人主张给总统“记大过”惩罚，也有人建议总统引咎辞职。总之，这事在美国和全世界闹得沸沸扬扬，成为举世皆知的话题。

《应用易学》杂志第一期刊登了您对第二次波斯湾危机、美国与伊拉克是否会再次打起来的三次预测，事实证明奇门预测得十分正确，但发表出来之时，已经事过境迁，成为“马后炮”，有人可能怀疑这种易学预测是“事后诸葛亮”，说服力还不够强。

现在，美国总统是否会被弹劾下台，事情刚刚闹起来不久，离有结果还有相当一段时间。请您用奇门遁甲预测一下，把预测格局、判断依据以及结论，用传真给我传过来，我在九月份出版的《应用易学》第二期上予以发表，让全世界的人事先都知道中国的易学是如何预测的，最后让事实来验证它的准确性如何。

张志春在电话中说，这样做很好，事先预测，公开发表，最后让事实来验证，这样说服力最强。我既然是搞学术研究的，就不怕失误。我现在就马上预测，然后把结果传真过去。

放下电话，张志春立即按黄先生打电话时间起局预测。

1998年9月26日上午11点20分，换算成干支历，即为戊寅年辛酉月丙子日甲午时，秋分下元阴遁4局，甲午旬（空辰、巳），天蓬星为值符落一宫，休门为值使落一宫。奇门格局如下：

武 杜 戊 辅 戊	虎 景 壬 英 壬	合 乙 死 庚 乙 芮 庚
地 伤 己 冲 己	乙	阴 惊 丁 柱 丁
天 生 癸 任 癸	符 休 辛 蓬 辛	蛇 开 丙 心 丙

分析：

(1) 大局星门伏吟，不动之象。丙日甲午时，为天辅大吉时，利于求官、上任，有罪亦能赦免。

(2) 以值符为用，代表克林顿，落坎一宫，酉月金生水为旺相之地。以时干甲午辛为用，代表克林顿，也落坎一宫，为长生之地。甲午辛为罪人，辛+辛为自刑，错误是克林顿自己造成的。临蓬星、休门均主水，代表暧昧之事。也可用年干代表克林顿，落巽四宫，临杜门，上乘玄武，也是隐私暧昧之事。

(3) 以开门代表国会和检察官，落乾六宫属金，冲克巽四宫之木，所以克林顿的绯闻被公开，遭到舆论谴责。但年干戊落巽四宫逢空亡，空亡不受冲克，最终会被解脱。

(4) 更为主要的是，开门落宫生值符和甲午辛落宫，甲午辛又为时干、月干，美国多数民众支持，同情克林顿。

据此，可以断定，克林顿不会被弹劾下台，最多给予“记大过”惩罚。

以上预测记录，发表在1998年9月新加坡出版的《应用易学》杂志第一卷第二期第25~26页上。

以后的事实进程，一度对克林顿十分不利。大约在农历戌、亥（九、十月）月，即开门宫当令之时，美国众议院（可以六合为其代表符号，在坤二宫，克坎一宫值符和甲午辛）通过了对克林顿的两项弹劾条款（开门宫旺相，冲克年干戊所在巽四宫）。

12月下旬，我在石家庄举办奇门面授班，将我发表在《应用易学》杂志上的这一预测实例又向与会学员进行了详细讲解。让学员去等待事后验证。

参加这次面授班的学员、河南省三门峡市检察院干部王约生同志回去之后，在1999年1月9日17点20分看到中央电视台新闻节目中再次报道美国议会弹劾克林顿总统的消息时，灵机一动，也萌生了用奇门预测这一事例的想法。于是他立即起局分析，并将分析依据及结果打印成材料，于1月11日寄给了张志春老师，并送呈三门峡市市委宣传部及易经研究会有关负责人，让其等待验证。

现将王约生同志打印材料的主要部分引录在下边：

戊寅年甲子月辛酉日丁酉时，阳遁4局（置闰法局），甲午旬（空辰、巳），值符天柱星、值使惊门均落坎一宫。奇门格局如下：

合 生　壬 任　戊	虎 伤　乙 冲　癸	武 杜 戊 辅 丙
阴 休　丁 蓬　乙	 　　己	地 景 癸 英 辛
蛇 开　庚 心　壬	符 惊　辛 柱　丁	天 己 死 丙 芮 庚

（1）克林顿为国家元首，应以值符天柱星为用神。现天柱星在我生之月的甲子月为旺时，落坎一宫为我生之宫的旺地。故此先从坎一宫分析：值符

天柱星代表克林顿临六仪辛，辛代表罪人或有错误的人。辛下临丁，丁代表第三者女人，有婚外性生活；再从酉日见午，午为桃花，桃花即桃花运，也主克林顿有婚外恋。上有惊门，惊门为讼神，说明正被议会对其诉讼。上临值符吉神，又有六仪辛+丁“狱神得奇、囚人获释”的格局，说明虽然有错误，但不会被弹劾。

月干甲代表美国人民，因遁甲，现值使惊门（应以值符为甲的符号，因甲遁在值符之下——张志春注）代表美国人民，与克林顿同落坎一宫，说明美国人民支持克林顿，有群众基础。

（2）开门代表议会及弹劾机关，落艮八宫，艮土在冬季子月处休囚之地，无力克坎一宫之旺水；天心星是吉星，六仪庚+壬为移荡格，上临螣蛇虚假之神。以此断议会正欲弹劾克林顿总统。另外，六合为证据，落巽四宫空亡，巽四宫克艮八宫，这说明，所搜取证据不足以弹劾克林顿。

（3）时干丁为所测之事，丁也代表克林顿，丁奇落震三宫，天蓬星属水，落震三宫为旺地，上临休门吉门，上有八神太阴，太阴主密谋策划，避难藏兵，说明克林顿正在研究对策，维护其总统利益。六仪丁+乙为“人遁吉格，贵人加官晋级”的格局，震三宫为木，在子月为旺相，克弹劾机关艮八宫的囚土。

（4）克林顿为国家元首，也可从乾六宫进行分析：天芮天禽二星落乾六宫，为我生之地，呈旺相。上临死门，说明克林顿目前精神压力相当大。六仪丙+庚“门户破败”格局和六仪己+庚“利格返名，词讼先动不利，阴星有谋害之情”格局，说明其面临因阴事受讼的不利局面。因其被讼，他不会先动，后动则为吉。上有九天吉神，古有“九天之上好扬兵”之说，度过此关，他在任总统期间还能辉煌到届满卸任。

（5）克林顿是乙酉年（1945年）生人，也可看年命之干乙所落离九宫。天冲星属木，落离九宫，还是我生之宫，为旺相。天冲星为攻击，也主办事干练。伤门主刑伤。综合来看，克林顿具有凶猛好斗的性格。六仪乙十癸“华盖逢星，躲灾避难”的格局，说明克林顿眼下有难，但能躲过。从克林顿年命是乙，而其妻可用庚为代表，庚与代表议会的开门同落艮八宫，说明其妻正为克林顿的问题做议会的工作。

(6) 我国的态度：看月干甲，因遁甲则值使的惊门（应以值符为月干甲的符号，因甲遁在值符之下——张志春注）代表我国落坎一宫，与代表克林顿的日干辛为同一宫，说明中美关系目前较友好，互不相克，我国不干涉美国内政，但也不希望克林顿被弹劾下台。

(7) 艮八宫的天心星为长官，为长于心计和领导指挥才能，为吉星，秋冬季为大吉之象，又临庚，庚为阻隔之意，可说明国会内部上层人员有维护克林顿的总统地位的意愿。

从奇门遁甲格局演势来看，美国总统克林顿目前有天时、地利、人和的优势，虽有动荡之象，但最终不会被弹劾下台。

张志春按：

王约生同志虽然学奇门不久，但已经学会了“满盘占”的分析方法，他从多角度分析这一问题，得出同一性的结论。为扩展思路，我再补充二点：

(1) 也可以年干为用，代表克林顿。年干戊落坤二宫，虽临衰、病之地，但戊+丙为龙回首大吉之格，临天辅吉星说明克林顿有大学以上文化程度，乘杜门、玄武，说明他有隐私暧昧之事。杜门克宫为门迫，说明他正有人事上的麻烦。六合为众议院在巽四宫，克坤二宫，说明他受到了众议院的弹劾。但与开门宫比和，开门落艮八宫为入墓，逢庚为立断，说明最终会被参议院解脱。

(2) 既然克林顿已被众议院弹劾，成了举世瞩目的被告，这一实例还可按诉讼的判断原则来分析：值符为原告，天乙天蓬星为被告，现原告落坎一宫生被告震三宫，被告克法官所在艮八宫，法官又克原告宫，最后必然是被告胜，原告败诉。

总之，无论从哪个角度看，信息都是同步的、一致的，这再一次说明了奇门遁甲这种象、数、理模型的严密性、科学性。

1999 年 2 月 12 日，美国参议院终于以压倒多数票否决了众议院对克林顿的两项弹劾条款及要求对克林顿进行斥责的议案，使历时十三个月的克林顿绯闻案终于有了结果。实践再一次证明了奇门预测的正确。

（二）北约空袭南联盟要持续多久？

1999年震惊世界的重大事件就是科索沃危机。科索沃本是南斯拉夫联盟的一个省，由于民族矛盾，科索沃省的阿族分裂分子与外界勾结，成立了所谓“解放军”，企图把科索沃从南联盟分裂出去。南联盟为了维护国家统一、主权完整，派出军队前去镇压，不料这一正当行动，却遭到以美国为首的北大西洋公约组织的政治军事干预，要求南联盟从科索沃撤军。以米洛舍维奇为首的南联盟坚决维护国家主权，不答应从科索沃撤军。结果，以美国为首的北约公然违背联合国宪章，以所谓维护“人道主义”、“人权”的名义，于1999年3月24日早晨6点30分悍然宣布对南斯拉夫实施空中打击，这一霸权主义行径令世人震惊，全球为之哗然。

山东省菏泽市学员马兰德，听到这件爆炸性新闻之后，立即以美国为首的北约宣布对南斯拉夫实施空中打击的时间起奇门格局，预测这场战争要打多久，最后结局会怎样。

己卯年丁卯月乙亥日己卯时，阳遁6局，甲戌旬（空申、酉），天柱星为值符落七宫伏吟，惊门为值使落三宫反吟。格局如下：

<table>
<tr><td>武
开　丙
辅　丙</td><td>地
休　辛
英　辛</td><td>天
乙 生 癸
乙 芮 癸</td></tr>
<tr><td>虎
惊　丁
冲　丁</td><td>

乙</td><td>符
伤 己
柱 己</td></tr>
<tr><td>合
死　庚
任　庚</td><td>阴
景　壬
蓬　壬</td><td>蛇
杜 戊
心 戊</td></tr>
</table>

分析（马兰德原来的分析比较简单，我在此基础上加以修改、加工——张志春注）：

（1）九星伏吟，破财伤人；八门反吟，和谈不成，开战之象，反吟主快，此战很快就要开始。

（2）以庚为客、为攻方，代表以美国为首的北约，落艮八宫，庚落八宫为六仪击刑，庚+庚又为战格，临死门大凶，必然大打一场。上乘六合，说明不是一个国家，正应有十八个国家参与此战。

(3) 以值符为主、为守方，代表南斯拉夫，落兑宫，临天柱凶星伏吟，又己+己为地户逢鬼凶格，必然要破财伤人，损失惨重；临伤门，主争斗，不服输，敢于顶住美国的压力，同时也主受创伤。好在逢空亡，凶的程度会减轻一些。

(4) 八门反吟，说明以美国为首的北约轰炸南联盟是反人民的，是违背大多数人民意愿的。月干丁代表攻守双方以外的其他国家，落震三宫，临卯月为旺相，临惊门表示为之震惊，同时惊门为讼神，表明必然会从中斡旋、调解。震三宫克艮八宫，说明世界上大多数国家强烈反对以美国为首的北约这种侵略行径。

(5) 又可以日干乙为北约，落坤二宫，上乘九天，主野心大，想称霸世界，但乙落二宫为入库，又逢空亡，又有癸+癸天网四张凶格，故其野心必然落空。

(6) 又可以时干为南斯拉夫，时干己落兑七宫，临伤门凶门、天柱凶星，又己+己为地户逢鬼凶格，故必然破财伤人，损失惨重。但己落七宫为长生之地，己又同时为年干，年干可以代表联合国，故必然会得到联合国的支持，而保住自己的国家主权、领土完整。

(7) 庚落宫生值符宫，日干宫生时干宫，最终双方会和解。

(8) 九星伏吟主迟，日、时均落外盘也主迟，但八门反吟主快。以值使门落宫定应期，值使惊门落三宫，三宫木主三、八数，今卯月木旺，可定三个月或八十天，又庚落艮八宫，也表明打仗的时限为八十天左右。

1999 年 3 月 26 日下午 4 点左右，张志春老师阅读报纸，获悉以美国为首的北约已于 3 月 24 日（乙亥日）19 时对南联盟发动了猛烈的空袭，于是也起局预测这场战争的发展趋势如何？

己卯年丁卯月丁丑日戊申时，阳 6 局，甲辰旬（空寅、卯），天蓬星为值符落 6 宫，休门为值使落 5 宫寄 2 宫。

虎 惊　辛 英　丙	武 乙 开 癸 芮 辛	地 休 己 柱 癸
合 死　丙 辅　丁	乙	天 生 戊 心 己
阴 景　丁 冲　庚	蛇 杜 庚 任 壬	符 伤 壬 蓬 戊

分析：

(1) 以值符为守方、为南联盟，落乾6宫，虽然壬+戊为小蛇化龙吉格，但临天蓬凶星、伤门凶门，必然破财、伤人，损失惨重。但临伤门主搏斗，壬落6宫为临官禄地为旺相，所以南联盟敢打敢拼，不服输。

(2) 庚为攻方、为北约，落坎一宫，临杜门主武装、主偷袭，上承螣蛇主火主缠绕，说明北约主要想以空中打击逼迫南联盟屈服。庚+壬为上格，主远行迷失道路，求谋破财得病，说明以美国为首的北约远行而来进行狂轰滥炸，也难免迷失道路，遭受破财、机毁人病等下场。

(3) 也可以日干为北约，以时干为南联盟。今日干丁落八宫，临马星、景门、天冲星，上乘太阴，正应北约密谋策划，出动飞机、导弹，前来轰炸的情景。但丁落八宫为入墓，下临庚为阻隔，又逢空亡，故必然受到南联盟的强烈抵抗，并最终落空。时干戊落兑七宫为死地，戊+己为贵人入狱凶格，但临生门吉门、天心吉星，又上乘九天吉神，故南联盟虽然遭到重大损伤，但绝不会屈服，绝不会被打败，一定会死而复生。

(4) 值符落宫生庚宫，日干宫生时干宫，和解之象，最终必然会双方和平解决。

(5) 六合为联合国落三宫，受时干宫之克，克日干宫；受值符宫之克，受庚宫生之。又可以年干己为联合国，与日干宫比和，生时干宫；克庚宫，生值符宫。故最终必然会由联合国出面调解解决。

(6) 战争会打多久？以值使门落宫定应期，日、时一内一外主迟，值使门落外盘也主迟。今值使休门落坤宫，坤宫先天数为八，可断八十天左右。又日干落八宫逢空，空则藏有玄机，也可断八十天左右。

结果，6月6日南联盟接受了由俄罗斯和西方七国提出的和平方案，答应从科索沃撤军，6月10日联合国安理会以十四票赞成、一票弃权通过了政治解决科索沃危机的1244号决议，以美国为首的北约停止了对南联盟持续了七十九天的轰炸。6月12日俄罗斯维和部队抢先开进科索沃首府普里什蒂纳，这场现代化的战争终于宣告结束。

（三）山西农民娃朱朝辉能否成功飞越黄河？

1997年香港回归前夕，为了迎接香港回归，香港居民柯受良曾驾汽车飞越黄河壶口瀑布，成为轰动一时的新闻。

为了迎接建国五十周年和澳门回归，自幼生长在黄河壶口瀑布旁边的山西吉县青年农民朱朝辉决心驾摩托车飞越黄河，一时间也成为全国报纸、电视新闻中的一个热点。

1999年6月20日上午9点20分，奇门遁甲学术研讨班正在太行机械厂招待所举行，个体书刊经营者小胡突然给杜新会手机上打来一个电话，说现在北京电视台正在现场直播山西农民朱朝辉骑摩托车飞越黄河一事，初步预定上午10点钟飞越，请杜老师给预测一下，看能否飞越成功。

当时，杜新会正在帮助张志春老师讲课。杜新会接完电话，即请示张志春老师：咱们是否也在研讨班上来个现场预测，让学员亲眼见识一下奇门预测的准确性如何？张志春老师马上表示支持。学员听说要当场预测山西娃朱朝辉飞越黄河一事，一个个兴奋异常，立刻活跃起来。

今天是研讨班开课的第二天，大家正学习奇门起局。于是张志春老师说："大家都把这个时辰的奇门格局起一下，然后同黑板上杜老师起的局对照一下，这既是练习起局的好机会，也是学习判断的好机会。"

这时，杜新会一边讲解奇门起局的步骤，一边把1999年6月20日上午9点20分的奇门格局写在黑板上：

己卯年庚午月癸卯日丁巳时，阳遁3局，甲寅旬（空子、丑），天任星为值符落九宫，生门为值使落二宫。

天 开　丙 蓬　己	符 休　癸 任　丁	蛇 生　戊 冲　乙
地 惊　辛 心　戊	 庚	阴 伤　己 辅　壬
武 死　壬 柱　癸	虎 庚　景　己 丙　丙	合 杜　丁 英　辛

等大家把自己所起的奇门局与黑板上的局核对无误后，杜新会在黑板上写了三条判断意见：

①能够飞越成功；

②起跑需反复三次左右；

③飞过后车受损伤，人有惊无险。

然后讲解了分析的依据：

(1) 日干癸代表朱朝辉，落离九宫，临月建，为旺相，又临天任吉星、休门吉门，上乘值符吉神。时干为事体，时干丁落乾6宫，午月火旺金死。旺相之日干克休囚之时干，所以断能飞越成功。

(2) 八门反吟主事情有反复，日干癸落离宫，离主3数，故断反复三次左右。

(3) 伤门为摩托车，落兑七宫受克，兑又主缺，故断车飞过后会有损伤。

(4) 日干癸为朱朝辉，落九宫为绝地，癸下临丁，癸丁相冲克，又为蛇夭矫凶格，但上乘值符吉神，临吉门吉星，故断有惊无险。

杜新会判断完毕，即打电话告诉求测人小胡。研讨班的课程继续进行。

这时在研讨班帮助讲课的另一位老师王建国悄悄跑出去看电视，但招待所客房大部分在白天人都出去办事锁上了门，个别开着门的房间里的电视还收不到北京台。于是他只好跑到离这里较近的张志春老师家里去看电视。大约10点半左右，他跑回来告诉张志春老师：

“10点钟朱朝辉没有飞，具体起飞时间又改在11点半左右，而且他的未婚妻正穿着婚纱，盛妆等在黄河对岸，等一旦飞越成功后，马上举行婚礼。”

此时，张志春老师又到台上讲课，对全体学员说：

“刚才杜老师帮助大家分析了一个问时局，现在咱们再按事发局，即朱朝辉飞越黄河的时间起局预测，看看信息是否一致？”

于是在黑板上写下了1999年6月20日上午11点30分的奇门局：

己卯年庚午月癸卯日戊午时，阳遁3局，甲寅旬（空子、丑），天任星为值符落三宫，生门为值使落三宫。

蛇 伤 戊 冲 己	阴 杜 己 辅 丁	合 景 丁 英 乙
符 生 癸 任 戊	 庚	虎 庚 死 乙 芮 壬
天 休 丙 蓬 癸	地 开 辛 心 丙	武 惊 壬 柱 辛

张志春老师等大家都起好局以后，说道，这个事发局的信息就更加明显了，现在分析如下：

（1）日干癸代表朱朝辉，先看一下他所处的状态。癸落三宫为长生之地，又临天任吉星，生门吉门，上乘值符至吉之神，说明他天时、地利、人和全占。癸+戊为天乙会合吉格，临吉门宜求财，婚姻喜美，吉人赞助成合。这说明，他一定能够成功飞越黄河，到对岸与未婚妻按期举行婚礼。

（2）时干戊主事体，落巽四宫为临官禄地，临天冲星吉星，正好冲锋陷阵，伤门为车，巽四宫主河道，正符合飞越黄河之事。日干落三宫属木，时干落四宫也属木，日、时比和，必然飞越成功。

（3）但是，时干戊+己为贵人入狱凶格，又上乘螣蛇虚惊怪异之神；又庚主器械，也可代表摩托车，在兑七宫临死门、白虎，据此可断，飞越过去后，车要受损伤，人也难免受轻伤，总之，也是有惊无险。

上午 11 点半下课，大家都纷纷去看电视。结果从电视直播现场获悉：

上午 11 点 51 分，朱朝辉飞越黄河成功！预定飞 34 米，实际飞过 43 米，越过了事先搭好的跑道，结果人、车落到水泥地上，人车摔倒，车辆受损，人受轻伤，左手臂擦伤，经过紧急抢救，有惊无险，朱朝辉左手缠着绷带，左脸带着擦伤，按期与未婚妻在万人瞩目下举行了隆重的结婚仪式。一个土生土长的青年农民，圆了他的世纪梦，表现了中华民族不畏艰难险阻、敢于冲破任何风浪、向现代化腾飞的豪情壮志！

数理奇门的两次现场预测，也让参加研讨班的学员大开眼界，再次领略了这门古代科技的现实应用价值。

(四) 1999 年 8 月 18 日人类真的会有大劫难吗？

四百多年前，即十六世纪法国医生诺查丹玛斯在他的《诸世纪》大预言中，预言 1999 年法历 7 月“恐怖之王从天而降”，人类会发生大劫难。二十世纪七十年代，日本东京大学教授、火箭工程专家五岛勉以《诸世纪》为基础，写了一本《大预言：1999 年人类大劫难》的书，认为法历 7 月“恐怖之王从天而降”，换算成公历就是 8 月 18 日这一天。届时，太阳、月亮和除地球之外的太阳系八大行星处在呈九十度角左右的不同天区，组成“恐怖大十字”。

“原来各行星零星状态的力会转到一起，沿同一方向力汇一处，去吸引太阳；太阳的高能粒子会比往常更多地向行星洒落，引起地球上的大灾大难和气候反常，造成地球爆炸，直到毁灭”。

八十年代之后，诺查丹玛斯的《诸世纪》一书和五岛勉的《大预言：1999 年人类大劫难》一书均被翻译到中国，被多家出版社出版，并摘编到各种报刊中广为传播。于是，关于 1999 年 8 月 18 日人类要发生大劫难、地球将会爆炸的“预言”不胫而走，几乎闹得家喻户晓，人人皆知。一些邪教组织更是利用这则“预言”，肆意渲染“世界末日”的恐怖气氛。九十年代以来，自诩为“救世主”的李洪志也利用这则所谓“预言”，四处散布“世界末日”论，妄言人们只有跟着他修炼什么“法轮大法”才能避免灾难、得到超度，以此蒙骗了不少人。

随着1999年8月的临近，经常有人向张志春老师询问这个问题：“您是研究奇门遁甲的，您用奇门测一测，人类大劫难会不会发生？”

张志春老师总是说：“奇门遁甲是我们祖先创造的一种预测技术，过去被称为数术，它只是一种技术，绝不是万能的。对于这样重大的问题，它能不能测、能不能测准，我不敢说。但我用它试测过，我的结论是：1999年人类绝不会发生大灾难、地球绝不会爆炸。”

1999年7月25日下午，第二期《神奇之门》一书研讨班在河北太行机械厂招待所结束。参加研讨的有来自北京、广州、深圳、武汉、天津、江苏、辽宁、吉林、河南、山东、河北等地的干部、教师、企业家、工人、农民，还有正在清华大学攻读博士后的学生等各种行业的人。大家在总结会上，畅谈感受，对河北省周易研究会举办的这种学术研讨班，一致表示赞赏，认为时间虽短，但收获很大，学到了真东西。

这时，来自北京白云观中国道教学院的学生、泰山碧霞祠道士崔理明站起来说：

“张老师，我提一个问题。现在8月18日快来到了，法国诺查丹玛斯、日本五岛勉等人预言这一天地球将要爆炸，人类会发生大劫难。现在到处在议论这个问题，您说这事会不会发生？”

张志春回答道：

“依我看，这事绝不会发生。但是，既然你提出来了，咱们不妨就按现在你问的时间起个奇门格局，大家共同来分析一下。”

张老师的话立即得到全体学员的赞同。大家不约而同地看了一下手表：4点20分，于是他让王建国把此时的奇门格局写在黑板上：

1999年7月25日下午4点20分，干支历己卯年辛未月戊寅日庚申时，阴遁4局，甲寅旬（空子、丑），天任星为值符落2宫，生门值使落2宫。

<table>
<tr><td>阴
开丙
心戊</td><td>蛇
休辛
蓬壬</td><td>符
生癸
任庚</td></tr>
<tr><td>合
惊丁
柱己</td><td>

乙</td><td>天
伤己
冲丁</td></tr>
<tr><td>虎
乙 死庚
芮癸</td><td>武
景壬
英辛</td><td>地
杜戊
辅丙</td></tr>
</table>

张志春说："既然大家都学会了奇门遁甲，大家都来发言，共同分析一下，看看结果如何?"

于是，一个个学员站起来发言，在场的杜新会、王建国、王瑞民三位辅导老师也分别发了言。最后由张志春做了归纳：

(1) 日干为求测之人，时干为求测之事。今时干庚落艮八宫为入墓，又为六仪击刑，临天芮凶星、死门凶门、白虎凶神，庚+癸为大格，百事凶，求人不在，经商破财，出行车破马死，只宜捕捉罪犯。看来所问之事大凶，符合所问之事，因为本来问的就是大劫难之事。但逢空亡，说明不会发生。

(2) 既然问的是消息是传言，也可以景门为用神，今景门落坎宫，火入水乡，上乘玄武主虚假，坎宫也逢空亡，说明这个传言是假的，绝不会成为事实。

(3) 日干为人、为人类。日干戊落乾6宫为入库（未月土旺，为库不为墓），又临杜门小凶之门，因此难免有些麻烦事，但临天辅吉星、九地坚牢之吉神，又逢戊+丙龙回首大吉之格，怎么会有大劫难呢!

(4) 又可看流年流月流日。1999年为己卯年，天干己落兑七宫为长生之地，逢天冲吉星、九天吉神，虽临伤门，不免有些伤灾，但伤门在七宫受制，也不会有大的凶灾；况且己下还临丁奇，也是吉利之象。年支卯在震三宫，虽有天柱凶星、惊门凶门，人类难免有局部战争和地震等大的自然灾害，受些惊恐，发生些官讼是非，但卯年木旺金囚，又上乘六合吉神，临丁奇，所以也不会有大的劫难。8月18日，时在立秋之后，已经进入坤二宫当令之期。今坤二宫上乘值符至吉之神、生门吉门、天任吉星，怎么地球会爆炸、人类会毁灭呢？癸落坤宫为入墓，癸+庚为太白入网凶格，主以暴力争讼，自罹罪责，只能说明人类肆意破坏地球生态平衡，已经开始自食苦果。癸+乙为华盖逢星，贵人禄位，常人平安，门吉则吉，门凶则凶。今临生门吉门，已经认识到保护生态平衡的重要性，所以自然会逐步由凶变吉。

(5) 总之，无论从哪个角度分析，8 月 18 日绝不会发生地球爆炸、人类大劫难。但此奇门格局，九星反吟、八门反吟，说明 1999 年地球上难免会有异常天气、异常天象，比如日食、地震、飓风、暴雨、反常天气等现象发生，人类社会中也难免会有反人类的侵略战争、暴力、邪教等邪恶现象出现。

最后，事实证明：8 月 18 日地球安然无恙，太阳依然东升西落，星辰依旧昼隐夜显，一切正常。人类照常在地球上日出而作，日入而息，战天斗地，竞争奔波，安居乐业。

(五) 中、美女子足球大战，谁能夺得冠军？

1999 年 7 月第三届世界杯女子足球赛在美国举行。三年前，中国女足以 1:2 痛失冠军，这次在半决赛中却以 5:0 的悬殊高分大胜上届冠军挪威队，因此士气高涨，成为世人瞩目的焦点。7 月 11 日将在洛杉矶与美国女子足球队争夺冠军，一时间成为国人和世人一致关注的热门话题。有人讲，体育竞赛好比和平时期的战争。此话不无道理。特别是自 5 月 8 日以美国为首的北约公然炸毁我国驻南斯拉夫的大使馆以来，中国人一直憋着一肚子气。这次女足大战，如果中国队能战胜美国，夺得冠军，无疑可以为中国人出一口恶气。

7 月 10 日，奇门遁甲学术研讨班在河北太行机械厂招待所举行。下午 4 点 30 分，参加研讨班的学员纷纷要求预测一下将在 7 月 11 日北京时间凌晨 4 点开始的中、美女子足球决赛。

这一提议，立即得到张志春老师的支持，他说：

“好。我们刚刚讲过如何用奇门预测体育比赛。现在就用问事局和事发局两个奇门局，预测一下中、美哪个队夺得冠军。”

于是让杜新会和王建国两位辅导老师将两个奇门局同时写在黑板上，学员也在下边自己练习起局。

问事局：1999 年 7 月 10 日下午 4 点 35 分，己卯年辛未月癸亥日庚申时，阴遁 5 局，甲寅旬，天英星为值符落三宫，景门为值使落三宫。

天 戊 死 辛 芮 己	地 惊 丙 柱 癸	武 开 乙 心 辛
符 景 癸 英 庚	 戊	虎 休 壬 蓬 丙
蛇 杜 己 辅 丁	阴 伤 庚 冲 壬	合 生 丁 任 乙

大家先分析了问事局：

（1）测两队比赛需先分清主客，问事局一般以地盘时干为主队，以天盘时干为客队。

（2）今地盘时干庚在震三宫为胎地，上乘值符，值符为裁判，与裁判同宫，说明对该队有利；又临景门，景门为技术指导，景门落三宫受生，为旺相，说明技术指导好，战略战术对头。

（3）天盘时干庚落坎一宫为死地，不吉；临天冲吉星，伤门又受宫生，说明该队竞技状态很强，敢打敢拼；上乘太阴吉神，说明在战略战术上也经过了一番密谋策划。但甲寅旬中子、丑空，所落坎宫逢空亡，不吉。

（4）从月令上看，未月木囚水死，两队状态差不多，但天盘时干庚落宫逢空亡，又生助地盘时干宫。结论：主队胜。

（5）也可以日干为两个队。今地盘日干癸在离九宫为绝地，未月土旺火休；天盘日干癸在震三宫为长生之地，未月土旺木囚。从这里看，两队实力差不多，但天盘日干生地盘日干宫，结论也应该是：主队胜。

（6）二队所争者为金牌。辛为金牌，今天盘辛落巽四宫，地盘辛在坤二宫，虽然木克土，但未月坤宫当令，土旺木囚，天盘辛克不动地盘辛。结论也是：主队胜。

再看事发局：1999年7月11日凌晨4点，己卯年辛未月甲子日丙寅时，阴遁8局，甲子旬（空戌亥），天任星为值符落1宫，生门为值使落6宫。

武 死 乙 英 壬	虎 辛 惊 丙 芮 乙	合 开 乙 辛 柱 丁
地 景 壬 辅 癸	 辛	阴 休 庚 心 己
天 杜 癸 冲 戊	符 伤 戊 任 丙	蛇 生 丙 蓬 庚

分析：

(1) 事发局，一般以地盘日干为主队，以天盘日干为客队。今地盘日干甲子戊在艮八宫，为长生之地，临天冲吉星，九天吉神，虽然杜门克宫，但未月土旺木囚。天盘日干甲子戊落坎一宫，为胎地，临天任吉星，值符吉神，伤门受宫生，说明竞争能力很强。但是，地盘日干宫克天盘日干宫，而且未月，八宫土旺，旺土克水，水虽临日建，毕竟难以胜土，故结论也是：主队胜。

(2) 也可以地盘时干为主队，天盘时干为客队。今地盘时干丙在坎一宫，为胎地；天盘时干丙落六宫为入墓，又逢空亡，且天盘时干宫生地盘时干宫。结论也是：主队胜。

(3) 辛为金牌，地盘辛在坤二宫临月建，天盘辛在九宫为火，火来生土，天辛生地辛，结论也是：主队夺得金牌。

大家从各个角度分析，结论都是主队胜。但中国队和美国队谁是主谁是客，却存在分歧：有人认为，比赛在美国洛杉矶举行，美国是东道主，自然美国队应为主队，中国队应为客队。也有人认为，现在是我们预测中国队与美国队比赛，我们是中国人，自然应以中国队为主。还有在判断具体比分上，意见也不一致。

张志春老师说：“我们是中国人，当然希望中国队胜，故在判断中难免受主观因素的干扰。大家等待事实验证吧！”

结果，许多中国人彻夜不眠，或稍睡一会儿，4 点钟就爬起来，打开电视机，全身心关注这场世纪大战。中国女子足球队与美国女子足球队，打完九十分钟，比分是 0:0，不分胜负；又加时赛半个小时，仍然是 0:0；最后只得以点球决胜负，结果由于中国队运气不佳，最终以 4:5 痛失冠军。美国女子足球队作为东道主队，以一分之差，夺得第三届世界杯女足金牌。

第二天，大家在课堂上进行了总结，一致认为：判断必须排除主观因素干扰，中、美女子足球队在美国比赛，自然应该以美国队为主队，中国队为客队。

（六）震惊华北的两起铁路被炸案

1998 年 3 月，正当全国人大、政协“两会”在北京召开期间，京广铁路在河北省新乐市境内段曾先后发生两次被炸事件：一次是 3 月 4 日凌晨，正当一列满载代表的火车行进到新乐市北边铁路弯道处，前边发生爆炸，铁轨被炸弯曲、枕木飞出，列车被迫返回石家庄，改线北上。第二次是 3 月 14 日，全国政协会刚刚结束，一列满载代表的列车由北京开出南下，路过新乐市北边铁路弯道处，列车刚过，后边又发生爆炸。第二次爆炸的地方距第一次爆炸的地方仅有七十米远。

虽然这两次爆炸，均未伤着列车及乘客，但无疑是非常严重的刑事犯罪大案，为此河北京广线两边的公安干警一直处在严密的警戒状态。

1998 年 3 月 20 日晚上 8 点钟，新乐市一位干部给我会人员打电话，求测一下这两次炸铁路的大案是什么人所为？能否破案？

我会人员立即按接电话时间起局：

戊寅年乙卯月丙寅日戊戌时，阳遁一局，甲午旬（空辰巳），值符天辅星落一宫，值使杜门落 8 宫。

合	虎	武
死 丁	惊 癸	开 戊
柱 辛	心 乙	壬 蓬 己
阴		地
壬 景 己		休 丙
芮 庚	壬	任 丁
蛇	符	天
杜 乙	伤 辛	生 庚
英 丙	辅 戊	冲 癸

分析：

（1）如此重大刑事案件，自然应以天蓬星为用神，代表案犯。今天蓬星落坤2宫为鬼宫，卯月为旺相，现临开门，应为曾被关押过后被释放的有公职的人；所临天盘戊既是时干，又为年干为太岁，说明是上层人物，有相当职务的人，或有上层人物幕后支持。戊+己为贵人入狱凶格，戊+壬为青龙入天牢凶格，今逢开门，也说明是曾经坐过监狱后被释放的人。戊落坤宫为衰、病之地，说明主犯应是中老年人，天蓬星旺相于月令，具体前去作案的可能是青壮年，坤宫主二数，土主五数，开门又主单位、主团体，说明也可能是一个团伙。上乘玄武，暗中勾结在一起。

（2）时干为案犯，天盘时干戊落外盘，说明是在外地作案，地盘时干戊在内盘，在坎一宫，说明案犯是本地人即新乐市人或北京人。戊上临辛，辛为罪人，说明他有过前科；临天辅星，说明有相当高的文化；逢伤门，说明会开车，或干过公检法；上乘值符，还应有一定职务。

（3）天盘时干戊下临己、壬，己、壬二干落震三宫，临景门、太阴，说明暗中策划了行动方案，景门又为火药为爆炸为血光，但下遇庚，为受阻，临天芮病星，说明计划有毛病，故而虽然爆炸二次，炸坏了铁路，均未炸着列车。

（4）杜门为躲藏方向，今杜门落艮八宫，为内盘为近，说明案犯就躲藏在北京或北京东北方的某个地方。杜门临乙奇、丙奇，乙+丙为奇仪顺遂吉格，上乘螣蛇主羁留，说明有人保护他们。

(5) 伤门为公安人员，受天蓬星落宫之克；白虎也为破案人员，生天蓬星落宫；值使杜门与天蓬星落宫比如，又不逢格。

(6) 六合为证据、证人，落巽四宫逢空亡，说明公安人员在办案中难以找到证据、证人。据以上分析：此案虽然十分重要，公安人员下力气很大，但难以侦破。

我会人员将上述预测意见告知求测之人。结果此案至今未破。

1999 年 1 月，即农历戊寅年腊月，正当河北省人大、政协“两会”在石家庄召开之际，1 月 20 日（腊月初四）晚上 8 点零 3 分，京广铁路邢台县境内又发生一起爆炸事件，炸断下行线钢轨一百零六厘米，形成一个六十厘米见方、三十四厘米深的炸坑，铁路运输中断近四个小时，给国家造成严重经济损失和恶劣影响。

接到报告后，某县公安局办公室华主任根据他刚刚跟省周易研究会会长学到的奇门遁甲知识，以案发时间起局进行了预测。

戊寅年乙丑月壬申日庚戌时，阳遁八局，甲辰旬，天冲星为值符落一宫，伤门为值使落九宫。

<table>
<tr><td>合
丁 生 辛
芮 癸</td><td>虎
伤 乙
柱 己</td><td>武
杜 丙
心 辛</td></tr>
<tr><td>阴
休 己
英 壬</td><td>丁</td><td>地
景 庚
蓬 乙</td></tr>
<tr><td>蛇
开 癸
辅 戊</td><td>符
惊 壬
冲 庚</td><td>天
死 戊
任 丙</td></tr>
</table>

分析：

(1) 以天蓬星为案犯，落兑七宫，临庚为重大案犯，人数可能是两人（先天兑卦数）或四人（五行金数）。庚在兑宫为帝旺，蓬星在兑宫为废地，又囚于月令，综合判断应为中年男犯。景门主策划，又主火药、爆炸、血光，上乘九地，说明该犯实施爆炸蓄谋已久。地盘庚在内盘坎一宫，说明是本地人。

(2) 案发时间局，还可以日干为案犯。今日干壬落坎一宫，在内盘，也说明是本地人。壬落坎宫为帝旺，丑月坎水休囚，综断也为中年男人。临天冲星、惊门，职业可能为公检法方面或参过军的人。上乘值符，很可能还是一个部门的头头。

(3) 杜门为凶犯躲藏方向，在外盘坤二宫，可断为在案发地点的西南方向六公里、七公里半、十公里、二十五公里或更远的地方。

(4) 伤门、白虎为公安人员落离九宫，克天蓬所落兑七宫，兑七宫庚+乙又为月格，说明此案在本月即农历腊月内就能破获。具体日期，甲辰旬中空寅、卯，寅日冲开杜门，卯日冲克案犯宫，可望破案。

华主任将预测意见向局长做了汇报，鉴于1998年春天新乐境内铁路被炸案一直未破，局长对此预测意见表示怀疑，小华本人也不相信自己能够测准。

但事情发展的结果，却让小华兴奋不已，没想到，自己学习奇门，第一次用于预测破案，竟然奇迹般地测准了！

结果是，案发后，省公安厅、邢台市公安局、北京铁路局公安局快速反应，组成联合专案组，周密部署，科学决策，果断地将发生在邢台市内的“1.1”爆炸未遂案联案侦察，1月26日（腊月初十戊寅日）获取线索，2月15日（腊月三十戊戌日）将3名犯罪嫌疑人全部抓获。主犯李虹新，中年男子，系邢台县司法局局长，从犯为王庆虎和李虹新的堂弟李勇新二名青壮年男子（详细案情见1999年3月1日《燕赵都市报》头版《邢台铁路爆炸案告破》一文）。

张志春按：

从以上两起铁路被炸案一破一未破的实例，再次说明，奇门预测对于刑侦确有一定参考价值，但也仅于此。它本身绝不可能破案，只能向公安人员提供一些参考意见，减少刑侦工作的盲目性，减轻公安人员的工作量。

（七）公元2000年世界大势预测

1999年10月，我的学生——法国中华周易预测咨询有限公司总经理赵南强先生给我打电话说，他准备在法国出版一本预测2000年世界大势及各种属相人的运气的图书，希望老师和河北省周易研究会的诸位同仁为之撰稿。于是，我组织几位骨干，在半个月时间内，完成了这一约稿任务。现将这本书稿的第一篇《公元2000年世界大势预测》一文刊载如下，供广大易友研讨。

2000年世界大势预测

易道茫茫照宇宙，
大寒未尽春已苏。
千家万户欢聚日，
总把新桃换旧符。

冬去春来，公元2000年在世界人民的欢呼中悄然来临了。在中国，按传统的干支记时法，今年是庚辰年，也就是金龙之年。

中国人的图腾是龙，中国一向被世人称之为“东方巨龙”，因此，对金龙之年的到来，中国人有着特别的感受。

近一百多年来，中国人民饱受了西方列强的侵略和欺压，经过几代人的拼搏和奋斗，终于以一种崭新的面貌屹立于世界的东方。1997年香港的回归，1999年澳门的回归，洗净了中国作为殖民地、半殖民地的耻辱，中国人民正以前所未有的信心，与世界人民一起跨入2000年，走进一个新的世纪。

英国历史学家汤恩比（Arnold Joseph Tornree1889年~1975年）在其所著《历史研究》一书中，曾提出一个著名的论断，他说：“十九世纪为英国人的世纪，二十世纪为美国人的世纪，二十一世纪将为中国人的世纪。”他又说：“中国文化的本质为阴阳哲学。”

天文学家有人主张从2000年起就算进入二十一世纪，有人主张2001年才算进入二十一世纪。2000年在中国是庚辰年，2001年是辛巳年，辰为龙，巳为蛇，蛇又被称之为小龙。总之，不论是从2000年还是从2001年算进入二十一世纪，在中国都是金龙之年。

汤恩比的预言是否准确，还有待历史的验证。但二十一世纪的开始恰是中国的两个龙年，这却是千真万确的事实。

汤恩比说："中国文化的本质为阴阳哲学。"我们几个研究中国文化的同仁，今天就用中国的阴阳哲学对2000年世界形势在几个大的方面的走势进行一下预测：

第一，天时不利，全球气候仍然反常，自然灾害多而频繁，特别是水灾、风灾、地震等会多于常年。威胁人类生命健康的疾病，除了癌症、心脑血管病、糖尿病、艾滋病等以外，还会有较大面积的流行性感冒和肠道传染病，时间多发生在冬春之交和夏秋之季，但人类能够控制它，不会造成大的伤亡。为了保护人类的生存环境，全球环境意识会进一步加强。

第二，世界经济会有较大复苏，全球经济一体化进程会进一步加快，特别是亚洲如太平洋地区（包括东南亚和东北亚）的经济复苏和发展的势头会更加明显。全球股市会有较好的行情，但起伏大，夏秋之季可能达到全年的最高点。

最热门的行业，主要是以电子计算机为龙头的信息产业，还有饮食服装行业、金融保险行业、房地产业、旅游休闲业、医疗保健业等。

第三，世界政治多极化的格局会进一步发展，国与国之间的矛盾冲突、民族之间的矛盾冲突仍在蔓延发展。局部战争难免还会发生，时间可能是上半年的4月、5月份或下半年的10月、11月份。

世界各国首脑、领导人换届或更替较多。各国之间的军备竞赛会有所升级。

总之，2000年是个金龙之年，是个龙腾虎跃的年份，世界经济、政治、文化会表现出更大的活力，但也不会是个平静的年份。

按月份来说，3、4、5、6、7月，即上半年，世界形势发展可能比较好、比较顺利，8、9、10、11、12月，即下半年，天灾人祸会比较多，会是多事之秋，自然灾害、战争、各种矛盾冲突都有可能激化。

客观事物无不在一定的时间、空间中运动着、发展着、变化着。每个人要想取得事业的成功、丰厚的财利、美满的家庭幸福，就一定要首先了解自我、认识自我、调整自我，同时了解客观、认识客观，把握住客观机遇，使主观与客观相适应，相统一，只有这样才能把握天时、占有地利、发挥人和，趋吉避凶，以期达到成功的彼岸。

俗语说："性格决定命运。"这在一定意义上讲是很有道理的。例如，面对顺利和成功，有的人得意忘形，沾沾自喜，认为都是自己的能力所致，从而骄傲自大，目中无人，再也听不进别人的意见，特别是批评性意见，结果失去人和，变成孤家寡人，甚至众叛亲离，导致乐极生悲，事业急转直下，由成功转为失败，由顺利变为艰难。同样面对顺利和成功，有的人头脑冷静，能够正确认识自我和客观，不骄不躁，反而更好地发挥天时、地利、人和等各方面的优势，使自己的事业取得更大的发展，为人类做出更大的贡献。又例如，面对失败和挫折，有的人灰心丧气，怨天尤人，从此一蹶不振，甚至自杀，结束了自己的生命。相反，有的人却不因小不顺而乱大谋，面对失败和挫折，既不怨天，也不尤人，而是冷静地分析其原因，认真地总结经验教训，韬光养晦，重新积蓄力量，以便东山再起。

因此，每个人要想在新的一年里获得好的发展，既要了解客观世界，也要了解自我，调整好自我，使主观与客观协调，充分利用客观机遇，努力发挥主观能动性。

祝愿每个人在新的一年里都有个好运气，好收成！

（八）北京申办2008年奥运会，能否成功？

2000年5月9日晚上7点40分，中央电视台焦点访谈节目播送北京正在积极筹备申办2008年奥运会，北京申办的口号是"新北京，新奥运"；并且说，这次申办的城市很多，方法也有改变，2001年7月13日，由国际奥委会选举确定。看到此消息，家人提出测一下北京这次申办能否成功？

于是我让儿子起了一个奇门局。

庚辰年辛巳月丁卯日庚戌时，甲辰旬，阳4局，天任星为值符落6宫，生门为值使落5宫寄2宫。

虎 己 开 丙 芮 戊	武 休 辛 柱 癸	地 生 庚 心 丙
合 惊 癸 英 乙	 己	天 伤 丁 蓬 辛
阴 死 戊 辅 壬	蛇 景 乙 冲 丁	符 杜 壬 任 庚

分析：

A. 按常规判断法：

以日干代表北京，时干代表事体，月干代表竞争者，年干代表上级批准单位。

(1) 日干丁奇落 7 宫为长生之地，得地利，天蓬星入兑宫为废，天时欠佳；临伤门为有竞争能力，但伤门入兑宫受制，巳月火旺金死，制不住，人和不错；上乘九天，机遇好。丁+辛为朱雀入狱，罪人释囚，宫人失位，半吉半凶。

(2) 时干庚为事体落坤 2 宫，生日干宫。年干庚也落坤 2 宫，生日干宫。时干又代表选票，年干又代表国际奥委会，均生日干中国。

(3) 月干为竞争对手。月干辛落离 9 宫为病地，不得地利；天柱星入离被囚，不得天时；休门虽吉，但休门克宫为门迫，吉门克宫吉不就；上乘玄武，不吉，辛+癸为天牢华盖，日月失明，误入天网，动止乖张，格局为凶。月干辛在 9 宫，克日干 7 宫，生时干年干所在坤 2 宫，说明外国城市也在积极申办，而且对北京形成很大威胁。

(4) 大局八门反吟，申办过程中难免有反复不顺之事。

综合判断，北京这次申办 2008 年奥运会，成功的可能性较大。

B. 按体育竞赛及以往判断方法：

以值符代表奥委会主席，以值使代表奥委会委员，以地盘时干为主，代表北京，以天盘时干为客，代表外国申办城市。

(1) 地盘时干庚在乾6宫为衰、病之地；临天任吉星；杜门闭塞不通，又受宫制；上乘值符为吉；壬+庚为太白擒蛇，刑狱公平，立剖邪正。生门值使在2宫，生助地盘时干宫。

(2) 天盘时干庚在坤2宫为冠带、临官之地，临天心吉星；与值使生门同宫，又上乘九地吉神；庚+丙为贼必来凶格，但为客有利，庚+己为官符刑格，凶。天盘时干宫生助值符宫。

(3) 大局八门反吟，利客不利主。

据此，北京这次申办2008年奥运会，成功的机遇比较大，但还必须经过主观努力，才有成功的可能。

(九) 北京申办2008年奥运会一定成功

2001年7月初，全国各家报纸均在显著位置报道：国际奥委会第一百一十二次会议将于北京时间2001年7月13日22时左右，在莫斯科投票选举2008年奥运会举办城市。参与申办的有法国巴黎、加拿大多伦多、日本大坂、土耳其伊斯坦布尔和中国北京共有五个城市。

得这一消息，内蒙古凉城县委宣传部副部长任宏锦学员，与六位研究易经的朋友，决定一起预测一下北京能否申办成功。任宏锦是跟河北张志春学习奇门遁甲的，其他六位易友都是研究八卦六爻的。其中五位易友根据六爻中"应克世"的原理，断定北京申奥不成功，一位易友根据"内卦克外卦"原理，作出北京能申办成功的结论。六位易友都问任宏锦，任宏锦说："我用奇门预测，北京这次一定能够申办成功。"

结果7月13日晚，大家都守在电视机前，收看来自奥委会一百一十二次会议的现场直播。第一轮投票，淘汰了日本的大坂，第二轮投票，中国北京以绝对优势胜出，一举申办成功。

7月14日六位易友遇上任宏锦，不约而同地说："看来还是老任奇门预测得准。"

下边是任宏锦按奥委会第一百一十二次开会时间起的奇门局：

2001年7月13日晚上22点。

干支历为辛巳年乙未月丁丑日辛亥时，小暑下元阴遁5局，甲辰旬，天蓬星为值符落2宫，休门为值使落3宫。

阴 生 丙 柱 己	蛇 伤 乙 心 癸	符 杜 壬 蓬 辛
合 戊 休 辛 芮 庚	 戊	天 景 丁 任 丙
虎 开 癸 英 丁	武 惊 己 辅 壬	地 死 庚 冲 乙

分析：

A. 按常规判断法

以日干代表北京，时干代表事体，月干代表竞争者，年干代表上级批准机关。

(1) 日干丁奇落7宫为长生之地，得地利；未月土旺金相，时运很好；天任星入兑宫为旺，天时很好；临景门为战略战术，筹备策划有方，说明人和也不错；上乘九天吉神，说明机遇很好。丁+丙为星随月转，贵人越级高升，常人乐里生悲，说明具有十三亿人口的中国这个“大贵人”就要高升了。

(2) 时干辛为事体，落3宫，年干辛也落3宫，和日干丁所落7宫对冲，表面似乎对中国不利；但未月土旺金相，木休囚，日干宫正好能克住时干和年干宫，对中国大利。

(3) 月干乙为竞争对手，乙落9宫为长生之地，得地利；但未月土旺火休，说明时运不好；天心星入9宫被囚，说明天时不利；临伤门，虽说有竞争能力，但伤门毕竟是凶门，难免会落个伤心下场；上乘螣蛇凶神，主变化，说明机遇不佳。格局乙+癸为华盖逢星，躲灾避难为吉，显然不利竞争。

(4) 时干、年干宫虽生月干宫，但时干、年干宫既休囚，又逢空亡（甲辰旬中寅、卯空），无力生月干宫。月干乙奇落宫虽然克日干宫，但休囚之宫克不动旺相之宫。

据此，北京这次申办一定会成功。

B. 按体育竞赛判断法：

以值符代表奥委会主席，以值使代表奥委会委员，以地盘时干为主，代表北京，以天盘时干为客，代表外国申办城市。

（1）以地盘时干辛代表北京，落坤2宫，未月土旺当令，上乘值符，说明国际奥委会领导很支持北京。

（2）以天盘时干辛代表外国其他城市，落震3宫，虽与代表奥委会委员的值使休门同宫，但未月土旺木囚，况3宫又逢空亡。空亡休囚之宫自然克不动旺相当令之宫。

据此，也是北京申办成功。

张志春按：

任宏锦学员学习十分刻苦用功，此例判断很准确（个别看错生克关系和不妥当的分析断语，我都一一进行了删改），很值得大家研究。

关于申办奥运会、申办世博会等等这种带有竞争性质的事情，古人没有留下什么预测经验，全靠我们今天在实践中摸索。从此例的二种判断方法比较中，再结合我在本章第九节所载2000年5月9日晚上7点40所所测北京申奥的实例来看，以常规判断方法可能更合适一些，准确率更高一些。

有两点，需要提请大家注意：

一是奇门这种时空象数理模型是对客观事物的一种反映，当客观事物本身其结果尚不明朗时，奇门局中往往显示的信息也不够明朗，如2000年5月9日晚7点40分测北京申奥一例。当事物本身结果已经接近明朗时，它显示的信息也会比较明朗，如2001年7月13日晚22点任宏锦测例那样。

二是奇门这种时空模型是按照甲与庚这一对矛盾的二元化格局设计的，所以对于只有主与客两方进行的战斗也好、比赛也好，竞争、竞选也好，预测的准确率相当高。但是如果是多元化的比赛和竞争、竞选，这种模型的局限性就暴露出来了，准确率也要大打折扣了。这是需要我们研究、发展、改进的课题。

（十）2001年2月6日以色列总理竞选，是沙龙还是巴拉克取胜？

2001年2月6日下午5点50分，阅读《燕赵都市报》2月5日版“世界新闻”栏文章《沙龙，还是巴拉克？——以色列总理竞选大比拼》，文章说：本周二，也就是2月6日，以色列将举行被称为“以色列命运抉择”的总理选举，看守政府总理巴拉克和右翼利库德集团主席沙龙的竞选活动已经进入冲刺阶段。由于中东和平一直是世界关注的焦点，而巴勒斯坦和以色列的和平谈判不仅没有进展，相反从2000年10月以来，巴以冲突日益升级，而这次总理竞选，候选人之一的沙龙是著名的右翼利库德集团中的强硬派，反对以巴和谈，主张在被占领土地上修建更多的犹太人定居点，所以这次竞选，沙龙与巴拉克最终谁获胜，更成为世界人民关注的焦点之一。

我看了这篇文章，又看到本栏目还附有沙龙和巴拉克二人的档案材料介绍，沙龙生于1928年，巴拉克生于1942年，于是就按看报时间起局，预测一下究竟是沙龙还是巴拉克取胜？

辛巳年庚寅月庚子日乙酉时，阳遁5局，甲申旬，天柱星为值符落4宫，惊门为值使落8宫。

<table>
<tr><td>符
休 庚
柱 乙</td><td>蛇
生 己
心 壬</td><td>阴
伤 癸
蓬 丁</td></tr>
<tr><td>天
戊 开 丁
禽 芮 丙</td><td>

戊</td><td>合
杜 辛
任 庚</td></tr>
<tr><td>地
惊 壬
英 辛</td><td>武
死 乙
辅 癸</td><td>虎
景 丙
冲 己</td></tr>
</table>

分析：

(1) 埃胡德·巴拉克1942年生，年命壬午，天干壬落8宫为衰、病之地，不得地利；天英小凶星生宫为旺，占天时；临惊门凶门，虽受宫生，但毕竟不是吉门，所以人和欠佳；上乘九地吉神，运气还不错；但寅月木旺土死，当下时运不佳；壬+辛为螣蛇相缠凶格，纵得吉门，亦不能安，何况现在临的是惊门凶门呢！

地支午在离9宫，虽临天心吉星、生门吉门，但上乘螣蛇凶神，己+壬又为地网高张凶格，再者甲申旬中午、未空，离9宫逢空亡，这又是不吉之象。

开门为总理职位，落震3宫克巴拉克年命壬所落8宫；时干乙为选民，落坎1宫，被巴拉克年命壬所落8宫所克，但寅月木旺土死，也克不动坎水。

(2) 阿里埃勒·沙龙1928年生，年命戊辰，天干戊落震3宫为沐浴之地，得地利；临天禽大吉星，虽然禽星入3宫被囚不旺，但临开门吉门，丁奇、丙奇二个奇，正符合古籍论述："天禽星位镇中宫，得奇门，百官元首。"又上乘九天吉神，九天之上可扬兵；临开门吉门，说明得人和；戊+丙为龙回首大吉格。虽然戊落震3宫还有六仪击刑的一面，在这种情况下，只能说明他具有好战好斗的一面。

地支辰在巽4宫，虽然临天柱凶星、六仪庚，但只能表明他好战厉害，因同时临休门吉门、乙奇，特别是上乘值符至吉之神，故总的看为吉。

开门为总理职位，与沙龙年命戊同宫；时干乙为选民落坎1宫，生助沙龙年命之宫。

综合上述分析，可以肯定，必然是沙龙当选以色列新一届的总理。

果然，2月7日晚，中央电视台新闻联播中报道：阿里埃勒·沙龙当选以色列总理。

（十一）2000年美国总统大选，花落谁家？

2000年美国总统大选，是极为重要的一次选举。新闻媒体讲：这次选举将会影响到未来相当长一段时间美国政治的走向。原因在于，这次选举不仅仅选出总统和国会两院议员，而且当选的总统将会任命最高法院的新法官。一旦任命，这些法官通常会任职多年，因而影响非同小可。此外，这年选出的新一届国会将决定未来国会选区的重新划分，而这所产生的影响更是不可低估的。

11 月 7 日选举日是决定谁入主白宫的最关键的一天。临近这一天之前，各国媒体纷纷报道：美国民主党总统候选人戈尔和共和党总统候选人小布什势均力敌，花落谁家实难预料。美国一家民意测验机构曾在因特网上公布了一个幽默的调查结果：戈尔与小布什在最后选举中将各得 269 张“选举人票”，谁也当不了总统。虽然只是一则幽默，但反映了两党候选人的支持率是如此接近。正如分析家们所说，谁能入主白宫，上帝也不知道！

正是在这种形势下，10 月 15 日晚 9 点 35 分，新加坡国立大学经济系教授、新加坡应用易学研究所所长黄违洪先生给我打电话，说 2000 年美国总统大选，原来小布什的民意支持率比较低，没有预测的必要，最近他的支持率也上来了，与戈尔的支持率不相上下，因此请您用奇门遁甲预测一下，看看戈尔（1948 年生）和小布什（1946 年生）谁会当选美国下一届总统？

我接到电话后，当即按求问时间起局：

庚辰年丙戌月丙午日己亥时，阴遁 3 局，甲午旬，天英星为值符落 2 宫，景门为值使落 4 宫。

阴 景　戊 冲　乙	蛇 死　乙 辅　辛	符 惊 辛 英 己
合 杜　壬 任　戊	 　　丙	天 丙 开 己 禽 芮 癸
虎 伤　庚 蓬　壬	武 生　丁 心　庚	地 休 癸 柱 丁

分析：

（1）以戈尔和小布什年命落宫来看其格局及旺相休囚。戈尔出生于 1948 年即戊子年，年命戊落巽 4 宫为临官禄地，说明他得地利，现在就是副总统；天冲星入 4 宫为相，表明天时也不错；景门受宫生，也得人和；上乘太阴，也得吉神相助；戊+乙为青龙和会吉格。但是一者巽 4 宫逢空亡，好事落空之象；二者戌月 4 宫休囚，又逢月破，说明当下时运不佳。

（2）小布什 1946 年生，即丙戌年生，年命丙落兑七宫为死地，说明不得地利；但临天禽大吉星，而且禽星入兑宫为旺，说明天时很好；又临开门吉门与宫比和，表明得人和。古籍有云“天禽位镇中宫，得奇门（此处既得丙奇，又得开门吉门），百官元首”，当选总统之象。上乘九天吉神，九天之上好扬兵，也是得胜之象。只是丙+癸为华盖悖师格，主阴人害事，灾祸频生，说明在当选过程中还会有许多困难和不利情况发生。但是戌月，土生金，兑宫旺相，说明这次时运还不错。

（3）再以开门为总统职位和时干为选民来看戈尔与小布什状况。开门与时干己均落兑七宫，克戈尔年命所落巽 4 宫；相反，开门与时干均与小布什年命同宫。

根据以上分析，我告诉黄违洪先生，按我预测，应该是小布什当选美国总统。

结果，11 月 7 日美国大选之后，戈尔与小布什二人得票之接近，成为美国二百年历史上绝无仅有，1876 年以来竞争最为激烈的一次。

11 月 8 日，佛罗里达州完成点票，小布什以一千七百八十四张选票领先戈尔，传媒率先公布布什获胜，而戈尔也致电祝贺对方成为白宫新主人。但其后，民主党阵营以选票差距太小，要求重新点算。戈尔也适时撤回对布什的祝贺。

11 月 9 日，民主党阵营提出，选举所用的“蝴蝶票”有问题，误导选民投票意向，要求重新点算佛州四个县的选票。

11 月 10 日，佛州重点选票结果显示，小布什领先戈尔票数缩小至三百二十七张，而这还不包括海外选票，因此，民主党阵营提出要求以人工重新点票。

11 月 10 日晚 6 点零 5 分，广东省企业家协会的欧阳焕文先生给我打来电话，说：“张老师，美国总统这次大选，您事先测过没有？”

我说“测过。”并把 10 月 15 日应新加坡黄违洪先生所求预测的情况告诉了欧阳焕文先生。

欧阳说：“美国总统大选，至今尚无结果，小布什在佛州的选票只比戈尔多三百二十七张，而且还有海外的选票未清点，究竟小布什和戈尔谁能获胜，请张老师再预测一下。”

于是，我第二次起局预测：

庚辰年丁亥月壬申日己酉时，阴遁9局，甲辰旬，天禽星为值符落8宫，死门为值使落9宫。

<table>
<tr><td>地
景 辛
心 癸</td><td>武
死 乙
蓬 戊</td><td>虎
惊 己
任 丙</td></tr>
<tr><td>天
杜 庚
柱 丁</td><td>壬</td><td>合
开 丁
冲 庚</td></tr>
<tr><td>符
丙 伤 壬
芮 禽 己</td><td>蛇
生 戊
英 乙</td><td>阴
休 癸
辅 辛</td></tr>
</table>

分析：

(1) 大局九星反吟，反吟主反复，正说明美国总统大选出现了反复的情况。

(2) 戈尔年命戊子，均落坎1宫，亥月坎宫旺相，表明戈尔时运有所上升。但戊落1宫为胎地，说明地利不佳；临天英小凶星，天英星入1宫被囚，说明天时不利；临生门吉门，说明人和还不错，但生门克宫，正所谓“吉门克宫吉不就”，难以遂愿；上乘螣蛇凶神，不得神助，螣蛇又主变化不定。

开门为总统职位落兑7宫，生助坎宫，对戈尔有利；但时干己代表选民落坤2宫，克坎宫，说明选票最终还是对戈尔不利。

(3) 小布什年命丙戌，丙落8宫为长生，得地利；临天芮星，芮星入8宫为相，说明天时不错；伤门克宫不吉，但临伤门又主有竞争能力；上乘值符至吉之神，说明运气好；丙+己为火悖地户凶格，主囚人刑杖，文书不行，说明这次总统大选在选票上要有官司诉讼。甲辰旬中寅卯空，8宫逢空亡，亥月水旺土囚，说明当下小布什处于不利地位。但丙在8宫为长生之地，天芮星也为旺相，古籍有“旺不为空”的论述。同时年命丙戌，地支戌在乾6宫，临吉门休门、吉星天辅、吉神太阴，这又是有利的地方；且戌亥同宫，亥月当令而旺。

开门为总统在兑七宫，与8宫相生；时干己为选民在坤2宫，与8宫比和，当然反吟又有对冲一说，但小布什年命丙下临时干己，而且二者也为相生关系，最后选票还是对小布什有利。

(4) 反吟利客，戈尔和小布什谁主动对谁有利，二人斗争必将加剧。

根据以上分析，我告知欧阳焕文：美国总统大选一事，虽然有反复，甚至还将产生诉讼，但我认为，最终仍是小布什当选。

11月11日，戈尔在俄勒冈州获胜，令他获得的选举人票增至二百六十二张，稍微领先布什十六张，使佛州的选举结果更具关键性。

11月12日，佛州州务卿哈里斯女士宣布，根据该州法律，所有重新点票的结果，必须在两日内的限期前呈交，否则不会被计算在选举结果内。

11月13日，联邦法院拒绝共和党提出停止人工重新点票的请求；而佛州巡回法院法官也拒绝民主党延迟呈交点票结果限期的申请。

11月14日，佛州官方宣布点票结果，布什得票只领先戈尔三百票。

11月16日，佛州州务卿哈里斯拒绝接纳未完成的人工计票结果，并准备翌日确认布什胜出，但被佛州最高法院颁令阻止。

11月21日，佛州最高法院裁定，哈里斯必须接纳人工计票结果，并把重点期限延长至11月26日。

11月26日，哈里斯确认小布什以五百三十七票领先，击败戈尔，但戴德县和棕榈滩县的人工票均未计算在内。

12月8日，佛州最高法院接纳戈尔上诉，下令人工重点四万多张问题选票。共和党随即提出上诉。

12月9日北京时间晚上6点45分，河北有线电视台海尔国际电讯节目报道了12月8日佛罗里达州最高法院接纳戈尔上诉，下令人工重点四万多张问题选票的消息，这一裁决，显然对戈尔有利，使民主党与共和党之争更加扑朔迷离。这时，我灵机一动，想第三次预测一下美国总统选举，到底戈尔与小布什谁会选胜，于是立即按看电视的时间起局：

庚辰年戊子月辛丑日丁酉时，阴遁7局，甲午旬，天辅星为值符落1宫，杜门为值使落1宫。

<table>
<tr><td>武
惊 戊
柱 辛</td><td>虎
开 己
心 丙</td><td>合
休 丁
蓬 癸</td></tr>
<tr><td>地
庚 死 癸
芮 壬</td><td>

庚</td><td>阴
生 乙
任 戊</td></tr>
<tr><td>天
景 丙
英 乙</td><td>符
杜 辛
辅 丁</td><td>蛇
伤 壬
冲 乙</td></tr>
</table>

分析：

(1) 戈尔年命戊落巽4宫为临官禄地，说明得地利，也符合现任副总统地位；但天柱凶星克宫为休，不得天时；惊门凶门克宫，人和欠缺；上乘玄武凶神，玄武又主虚假，主变化；戊+辛为青龙折足凶格，不吉。再者，甲午旬中辰、巳空，巽4宫整个空亡，也是好事落空之象。

开门为总统职位在9宫，戈尔年命戊在4宫生之，但逢空，无法生之。时干丁为选民、选票，落坤2宫，戈尔年命戊克之，但逢空克不动。

(2) 小布什年命丙落8宫为长生，得地利；临天芮星生宫为旺，说明得天时；景门生宫，又得人和；上乘九天吉神，宏愿能遂之象；丙+乙为日月并行吉格，公谋私为皆为吉利。

开门为总统职位在9宫，生助8宫；时干丁为选民、选票在坤2宫，与8宫比和。

据此，我断定，最后仍是小布什获胜。

结果，12月9日，联邦最高法院大法官，以五票对四票的比数，通过法令要求暂缓重点佛州问题选票。

12月13日联邦最高法院以人工重点违反宪法为由，把案件发回佛州最高法院重审。戈尔阵营表示，将会放弃继续法律诉讼。

12 月 14 日，戈尔发表电视演说，表示不认同美国联邦最高法院的裁决，但接纳其决定，并恭贺布什当选总统。

至此，民主党与共和党围绕总统选举，长达三十六天的法律诉讼，终于有了结果，共和党总统候选人乔治·沃克·布什终于以二百七十一张选举人票的微弱多数，战胜了民主党总统候选人戈尔（二百六十七张选举人票），荣登美国第五十四届总统宝座。

提示：这一测例，第一，充分证明了奇门遁甲这种时空象数理模型的科学性。举世注目的美国总统大选，如此纷繁复杂，扑朔迷离，西方分析家们说："谁入主白宫，上帝也不知道！"但通过我们祖先创造的奇门这一模拟预测方法，对其进行了三次预测，均明显的表明：小布什获胜，与最终结果一致。

第二，三次不同时间、不同用局对同一事物的预测，其显示的结果基本一致，这进一步说明了奇门这种模拟预测方法的科学性、实用性、客观性。我在面授班上多次针对学员疑问讲过：如果在不同时间，对同一事物进行多次预测，出现不同甚至完全相反的结果，古人创造的这一预测方法则毫无研究、继承的价值了（这不包括客观事物本身已经发生了变化的情况，当然，你在不同时间预测，自然会出现不同的结果。总之，奇门的时空象数理模型，是对事物的客观规律的一种反映）。

（十二）2001 年 3 月 16 日，震惊全国的石家庄特大爆炸案能否侦破？何时破案？

2001 年 3 月 16 日凌晨 4 点多至 5 点多，石家庄市棉纺三厂宿舍等四处先后发生爆炸，炸塌楼房，有的整座楼房被夷为平地，死亡一百零八人，伤三十八人。这一特大爆炸案立即震惊了全国。党中央国务院对此极为重视。3 月 16 日下午受党中央、国务院委托，以国务委员、国务院秘书长王忠禹为首，包括中央办公厅副主任、公安部副部长等人在内的五人小组即刻抵达石家庄，立即在河北省委和石家庄市委主要领导陪同下，察看了爆炸现场，到医院慰问了伤员，然后听取了河北省委和石家庄市委领导的汇报，对处理善后事宜和侦破案件进行指导。

如此大规模的爆炸案，不仅在石家庄，在全国，也属罕见。作为一名石家庄市民，无疑更加关注。这样罕见的特大爆炸案是什么人所为？动机如何？能否侦破？何时能破？带着这些疑问，我按发生爆炸的时间 3 月 16 日早晨 5 点左右，左（3 点~5 点）为寅时，右（5 点~7 点）为卯时，分别起了二个奇门局：

其一，辛巳年辛卯月戊寅日甲寅时，阳遁 4 局，天英星为值符，景门为值使，均在 9 宫伏吟。

天 杜 戊 辅 戊	符 景 癸 英 癸	蛇 己 死 丙 己 芮 丙
地 伤 乙 冲 乙	 己	阴 惊 辛 柱 辛
武 生 壬 任 壬	虎 休 丁 蓬 丁	合 开 庚 心 庚

其二，辛巳年辛卯月戊寅日乙卯时，阳 4 局，甲寅旬，天英星为值符落 3 宫，景门为值使落 1 宫。

蛇 己 开 丙 芮 戊	阴 休 辛 柱 癸	合 生 庚 己 心 丙
符 惊 癸 英 乙	 己	虎 伤 丁 蓬 辛
天 死 戊 辅 壬	地 景 乙 冲 丁	武 杜 壬 任 庚

分析：

(1) 5 点前的寅时奇门局，正是罪犯实施爆炸的主要时间，星、门伏吟，主破财伤人，同时又是天显时格，可以行动，所以罪犯疯狂作案，顺利得手。

（2）时干癸主事体，癸落离9宫为绝地，临天英星、景门均主火药、爆炸，上乘值符，这里只能表明是特大爆炸；癸+癸为天网四张凶格，这说明罪犯实施爆炸，走向了绝地，已经进入天罗地网。

（3）如此疯狂的案犯自然应以天蓬星为用神。天蓬星在本宫伏吟，为相，说明案犯应是青壮年；临休门，应为公门人，说明他以前曾有过公职，但现在逢空亡（甲寅旬中子、丑空），已经没有工作了；上乘白虎，白虎主刑伤，说明此人犯过罪，又很凶残；临丁奇，丁主火药，又为军需，结合白虎的符号，说明此人管过炸药或精通爆炸技术；坎1宫主一、六数，案犯为一人或六人。

（4）在发案时间奇门局中，还可以以日干来代表罪犯，今日干戊在巽4宫伏吟为临官禄地，为旺相，表明罪犯也为青壮年，年龄应在三十四岁或四十岁左右，临杜门，性格内向，有技术或参过军；上乘九天，野心大。日干戊在巽4宫，罪犯可能有四个人。

（5）天蓬星、日干均在内盘，说明案犯为本地人，伏吟也主本地人，说明罪犯就是石家庄本地的人。

（6）白虎、伤门均不克天蓬，值使景门也受天蓬冲克，又不逢庚格。从寅时局看，此案难破。

（7）再看卯时局：天蓬星落兑7宫，为废，为休囚，应主中老年人，但丁奇在此为长生，主青少年，二者综合，也应为青壮年或中年人所为；临伤门、白虎、丁奇，也主参过军，或精通爆破技术；兑宫主2数或4数，案犯可能有二人或四人；丁+辛为朱雀入狱格，主罪人释囚，官人失位，说明案犯有前科，入过狱，被释放了，原先有公职，现在丢了。

（8）日干戊也可代表案犯，戊在艮8宫为长生，也主青壮年；临死门，上乘九天，戊+壬为青龙入天牢凶格，现在逢空亡，也说明案犯有前科，坐过牢，或者被释放，或者是从监狱中潜逃出来的；艮8宫逢空减半，案犯也应有四人左右。

(9) 日干戊在内盘，天蓬星所临地盘丁奇也在内盘，说明案犯就是石家庄人。

(10) 六合为逃犯，落外盘坤 2 宫，说明罪犯作案后先逃向外地西南方向了；杜门为躲藏方向，杜门在乾 6 宫，最终可能躲藏到外地西北方向。

(11) 白虎、伤门、值使景门虽然都不克天蓬落宫，但八门反吟，杜门又逢壬+庚太白擒蛇格，日干、时干又均在内盘，说明此案不仅能破，而且很快。慢断年、月，快断日、时，值使门落宫为期限，今值使景门落坎 1 宫，坎宫主一、六数，故断六天、十天或十六天内可以破案。具体日期，按阳日看庚下之干来断，戊寅日为阳日，故看坤宫庚下之干丙，从 3 月 16 日戊寅开始，第一个丙日为 3 月 24 日丙戌日，第二个丙日为 4 月 3 日丙申日。故应在这个日子破案。

(12) 案犯作案原因：值符为领导、开门为单位，年干在社会为上级领导，在家庭为长辈，月干在社会为同事、朋友，在家庭为兄弟姐妹。从寅时局看，天蓬星冲克值符宫，开门冲克日干宫，年、月干克日干宫；从卯时局看，天蓬星冲克值符宫，克开门宫，开门、值符克日干宫，年、月干克天蓬宫。据此，应是案犯对单位领导或家长、兄弟姐妹不满而所为。

结果，3 月 24 日（丙戌），各大报纸均在显要位置报道：石家庄“3.16”特大爆炸案告破，犯罪嫌疑人靳如超在广西北海市落网。3 月 25 日各大报纸，均刊登了新华社记者王雷鸣、翟伟写的长篇报道《石家庄特大爆炸案侦破记》。3 月 26 日晚中央电视台焦点访谈节目也专门报道了这一案件的侦破情况。3 月 27 日各报又刊载了新华社记者王雷鸣等人写的《靳如超供述“3.16”特大爆炸案犯罪经过》等文章。

至此，这一震惊全国的特大爆炸案的真相完全大白于天下。罪犯靳如超，男，四十一岁（1960 年生），原籍江苏宿迁，初中文化；原为石家庄国棉三厂工人，1988 年因强奸罪被石家庄长安区法院判刑十年，这期间妻子与他离婚。1997 年刑满释放后，曾到云南、海南等地打工。该犯听力不好，口齿不清，性格内向，生性残暴，一直喜欢摆弄炸药，1988 年前就曾在家中试验过炸药。他刑满释放后，仍住在石家庄市育才街棉三宿舍十六栋二单元二〇一室，与住在三〇一室的一家人因房屋纠纷长期不和，曾扬言炸楼。同时，他对前妻尚美兰与之离婚耿耿于怀，与继母和姐姐靳丽香等人因财产纠纷也矛盾很深。另外，2000年靳如超曾与一名云南省的女子韦志花同居三个月，后来韦志花不堪忍受他的残暴跑回云南。2001年2月17日靳如超前往云南省马关县找韦志花，由于韦志花不肯再来石市与他同居，3月9日他将韦志花砍死后潜逃回石家庄。3月12日他从鹿泉市黄壁庄乡北白砂村王玉顺处非法购买了大量炸药，后来以“鸡饲料”名义运回石市。3月16日凌晨2点多，他租用三轮车等工具将这些炸药，分别运至棉三宿舍十六号、十五号楼以及他的前妻及姐姐等人住的三处地方，从4点16分开始，他一处一处先后引爆，至5点01分将桥东区裕华路民进街十二号一座二层小楼引爆后，随即逃离石家庄。3月21日到达广西北海市。

“3.16”爆炸案发生后，公安部门经过调查，很快认定住在爆炸案发生地——石家庄棉三宿舍十六栋的靳如超为重大犯罪嫌疑人，立即向全国发了通缉令，而且开始了自1983年追捕“二王”以来全国规模最大的一次集中搜捕行动，在全国撒下了天罗地网。3月22日晚，靳如超潜逃到广西北海市的行踪被警方发现，3月23日早晨8点20分被抓获，从他丢弃的编织袋中搜出三百六十五克硝铵炸药、三十四枚雷管等物，3月24日将其押解回石家庄。靳如超对其犯罪事实供认不讳。

4月2日各报又刊登了新华社石家庄4月1日电（记者江山、董智永）：《靳如超等四人被依法逮捕》，文中说：石家庄市人民检察院3月31日晚，以涉嫌爆炸和故意杀人罪将“3.16”爆炸案犯罪嫌疑人靳如超正式批捕。为靳如超提供炸药和雷管、导火索的王玉顺、郝风琴、胡晓洪也分别以涉嫌非法制造、买卖爆炸物罪被依法逮捕。至此，四名罪犯均已被捕，必将受到法律的严惩。

提示：从这一震惊中外的爆炸案发生时间奇门格局看，确实能提供一些与事实本身大致吻合的象、数、理思路，比如案犯为本地人，主犯为青壮年男性，有犯罪前科，精通爆炸技术，作案后逃往外地西南方向，案犯共四人左右，此案能破，可在十天或十六天侦破，等等。但是它的参考价值也仅在于此。它绝对不能代替公安人员实际的千辛万苦的侦破工作，它绝对测不出具体的案犯姓名、年龄、住址、逃亡地点等等。它只是一种摹拟预测，只能提供一个与事实大致吻合的思路，本身并不能侦破任何案件。

学习周易的人，一定要正确认识易学预测的机制和作用，它是一种思维科学，它的预测是一种哲学性的预测。任何夸大它的作用和价值的说法、想法，都与贬低、否认它的作用和价值的说法、想法一样的浅薄，一样的无知，一样的可笑。

第二章　日常百事预测评析

第一节　人体疾病预测

例一：江西省泰和县学员吕常文测例。

1996年9月23日酉时，即丙子年丁酉月癸亥日辛酉时，得知我厂工人刘照桂患鼻癌又住进医院，因此占其病吉凶。

阴4局，甲寅旬，值符天任星、值使生门，均落坎1宫。奇门格局如下：

<table>
<tr><td>武
景　壬
英　戊</td><td>虎
乙 死 庚
芮 壬</td><td>合
惊 丁
柱 庚</td></tr>
<tr><td>地
杜　戊
辅　己</td><td>

乙</td><td>阴
开 丙
心 丁</td></tr>
<tr><td>天
伤　己
冲　癸</td><td>符
生 癸
任 辛</td><td>蛇
休 辛
蓬 丙</td></tr>
</table>

断：

(1) 天芮星为病神，旺于月建，落离宫，正应头部；逢死门，上乘白虎，凶。乙+壬，死+庚均凶。

(2) 天心星和乙奇为医生，分别落兑宫和离宫，均不能克天芮落宫，故病无治。

(3) 日干癸为病人，落坎宫，虽临天任吉星、生门吉门、值符吉神，但逢空亡，年命不保。又癸+辛为网盖天牢，测病必死。

(4) 阴遁天芮星落离宫为内盘，主近主快。值符天任星克坎水，克逢克为应期，戊土克坎水近，当死于戊戌月。地盘甲午辛与坎宫子午相冲，冲者以合为应期，午未后，丁火生未土合力大，故当死于戊戌月丁未日。

实际：死于 1996 年 11 月 6 日，正应戊戌月丁未日。

张志春按：

从吕常文这则测例，我们起码可以得到三点启示：

(1) 癌症的标志：天芮病星与死门、六仪庚、凶神白虎聚在一起，多数情况下为癌症或其他绝症。天芮为九星中的病星，死门为八门中最凶之门，庚为六仪中最凶一干，白虎为八神中最凶之神。这四个最凶的符号聚到一起，自然表示病症最凶最危，是不治之症了。但不一定都是癌症。另外，其中三个符号聚在一起有时也是癌症。大家可以在实践中进一步验证。

(2) 断应期的方法。吕常文在这则实例中具体应用了我在答疑中讲的定应期的方法，不仅断出月份，而且断出具体日期，这一点既难能可贵，也说明他学习掌握得很好。其中定为未日，一者冲以合为应期，午未合；二者，未为日干癸水之墓。

(3) 这例并非别人求测，是吕常文得知本厂工人刘照桂又住进医院的消息后，他自己私下里预测的，所以以日干为用神代表刘照桂。这符合我讲的“以事发时间预测，多以日干为用神”的原则。吕常文另一例 1996 年 10 月 23 日申时他同事张学斌说他的同学因肝病住院而占其吉凶，也是这样取的用神。有的易友问，吕常文这二例为什么不以月干为用神，而取日干为用神？原因就在这里。

例二：大连市瓦房店学员刘文元测开颅手术。

1999 年 10 月 20 日 15 点 20 分左右，曾跟随我学习过四柱、六爻的学员王连明给我打来电话：“刘师傅，我今天住进医院了，裸眼视力由原来的 1.5 突然降到 0.1，经过详细检查，大夫们一致认为颅内长了肿瘤，压迫视神经，从而导致视力下降，明天由大连专家亲自会诊，确诊后将马上进行开颅手术。刘师傅，求您给我预测一下，我明天的手术能否顺利，我还能否继续活下去?”

说着说着他抽泣起来。尽管王连明已经是五十多岁的人了，但在这突如其来的打击下，仍然难以控制自己的情绪。

我安慰了几句，马上起局进行预测！

己卯年　甲戌月　乙巳日　甲申时

寒露下元阴遁3局　值符天蓬星在1宫，值使休门在1宫伏吟。

武 杜　乙 辅　乙	虎 景　辛 英　辛	合 死　己 芮　己
地 伤　戊 冲　戊	 丙	阴 惊　癸 柱　癸
天 生　壬 任　壬	符 休　庚 蓬　庚	蛇 开　丁 心　丁

分析：

测病以天芮星为疾病用神，天心星和乙奇代表医生、医药，日干代表求测人，同时兼看求测者年命落宫情况。王连明是戊子（1948）年出生的。看头部疾病，主要看一下离9宫的格局，还要看一下乾六宫的格局，最后还要参看一下值符落宫情况，因值符也代表头部。

（1）首先看天芮星落宫，今天芮星在坤2宫伏吟，与死门同宫，但甲申旬中午未空，天芮星与死门同宫时，常主肿瘤等疾病，今见空亡，说明脑内无肿瘤。又乙奇为医药，落巽4宫，克天芮星所落之坤2宫，假使有肿瘤，也会医好的。日干乙奇在巽宫，克天芮星落宫，无妨。

（2）次看离9宫，离宫在人体也代表头部，离宫天英星、景门伏吟，格局为辛+辛自刑，临白虎主头脑胀痛，英星、景门均属火，火为气态，无实体质量，故也可断头部无肿瘤。

（3）再看乾宫情况：乾宫天心星开门伏吟，格局丁+丁星奇入太阴吉格，上乘螣蛇，螣蛇主虚幻不实，也是没有肿瘤之象。

（4）最后看值符落宫：值符与天蓬星、休门同宫，格局为庚+庚战格。战格为凶格，庚为阻隔不通之象，蓬星、休门代表水、血液。值符宫直克代表头部的离9宫，水克火，离宫主眼目，故视力下降的根本原因在于头部有积水或积血，压迫视神经而导致视力下降。

（5）再看一下年命落宫情况：王连明是戊子年生人，年命戊落震三宫，临天冲星、伤门，格局戊+戊伏吟：凡事闭塞阻滞，静守为吉。再者戊落震宫，又形成六仪击刑之凶格，震宫主人肝脏，故病之根源在于上火，肝火上炎于头部，肝开窍于目，火攻目，导致头部视神经附近有积血压迫，视力下降，因戊所在之震3宫克天芮星落宫，故病可愈。

（6）开门代表手术，今开门在乾6宫伏吟不动，有不用手术之象，又开门宫不克天芮星落宫，所以手术是无用的。

经过以上逐条分析，我得出了结论，马上打出租车赶往医院。王连明见到我时，满脸泪水，充满了绝望的神情。

见此，我立刻对他进行安慰："老王请您放心，您脑子里根本就没有长肿瘤，也不需要开颅手术。明天大连来的专家会诊后您就明白了。依我看，您最近上了一股火，肝火攻入头部，头部可能会有些轻微积水或积血，压迫视神经，才导致视力下降，你不必担心，肯定不会做开颅手术的，您的视力也会逐渐恢复的，近期要保持心态平衡，不要上火，十天半月就会出院的。"

一席话，令几乎绝望了的王连明振作起来了，因以前他求我测过很多事情，几乎都很应验，所以今天我的断语，他是坚信的。甩掉了思想上的包袱，他平静下来，跟我聊起家常来，他最近因家庭一些事情，上了火，头脑胀痛了好多天，今天突然觉得视力下降了很多，这才去医院就诊。

当天晚上，王连明就像没病一样，照常看易经书，值班大夫都觉得他很奇怪：明天就要上手术台了，今天还这么轻松自在，真是少见，便不由自主地问他："你视力不好，不要再看书了，明天还得手术。"王连明笑着回答："我脑子里没长瘤，明天也不必做手术了。"大夫不信，反问他："大连专家还没有最后会诊，你怎么这么肯定脑子里没长瘤子呢？再说今天很多大夫都判断你脑子里有瘤子，压迫神经才导致视力下降的。”

王连明于是把我预测的过程讲给了大夫听，大夫听后觉得好笑：“这么多专业大夫都不敢把病症断得那么确切，你那刘师傅就敢断那么准？不怕出错？我不信八卦能算得那么神。”

第二天中午，大连来了几个专家，为王连明做了详细的会诊，诊断结果是：视神经局部淤血，压迫神经导致视力下降，颅内无肿瘤，无须手术。住一段时间医院，病情就会消失的。

从这事之后，医院好多大夫对易经有了新的认识。王连明学习易经的劲头也更足了。

例三：1997 年 7 月 20 日安徽省全椒县学员张应友在来信中，对两个类似的测病奇门格局断的结果却不同，提出疑问。这个问题很有代表性，值得大家一起研究探讨。

现将两个奇门格局列在下边：

A. 奇门学术论文之七、实例七测弟病：

1995 年 2 月 19 日上午 9 点多，某女求测其弟（1973 年癸丑年生人）身体状况。干支历为乙亥年戊寅月辛巳日癸巳时，阳遁 9 局，甲申旬，天芮星为值符、死门为值使均伏吟。

地 杜 壬 辅 壬	天 景 戊 英 戊	符 癸 死 庚 癸 芮 庚
武 伤 辛 冲 辛	 禽 乙	蛇 惊 丙 柱 丙
虎 生 乙 任 乙	合 休 己 蓬 己	阴 开 丁 心 丁

B. 答疑之四、某女测父病：

1996 年 7 月 27 日下午 4 点左右，某女求测其父（1921 年辛酉年生）病情。干支为丙子年乙未月乙丑日甲申时，阴遁 7 局，天禽星为值符落 2 宫，死门为值使，星、门俱伏吟。

阴 杜　辛 辅　辛	蛇 景　丙 英　丙	符 庚死癸 庚芮癸
合 伤　壬 冲　壬	 禽　庚	天 惊戊 柱戊
虎 生　乙 任　乙	武 休　丁 蓬　丁	地 开己 心己

张应友提出疑问：A、B 二例同为测病，病星天芮均在坤 2 宫，同临死门、值符，同空午、未，格局同为庚加庚、癸加癸、庚加癸、癸加庚，但为什么，A 例断为脑中枢神经系统病，造成瘫痪，人还活着；B 例断为食道或胃癌，近期必死，而且均已应验。我们在以后遇到类似的卦，是断癌症呢，还是断瘫痪？像 A、B 这样类似的卦，是否还有其他什么因素可以分辨出它们的区别呢？请张老师有时间，回信解答一下。

张志春按：

（1）病星天芮所临之干不同，阴遁、阳遁、内外不同：A 卦病星天芮临庚，且阳遁坤 2 宫为外盘，主体表，主肌肤，庚在外主筋骨；时干也代表病，A 卦时干为癸，癸在外盘，主体表，主神经系统；另外，断病还可看伤门，A 卦伤门临辛，辛也主筋骨，故断脑中枢神经系统疾患。B 卦病星天芮临癸，且阴遁坤 2 宫主内，主脾胃，癸为水道；时干庚也为病，在内主大肠，也主结节、肿块；伤门临壬，壬也主水道，据此，故 B 卦断为食道癌或胃癌。

（2）年龄大小不同，年命落宫不同：A 卦其弟 1995 年才二十三岁，年命癸落坤 2 宫虽为入墓之地，但逢空亡，又在外盘，主远主慢；二十三岁少男，还可看艮宫，艮宫临乙奇，乙奇为医生和药物，又临生门，故断他近期内还不致于有生命危险，不过瘫痪在床罢了。B 卦其父 1996 年已经七十五岁，年命辛落 4 宫为入墓之地，甲午辛加甲午辛为自刑；年命辛虽在外盘，但病神在内盘，主近主快；又老父可看乾宫，乾宫内己加己为地户逢鬼凶格，测病发凶或必死，故断其父必死无疑。

(3) 月令不同，病星落宫旺相休囚不同：A 卦月令为寅月，病星坤宫处死地，病神被制，故不至于死；B 卦月令为未月，病星坤宫当令最旺，故发凶必死。

例四：江西省泰和县学员吕常文测动物疾病二例。

A. 1998 年 6 月 16 日 9 点 15 分，我看到自家所养的一只母鸡的白痢病很重，于是用奇门测一下这只鸡的病能治好否？

戊寅年戊午月甲午日己巳时，阳 6 局，甲子旬，天心星值符落兑 7 宫，开门值使落 2 宫。

武 死　辛 英　丙	地 乙 惊 癸 芮 辛	天 开 己 柱 癸
虎 景　丙 辅　丁	 乙	符 休 戊 心 己
合 杜　丁 冲　庚	阴 伤 庚 任 壬	蛇 生　壬 逢　戊

分析：

(1) 天芮星为病神，落离宫。癸+辛，为网盖天牢，测病死罪难逃，大凶。乙+辛龙逃走，凶。

(2) 日干甲午辛为病鸡，落巽宫，为死墓之地，又逢死门，大凶。辛+丙，测病不愈。

(3) 天心星和乙奇为医生和药物，分别落兑宫、离宫，均不克病星落宫，病无治。

(4) 综上所述分析，病无治，必死。因日干辛处死墓之地，又死于月令午火，根据死墓绝应期，金怕火克，必死于火日火时，今正逢甲午日，故判死于当日巳时或午时。

当测完后，已经10点零5分，巳时未过，去看鸡时，鸡已死去。

B. 1998年6月21日7点45分，我见所养一只公鸡有病态（白痢），于是又起局测其病能治好否？

戊寅年戊午月己亥日戊辰时，阳3局，甲子旬，值符天冲星落震宫，值使伤门落兑宫。

<table>
<tr><td>蛇
开　己
辅　己</td><td>阴
休　丁
英　丁</td><td>合
庚 生 乙
庚 芮 乙</td></tr>
<tr><td>符
惊　戊
冲　戊</td><td>

庚</td><td>虎
伤 壬
柱 壬</td></tr>
<tr><td>天
死　癸
任　癸</td><td>地
景　丙
蓬　丙</td><td>武
杜 辛
心 辛</td></tr>
</table>

分析：

(1) 天芮星为病神，落坤宫。生门+死门，病难救。

(2) 天心星和乙奇为医生和药物，分别落乾宫和坤宫，均不克天芮星落宫，病无治。

(3) 日干己为病鸡，落巽宫为旺地，又得月令午火之生，旺极。物极必反，故必死。

(4) 综上述，病无治，必死。因开门落巽宫为门迫，又反吟，故死速。日干己土旺极，必死于长生之地，火土同源，应死于寅日寅时，又时比日速，故判死于次日（庚子日）寅时，即1998年6月22日寅时，此为长生旺相应期。

结果：1998年6月22日早4点45分（寅时），听到鸡挣扎之叫声，即起床看时，鸡已死去。

吕常文同志在寄给张志春老师的信中说："今寄上奇门预测动物病死应

验两例。这两例预测，我不相信应验，但却神奇地应验了。因为鸡病死，一般都要拖延几天时间，特别是那只公鸡，早上还跟别的鸡打架，傍晚还走动有力，然而到时却死去了。”

张志春按：

吕常文同志测动物病死这两例，向我们说明，奇门不仅能测人体的疾病生死，也能测动物的疾病生死。事实上，奇门不仅能测动物的疾病生死，也能测无机物的疾病生死，例如用于预测汽车的毛病、故障，准确率就相当高。

吕常文这二例测鸡的疾病生死，均以日干为用神，代表病鸡，而不是以时干为用神，这一点与奇门传统用法不同，值得读者借鉴。如果，用时干为用神，代表病鸡，结果也是一样的。

再者，吕常文灵活运用断应期的原则和方法，也值得读者借鉴。特别是第二例，用旺极必反，必死于长生之时，来判断公鸡的死期，对我们理解阴阳旺衰的相对性、互相转化性，很有帮助。

第二节　恋爱婚姻预测

例一：儿子婚姻何时成？

张志春邻居家有一个儿子，由于忙于事业，到1998年都三十一岁了还没有对象，其母王大妈十分焦急。1998年10月初好不容易谈了一个对象，她儿子似乎还并不十分积极。

1998年11月9日晚上9点22分，王大妈找到张志春，歉意地说：“张老师，您看俺家经常好麻烦您，真是不好意思。儿子这么大了，不能成家，这是俺的一块心病。最近谈了一个对象，有一个多月了，前些日子来过一趟家里，俺看那女孩子挺好的，今年二十八岁了，属狗的，比俺那儿子小三岁，年龄上正合适，也早是大龄女青年了。俺全家人见过后，都挺满意。可是跟俺那小子提结婚的事，他却说不着急。哎！真把俺急死了！啥时候不领了这结婚证，媳妇不娶到家里，俺连觉都睡不着啊！记得去年俺找您预测，您说 1998 年能成。这不，今儿个都阳历 11 月 9 日了，到现在儿子的婚姻大事还没个准儿，真让老人操心呀！张老师，您费费神，再给俺看看。”

张志春十分体谅王大妈的心情，马上起局预测：

戊寅年癸亥月庚申日丁亥时，阴 3 局，甲申旬，天蓬星为值符落 6 宫，休门为值使落 7 宫。

虎 死　辛 英　乙	合 丙 惊 己 芮 辛	阴 开 癸 柱 己
武 景　乙 辅　戊	 丙	蛇 休 丁 心 癸
地 杜　戊 冲　壬	天 伤 壬 任 庚	符 生 庚 蓬 丁

张志春看了看格局说：

“王大妈，这回您老放心吧！虽然您儿子不是太积极，但这次婚姻准能成。您这位未来的儿媳妇，人长得漂亮，性格上有男子气概，是做生意的吧？”

王大妈一听“能成”二字，立刻眉开眼笑，忙道：“您测得对。这个女孩子确实长得不错，说话办事又大大方方。她是搞美容美发的，自己开个店，没点能力哪成？”

张志春说：“这次恋爱会发展很快，你们当老人的再催催他们，你们主动见见这位女孩子的家长，双方老人合起来一使劲，这事就定了。春节前争取让我喝上你们的喜酒。”

下边分析一下判断的依据：

(1) 庚为男，乙为女，庚落乾 6 宫虽克乙落震 3 宫，但地支卯戌相合，能成之象。又日干庚落乾 6 宫，时干丁落兑 7 宫，日、时比和，也是能成之象。

(2) 王大妈儿子年命丁未 (1967年生), 对象年命庚戌 (1970年生), 虽然地支未、戌半刑 (世界上没有完全理想、美满的婚姻), 但丁、庚落宫比和, 又临休门、生门二吉门, 乾宫庚下又临丁, 婚姻必成之象。又年干为父母, 落艮八宫, 既生丁宫, 又生庚宫, 双方父母必然满意赞成。

(3) 日、时均落内盘, 主快; 时支为亥, 年支为寅, 寅、亥相合, 年内成婚之象。又六合为婚姻, 落离9宫逢空亡, 甲申旬中午、未空, 子月丑月冲实, 必然成婚。

结果后来得知: 王大妈的儿子与对象在双方家长催促下发展很快, 12月16日 (甲子月丁酉日) 领了结婚证, 1999年1月17日 (戊寅年丑月己巳日, 马星冲动日干宫之日) 举行了隆重的婚礼。

例二: 石建国为人预测婚姻家庭。

1997年2月23日下午2点, 鹿泉市一位妇女带着女儿找到石建国, 求测女儿的家庭状况。

丁丑年壬寅月丙申日乙未时。

阳九局, 甲午旬, 天冲星值符落八宫, 伤门值使落四宫。

女儿戊申年 (1968年) 生人, 其丈夫甲辰年 (1964年) 生人。

阴 伤 戊 英 壬	合 癸杜 庚 禽芮 戊	虎 景 丙 柱 庚
蛇 生 壬 辅 辛	 癸	武 死 丁 心 丙
符 休 辛 冲 乙	天 升 乙 任 己	地 惊 己 蓬 丁

分析:

(1) 其丈夫在部队工作。

预测婚姻乙庚为夫妻, 庚为男方乙为女方。今庚落离宫临杜门, 杜门为部队必然是在部队工作。

(2) 夫妻关系不好。

乙庚主夫妻，庚落离宫、乙落坎宫，互相冲克关系必然不好。

(3) 1997 年婚姻不顺，全年口舌是非，腊月婚变。

女方年命戊落巽宫，戊+壬青龙入天牢，凡阴阳事皆不利，伤+杜主变动失脱，官司桎梏，百事凶。同时又克丁丑年地支太岁宫，必主凶。

男方年命壬落震宫，壬+辛为螣蛇相缠，纵得吉门亦不安宁。同时也克丁丑年地支太岁宫，故也主凶。

六合主婚姻落离宫，克 1997 年年干落宫，腊月为丑月，二人年命及六合婚姻三方同冲克太岁，腊月为地支太岁月，所以断腊月必然发生打架事件。从以上三个方面分析，1997 年腊月必有婚变。

(4) 1998 年正月离婚。

六合主婚姻落离宫，庚+戊为伏宫格，百事不可谋，大凶之格，逢杜门为杜塞不通，又遇天芮病星，说明二人没有感情，婚姻基础不好。1998 年为戊寅年，地支太岁在艮宫，二人年命同克地支太岁，正月为寅月，为太岁月，太岁在旺地，冲克太岁必有灾。所以断 1998 年正月离婚。

结果：1998 年 6 月 4 日晚上，其母亲找到石建国家里说："你 1997 年 2 月断的卦完全应验了。1997 年女儿的家庭经常吵架闹矛盾，腊月间他们夫妻大打了一场，把我女儿打得遍体鳞伤，女儿在娘家过完 1998 年春节，正月就在鹿泉市法院办理了离婚手续。"

例三：石建国为人预测找对象。

1998 年 6 月 4 日晚上 9 点 30 分，一对老夫妻找到石建国说："你给我女儿测的婚姻家庭都对了，他们离婚了。现在有人给女儿介绍了两个对象，请你预测一下哪个能谈成？"

女儿年命戊申（1968 年），第一个对象年命丙午（1966 年），第二个对象年命乙巳（1965 年）。戊寅年丁巳月壬午日辛亥时。

阳五局，甲辰旬，天英星值符落八宫，景门值使落七宫。

阴 生 庚 柱 乙	合 伤 己 心 壬	虎 杜 癸 蓬 丁
蛇 戊 休 丁 禽 芮 丙	戊	武 景 辛 任 庚
符 开 壬 英 辛	天 惊 乙 辅 癸	地 死 丙 冲 己

分析：

A．两个对象都谈不成。

（1）女儿年命戊落震三宫，第一个对象年命丙落乾六宫，与戊相克，谈不成。而且丙落乾宫为入墓，临死门，逢九地，都是不动之象，谈不成。六合主婚姻落离宫克丙落乾宫，故谈不成。

（2）第二个对象年命乙奇落坎宫，与六合婚姻落宫相冲克，也谈不成。

（3）女儿年命戊落震宫，为六仪击刑，上乘螣蛇为事务缠身，又逢空亡，心里麻烦，拿不定主意，又临天芮病星，同时戊落震三宫克地支太岁（1998 年戊寅年地支太岁在艮宫），故断 1998 年一年对象谈不成。

（4）六合主婚姻落离宫，己+壬为地网高张，狡童佚女，奸情杀伤凶，又逢伤门。虽然太岁戊落震宫生六合婚姻，但空亡、六仪击刑又不能生，故 1998 年对象谈不成。

B. 1999 年对象能谈成。

1999 年为己卯年，天盘太岁己与六合婚姻同落离宫，地支太岁在震宫，生六合婚姻落宫。故 1999 年能谈成对象并结婚。

结果：1999 年夏天，其父亲告诉石建国：那两个对象都没谈成。1999 年春天谈了一个对象，他们现在结婚了。

例四：山东省文登市学员王夕强测婚姻例。

1999 年 6 月 27 日下午 5 点多，一位未婚女青年来找王夕强预测恋爱婚姻，王夕强即按问时起局：

己卯年庚午月庚戌日乙酉时，阴9局，甲申旬，值符天柱星落1宫，值使惊门落6宫。女青年年命乙卯（1975年）。

武 伤 己 任 癸	虎 杜 丁 冲 戊	合 景 癸 辅 丙
地 生 乙 蓬 丁	 壬	阴 死 戊 英 庚
天 休 辛 心 己	符 开 庚 柱 乙	蛇 壬 惊 丙 芮 辛

起好局后，经过分析，王夕强对小姐说：

“你前不久和男朋友分手了（男的不要你），现在又交上男友，而且男的主动追你，二人关系已超过友谊，你对男友也有好感。但你心里现在还不落实，故特来求测。同时，你现在的工作不如意，心情不安稳，是来看看何时能再找一份工作。对不对？”

该小姐说：“你说得都对。什么时候有工作呢？”

王夕强说：“待到农历七月（申月）方可。”

王夕强又说：“你今年春天或去年秋天有过失财之象。”

该小姐惊奇地说：“太对了！我在宿舍丢了六百元钱。”

最后，王夕强又对她说了一些注意事项，该小姐满意而去。

分析：

(1) 日干庚为求测之人，落坎1宫为绝地，临开门，庚+乙退吉进凶，谋为不利。因此断，心不安稳，工作不如意。

(2) 丙为以前男朋友，生日干宫，但克女年命震3宫，所以分手了。与日干庚相合者为乙，与日干同宫（庚下临乙），所以断已有男友，而且关系不一般。女年命乙在3宫，庚为男友在1宫生3宫，所以断男的追女的。因为二宫相生，所以断女方对男方也有好感。

(3) 为何断工作不如意，想动呢？因日干庚落宫休囚，庚+乙太白逢星，退吉进凶，谋为不利，又临天柱凶星。

(4) 为何说申月方可呢？因日干宫现在休囚，申月是坎水之长生、日干庚金之禄地，因此有好转。

(5) 为何断今春或去年秋天失过财呢？因为女年命乙落3宫，生门吉门受制，又临天蓬凶星，兑七宫戊+庚为飞宫格，又临死门凶门。

例五：山东省文登市学员王夕强为人测家运。

1999年7月8日上午10点左右，一位中年妇女找到王夕强求测，但又不说测什么事。王夕强说："事有万千，不愿细说，总得说个大体方面吧。"

这位妇女说："那就测一下我的家运吧。"

王夕强当时想：家运范围可不小，但既然测家庭，肯定婚姻上有问题。

于是按问时起局：

己卯年辛未月辛酉日癸巳时，阴5局，甲申旬。值符天冲星落9宫，值使伤门在3宫伏吟。

蛇 杜 丁 任 己	符 景 庚 冲 癸	天 死 己 辅 辛
阴 伤 壬 蓬 庚	 戊	地 惊 癸 英 丙
合 生 乙 心 丁	虎 休 丙 柱 壬	武 戊 开 辛 芮 乙

王夕强一边分析，一边说：

(1) 日干辛为求测之人，落乾6宫，辛+乙虎猖狂，家破人亡，测婚主离散。

于是说："如我没说错，你现在已经离婚了。不知对不对？"

这位妇女说："您接着说。"

(2) 乾宫地支为戌、亥，辛下临乙，逢开门为法官。

据此，王夕强说："如离婚，应是在1995年（乙亥）离的婚。"

妇女说："对，真对！已经离婚四年了。"

(3) 乾宫还有戊+乙青龙合会，门吉事吉；又乙为女在8宫，庚为男在9宫，二宫相生，男的主动追求女的。

于是，王夕强又说："你现在不是复婚，就是又有男朋友了，不知合好否？"

妇女说："对！离婚四年了，他今年又多次找我要求复婚。我没有主意，所以特地来看看，与他是不是能合得来？以后会不会再离？"

(4) 日干辛为求测人，丙辛合，丙为其丈夫，在坎1宫，临天柱凶星，上乘白虎，说明此人比较厉害。但辛宫生丙宫，该妇女也有心复婚。又乙为女，庚为男，庚在9宫逢空，丙在坎宫也为休囚，又逢日空，只有到申月以后金来生水，特别是到亥、子月乾、坎二宫当令，开、休二门旺相之时，才是复婚的最佳时机。

据此，王夕强说："你们毕竟夫妻一场，你是最了解他的。虽然你也想复婚，但暂时还不行，最好等农历十月、十一月，那时才是良好的合婚之期。"

妇女说："那好，我再考验他一段时间。另外，你再看看我今年的财运怎样？"

(5) 日干辛临开门，又与甲子戊同宫，但辛+乙虎猖狂凶格，又上乘玄武破财之神；生门为利润、在艮8宫伏吟，虽生甲子戊和日干宫，但逢日干空亡。

王夕强说："从局上看，你是开店做生意的，但买卖不好做，没有挣到什么钱。特别是从4月份到现在，生意更不好，不知对不对？"

妇女说："是的！我是开门市的，但今年生意确实不好，这两个月连本都保不住。不知何时能好转？"

(6) 开、休、生三吉门位于乾、坎、艮宫，当令旺时会好转。现在八门伏吟，宜静不宜动。

王夕强说："你现在应该静守，不可妄动，更不能随便投资，扩大生意规模，大约到立冬以后，生意就会逐步好转，到年底（生门宫填实，生甲子戊和日干宫）还会取得较好效益。"

最后，王夕强又讲了一些应注意的事项，这位性格开朗、事业型的妇女满意而去。

张志春按：

王夕强同志是新参加奇门函授班的学员，刚刚自学了二个多月，就取得了很大进步。正如他在信中所说："通过两个多月的奇门函授学习，我提高很快，能熟练起局，起局后入门断事。特别是用八卦断事不明显时，用奇门参断，事情的成败尽显眼底。实践证明，奇门预测的准确性高，一局多断，特别是方位断事，更加准确。"

例六：测同性恋。

自古至今，社会上一直流传着一句话，这就是"学会奇门遁，来人不用问"。我认为，这是一句夸张性的语言，是一句神化奇门预测术的语言，绝不是一句科学性的语言。奇门遁甲这种时空象数理模型，反映的信息比较客观、立体、全面，经过验证，已经得到证实。但是求测之人不开口，你就能把他要问的什么事都测出来，这是不完全可能的。例如我举的一个例子，一个奇门局时辰内，先后有三个省的三个人问测不同事情，你怎么能够在对方不开口的情况，就能准确地知道他求测什么事情呢？奇门也好，其他预测术也好，之所以有一些人能够相对地测准一些来意，一是求测人来到预测师当面，有经验的预测师凭求测人年龄、长相、服饰、动作、表情等等，已经大致猜出他（她）的来意，如青年男女测婚姻或测考学，中年人测事业、测工作、求财，老年人测身体疾病或问儿女婚事等；二是将对来意的猜测观察，再结合奇门局或八卦上反映出的最明显的"反常"信息加以对照分析；三是再向求测人套一些话，进一步缩小范围，等等。经过这样一番察言、观色、分析、猜测，有时能说得比较准，令求测人感到很惊讶。

但是，我是不赞成测来意的。测来意，一者绝对不能都测准，二者只能宣扬神秘主义，不利于破除“迷信”，不利于一般群众对易学特别是应用易学的正确认识。所以，我是不测来意的。

然而，有个别人非逼着你测来意不行。下面举一个有趣的例子。

2000 年 8 月 26 日晚 12 点左右，某大城市有一位男性青年给我写信，他说读了《神奇之门》一书之后，实在忍不住，不得不写信求您帮忙：我心里有事，不知要熬到什么时候，三年来无止境的痛苦、无止境的黑暗、无声的饮泣，全是由它引起。请您测测我心里是什么事？什么时候才能了结？我该怎么办？他在信中还提供他的出生时间：1978 年农历九月十五日酉时。

我本来一向是不测来意的。为了研究起见，这次试试吧。于是按他写信时间和出生时间起了两个奇门局（出生时间局在此省略）。

2000 年 8 月 26 日夜 12 点，应为 27 日子时，即庚辰年甲申月丁巳日庚子时，阴 4 局，甲午旬，天蓬星值符落 2 宫，休门值使落 4 宫。

阴 休 丁 柱 戊	蛇 生 丙 心 壬	符 伤 辛 乙 蓬 庚
合 乙 开 庚 芮 己	 乙	天 杜 癸 任 丁
虎 惊 壬 英 癸	武 死 戊 辅 辛	地 景 己 冲 丙

分析：

测来意无非从日干、时干、值使门和空亡、马星等几个角度所提供的信息来判断。

（1）日干丁落巽 4 宫为帝旺，丁+戊青龙转光吉格，但天柱凶星克宫不吉，不过，天盘丁奇、门盘休门、神盘太阴组成人遁吉格，利于伏藏、求贤、婚姻、交易等。休门为值使门。但甲午旬中辰、巳空，巽 4 宫逢空，日干的吉事处于空亡状态。上乘太阴，必是隐私和合之事。

（2）时干主事体，时干庚落震 3 宫为胎地，表明事体尚在孕育状态，没有成功。庚+己为官符刑格，主有官司口舌，因官讼被判刑，住牢狱更凶。现在这位青年给我写信求测心灵上的痛苦，显然并非官讼牢狱之苦，而是心灵上的熬煎，像坐牢狱一般。庚临天芮星，天芮星主病、主贪毒，表明他必是因贪图什么而弄出的心理毛病。庚与乙同宫，乙庚是代表青年婚姻恋爱的符号，上乘六合也是婚恋和合的符号。天盘乙奇、门盘开门，地盘六己，又组成地遁吉格，宜安营扎寨，埋伏截击等。

(3) 申子辰马星在寅。寅所在艮 8 宫，恰有日干丁相合之干壬，丁壬合为淫荡之合。日干丁宫克壬宫，这位青年追求对方，但壬宫逢马星，人家走了；而且日干宫逢空亡，申月金旺木死，这位青年又无力追求人家。

(4) 年命戊在坎宫，上乘玄武，也主此人生性风流，现在有暧昧之事。

综合以上分析，结合其出生奇门局中日干恰为玉女守门格等信息，我给他回信说：

你日坐桃花，肾水太旺，十八至二十二岁这五年又走桃花煞运。大约在 1996 年底或 1997 年，你遇到一位理想中的女性，但又得不到她，心中日思夜想，堕入单相思。从此，不能自拔。你目前被这件事所困扰。其实，追求异性，这是成年男女很正常的心理。天下好女人多的是，不要老钟情于一个人。往往是越追求越得不到的，越把她想像得十分完美。一旦追求到手，你就知道，她绝不会像你想像得那么完美，她也会有许多缺点、不足，甚至让人不能容忍的恶习或劣迹。总之，世界上没有完美的东西，更没有完美的人，一定要打破这种幻想。

你采取离开老家，到外地打工的方式是对的，时间和距离会使你逐渐消磨掉对她的好感，淡化对她的印象。同时，你应该多参加集体活动，努力去结交新的朋友，特别是新的异性朋友。这样，大约到明年立夏以后（巽 4 宫填实之时）即 5 月 6 日以后，就会逐步从这种困扰状态中解脱出来。

信发出后不久，我接到这位青年的回信。他说：我今年二十二岁，你说我“肾水太旺”，极为正确。但我实在想不起，我曾遇到过哪位女子，且能痴迷如此。所谓得不到的东西未必是好的，这一段写得极好……但总的来看，准确度应该说是极低的，所测与所问大相径庭。为方便您预测，我明确内容：我有心理障碍。请问是何事？何时解脱？

我本来一向是不测来意的。这次为研究，偶尔测一次吧，得到的评价是“准确度极低”、“大相径庭”。于是我给这位青年写信，表明我一向不测来意的主张和理由，要求他讲清具体求测什么事情，不要再同我“打哑谜”。

2000年9月21日23点45分，这位青年又给我写信，讲清了他的具体情况，他说，我从小性格孤僻、倔强、害羞、冷漠，不招人喜欢。其实，我的内心完全是活泼的、热情的。初中毕业后，我刚十六岁，就顶替父亲上了班，一干就是三年。1997年，一场灾难就像一阵温柔的风，飘飘忽忽，撞上了我。我觉得万分羞耻。那年，我所在的学校分配来了一个教师，他英俊、洒脱、聪明。从一开始我们就成了朋友。不幸的是，我发觉，我爱上了他。您明白吗？一个男人爱上了另一个男人。我从此焦虑不安，坐卧不宁，不敢见人，见人就脸红。原本腼腆的我，就变得更加怪异了。天哪，我该怎么办？那年冬天，我被迫与家人吵着闹着，离开了那所学校，离开了家乡，到这座大城市来学习、来打工。到这里之后，我找了大大小小许多医院，找心理医生治疗都不见效。我整天处于极度紧张、焦虑之中，在任何一个地方、任何一个时间，在红男绿女的欢歌笑语之中，我都会流下眼泪。我永远无法正视自己：我居然是个同性恋。张老师，我该怎样树立自信，恢复自我，我什么时候才能摆脱这种痛苦呢？

我又将他这次写信的时间，9月21日23点45分，即22日子时的奇门局（庚辰、乙酉、癸未、壬子，阴9局，甲辰旬，具体格局略）列出来，分析了一番：日干天网四张，上乘太阴；时干蛇入地罗，外人缠绕，内事索索；值使死门临午午自刑；九星伏吟，九星主先天，伏吟主痛苦，自然是由先天素质引起的痛苦；等信息，与以前所测基本一致。

我回信说：造成你心理障碍，精神痛苦的原因，正如我上封信所写，只不过你恋的不是异性，而是同性罢了。你在内心素质上具有许多女性的特征，所以才会对男性感兴趣。其实，同性恋很正常，在西方社会被广泛承认、尊重（张志春注：近日见报载，荷兰从2001年4月1日起，在法律上正式允许同性恋者登记结婚，组成家庭，与异性婚姻一视同仁），在中国也有这种现象，只是目前尚不被公众认可罢了。人的教育水平越高，对这种同性恋越能理解。因此，你大可不必为此烦恼，感到羞耻，这对你来讲，属于一种正常的生理现象。你应该逐步改变自我，变封闭的我为开放的我，多与异性交朋友，这样就会逐步正常起来的。

第三节　求学考试预测

例一：父亲望子成龙，儿子三考大学。

1999 年 7 月 17 日上午 11 点多，省纺织研究所潘副所长找到张志春家里，说他儿子（1978 年戊午年生）今年第三次考大学，请张会长给预测一下儿子考的成绩如何？报考什么学校比较合适？

张志春说："今年不是公布分数以后再报志愿吗？到时从实际出发就行了，还用预测干什么？"

潘所长说："看《神奇之门》一书中您给老戴儿子考大学预测得很准，我特地来找您给指导指导，事关孩子将来的前途啊！"

张志春无奈，只得起局预测。他一边看局，一边说："你儿子学习成绩可以，连考三年大学，其阻力主要就在你当父亲的头上，对不对？"

潘所长笑起来："您说得真准！阻力就在我这里。望子成龙嘛！头一年他考得成绩不好，只够上中专，我没让他上；第二年考得又不太好，只能上农大等一般院校，我又没让他上；今年是第三次高考，据他估分，恐怕也达不到重点分数线，今年不能再阻挡他了，但也得选择一个比较理想的学校和专业才行。"

张志春说："你对孩子要求太严，你光想让儿子继承你的传统，将来搞技术工作，但你儿子不太喜欢纯技术性的工作，他活动能力、社交能力比较强，性格又随和，将来适合搞行政管理方面的工作，做生意也是一把好手。"

潘所长又一次笑起来："你讲的真是一点不差。我这儿子虽然年纪不大，社交能力、办事能力确实比较突出，与老师、同学、上下左右关系搞得都挺好。要不是脾气随和，他也不会乖乖听我的，连考三年大学。”

张志春说：“你儿子今年机遇不错，考试成绩应当在五百四十分左右，可以报考西边或北边的学校，当然东南方向有合适的学校更好。你就根据他的特长，尊重他的意见，选择适合他将来发展的专业吧！”

8 月 18 日潘所长打来电话，告诉张会长：其子潘辉今年考了五百四十分，经反复磋商，选择了适合他的专业，现在已被河北工业大学工商管理专业（该校校址在天津，位于石家庄东北方向）录取。

现在看一下 7 月 17 日上午 11 点多的奇门格局：

己卯年辛未月庚午日壬午时，阴 2 局，甲戌旬（空申、酉），天蓬星值符落 7 宫，休门值使落 4 宫。

合 丁 休 戊 芮 丙	阴 生 壬 柱 庚	蛇 伤 癸 心 戊
虎 开 庚 英 乙	 丁	符 杜 己 蓬 壬
武 惊 丙 辅 辛	地 死 乙 冲 己	天 景 辛 任 癸

判断依据：

（1）为什么说儿子三考大学阻力在父亲？

时干壬为儿子，落离 9 宫，壬下临庚，庚为阻隔之神，庚为日干，为求测人，为潘所长。先天离卦为三数，所以由于其父阻挡，儿子连考三年大学。

（2）为什么说他儿子不喜欢纯技术性的工作，社交、行政能力较强？

时干壬所在 9 宫，克杜门所在 7 宫和景门所在 6 宫，杜门多主技术性工作，又临年干己、年干为其父，景门主理工科、技术性工作。

时干壬临生门，生门在 9 宫又受生、旺相，故断其子喜欢做生意；又年命戊落 4 宫为临官禄地，临休门生宫，休门主社交能力、行政能力，上乘六合，主脾气随和。

所以断他儿子适合搞行政管理方面的工作。

(3) 考试成绩及报考学校方向是如何断的?

儿子年命戊在4宫，为临官禄地，戊+丙又为龙回首吉格，所以说他儿子今年机遇好。丁奇为考生文章，落巽4宫为帝旺，先天巽卦为5数，故断考得五百四十分左右。年干为录取学校，天盘年干己落兑7宫为西方，被日干壬克之，但逢空亡，未录取；地盘年干己在坎1宫为北方，生年命所在4宫，但冲克时干壬宫，故也未录取。年命戊下临丙为龙回首大吉之格，天盘丙正在东北方向艮8宫，年命宫克之，时干宫生之，故最后被东北方向位于天津的河北工业大学录取。这一点当时看得不仔细，判断得不够准确。

例二：独生女考大学，情系母亲心。

1999年7月2日，一年一度的全国统一高考前夕，上午10点30分，省出版工作者协会的王亚萍女士给张志春打电话，说她女儿（1981年辛酉年生）今年高考，准备报考美术专业，专业课已经通过，现在要参加全国统一的文化课考试，当父母的十分焦心，不知女儿能否通过文化课的考试，请张老师用奇门给预测一下，以便家长心里有个底儿。

张志春立即按接电话时间起局：

己卯年庚午月乙卯日辛巳时，阴3局，甲戌旬，天芮星为值符落9宫，死门为值使落4宫。

<table>
<tr><td>蛇
死　辛
英　乙</td><td>符
丙 惊 己
芮 辛</td><td>天
开 癸
柱 己</td></tr>
<tr><td>阴
景　乙
辅　戊</td><td>

丙</td><td>地
休 丁
心 癸</td></tr>
<tr><td>合
杜　戊
冲　壬</td><td>虎
伤 壬
任 庚</td><td>武
生 庚
蓬 丁</td></tr>
</table>

张志春看着奇门格局，在电话中对王亚萍说："你女儿现在临考状态不佳，精神压力太大，你们做家长的，首先应该让她放松，心态一定要平稳。"

王亚萍说："家长没有给她施加压力呀！张老师，您看她能考多少分呀？"

张志春说："考试成绩不会理想，也就是三百五十分左右吧。"

王亚萍兴奋起来："哎呀！如果能像您说的，考这么多分，家长就放心了。往年文化课的分数线都是二百九十分左右，我们还担心她上不了分数线呢！"

张志春说："这点我不清楚。我只听说往年高考录取分数线一般都在五百分左右，理科一般在五百多分，文科一般在四百八十至四百九十分左右。"

王亚萍又问："您看我女儿能考上哪个方向的学校？"

张志春说："本地，也就是石家庄南边的学校吧。"

王亚萍说："那就是师大美术系了。只要能考上，我就放心了。"

后来，听王亚萍说，她女儿到7月6日即考试头一天晚上，突然哭起来，说什么也不参加考试了，而且向家长表态："我明年一定好好给你们考。"问她原因，才知道，她自己安排的复习计划没有完成，明天高考呀，还有两门功课没有复习完，所以心里非常紧张。

王亚萍由于听了张志春的预测，心里有了底儿，就耐心给女儿做工作，动员她一定要放松精神，参加明天的高考。父母俩做了一晚上思想工作，女儿才平静下来，答应明天按时参加高考。

结果，考了三百四十二分，跟张志春预测的只差八分，一家人都高兴坏了。由于超过了分数线，最后被河北大学美术系顺利录取。

王亚萍对张志春说："您当时说我女儿精神压力太大，我还不相信。您说她能考三百五十分左右，我也不相信。结果都应验了。奇门遁甲预测还真准！"

实际上，不可能都准。最后录取学校的方向就没测准。河北大学位于保定，在石家庄北边一百多公里。

现在看一下判断的依据：

(1) 时干辛为其女儿，同时也是她女儿的年命。辛落4宫为入墓，又临死门，上乘螣蛇缠绕，所以断她女儿精神压力大。

(2) 天辅星为考试院、景门为试卷，均在3宫，与时干宫比和；值符为主考官、年干己为录取学校，均在9宫，与时干宫相生，所以断能考上大学。

(3) 丁奇为考生文章，落7宫，丁+癸雀投江凶格，故断考试成绩不理想；7宫主7数，今逢空亡，空亡则减半，故断考三百五十分左右。

(4) 年干为录取学校，年干己在离9宫，为南方，阴遁为内盘，故断为本地南边的大学。但这一点与实际不符，最后被外盘坎宫即石家庄北边一百多公里的保定河北大学录取。坎宫之水，生巽4宫之木也。

例三：内蒙古凉城县任宏锦测邻居两个女儿能否考上大学。

邻居张瑞林两个女儿，大女儿1978年（戊午年）生人，二女儿1981年（辛酉年）生人，今年都参加高考，夫妇俩都盼女成凤。尤其是张瑞林妻子苏恩，心情更为迫切。7月9号高考刚结束，11号上午，苏恩就跑到大街卦摊上，花费四元钱，请一算卦老汉给算了一下，告知两女都能考上。苏恩喜不自禁，兴冲冲地来到我家，告知这一喜讯，并让我给再起局验证一下，因为她知道我也在学习、研究周易。当时我正在吃午饭，放下饭碗，就按此问测时间起奇门局为她预测。

2000年7月11号午时，庚辰年癸未月庚午日壬午时（申、酉空），阴2局，甲戌旬，值符天蓬星落兑7宫，值使休门落坤2宫。

合 丁 惊 戊 禽 芮 丙	阴 开 壬 柱 庚	蛇 休 癸 心 戊 丁
虎 死 庚 英 乙	 丁	符 生 己 蓬 壬
武 景 丙 辅 辛	地 杜 乙 冲 己	天 伤 辛 任 癸

分析：

(1) 大女儿年命戊落巽4宫，未月土旺木囚；又临天芮凶星，惊门凶门，惊门又克宫，凶门克宫事更凶；又受值符（监考官）落宫所克；和天辅星（考试院）、景门（试卷）落宫也相克；和年干庚（录取院校）落宫比和。

据此而断，大女儿考不上，有可能花钱上自费大学，因为戊为年命，又为钱财，和年干庚（录取学校）比和。

(2) 二女儿年命辛落乾6宫，未月土旺金相；又乘天任吉星；九天吉神；虽临伤门凶门，但凶门被克凶不起；又受天辅星（考试院）、景门（试卷）落宫所生；又和值符（监考官）比和；又克年干庚（录取院校）落宫。

据此而断，二女儿有把握考上大学。

我把预测结果如实告知了苏恩。为了不扫她的兴，我又对她说："但愿我测得不准，街头老汉的卦能应验。"

结果：果如我所测，大女儿高考落榜，花费四千多元，自费上了西安电子科技大学计算机信息网络管理系。二女儿被内蒙古工业大学建筑装潢系正式录取。

第四节　工作就业预测

例一：张志春为人测工作调动例。

1996年5月14日下午4点多钟，河北省某出版社负责人找张志春问其妻工作调动事，因夫妻俩在同一出版社工作不方便，为落实干部回避制度，拟将其妻调往外社，问能成否？

张志春即按干支历起局：丙子年癸巳月辛亥日丙申时，阳5局（当时按置闰法定的局），甲午旬，甲午辛在8宫，天任星为值符落3宫，生门为值使落1宫。奇门格局如下：

蛇 景 丙 冲 乙	阴 死 乙 辅 壬	合 惊 壬 英 丁
符 杜 辛 任 丙	 戊	虎 戊 开 丁 芮 庚
天 伤 癸 蓬 辛	地 生 己 心 癸	武 休 庚 柱 己

断：

(1) 日干辛在3宫，临值符，值符为头，正符合求测者的身份。丙辛合，丙又为时干，代表其妻，辛下临丙，丙辛二宫比和，又均在内盘，正符合夫妻在同一单位工作之事。丙临天冲星正符合其妻干事爽快利落的性格，临景门、上乘騰蛇，正符合其妻瘦长身材、红脸儿的体型外貌。騰蛇主变动，空亡也主变动，正表明她想调动之意。

(2) 开门落兑7宫，在外盘，正代表外单位。开门宫克时干宫，对方单位不同意要。时干丙为求测之事，今落空亡之地。据此，调动之事不会成功。

(3) 另外，问测其妻调动之事，也可以看乙奇。今乙奇落9宫，虽为长生之地，因临死门，乙加壬又为日奇入地凶格。据此，也是调动不成之象。

结果：该负责人之妻一直未调动成功。一直到1997年秋季仍在该社工作。

例二：安徽学员孙振程测新领导上任例。

孙振程来信说，今年阴历正月十六日，我用老师在面授班上提示的利用方位测选举的方法，测何人来我们县供销社当主任，结果事实和我测得一样。

我测的时间是农历1998年正月十六日晚6点，干支为戊寅年甲寅月庚寅日乙酉时，阳2局，甲申旬，值符天辅星落1宫，值使杜门落5官寄2

宫。

合 生 癸 柱 庚	虎 伤 壬 心 丙	武 杜 乙 蓬 戊
阴 辛 休 戊 芮 己	 辛	地 景 丁 任 癸
蛇 开 丙 英 丁	符 惊 庚 辅 乙	天 死 己 冲 壬

当时据悉，阳历 2 月底前后，县委可能要宣布各局的一把手，具体何时何人，都不得而知。我根据方位、格局，断艮方人氏。具体理由如下：

(1) 寅月艮宫当令，开+生，主见贵人，谋望所求遂意。开+丁，远信必至。丙+丁，星奇朱雀，贵人文书吉利，常人平静安乐。格局吉，故断主任当为艮方人氏。

(2) 阳遁艮宫为内盘，故断为内部人，本系统人。螣蛇主变动、经商，开门也主领导，也主开店经商，此人现为供销社领导，在四维宫，为副职，年龄在三十七至三十八岁，住地在县社办公楼东北方八十或一百八十米。

(3) 宣布时间：看丁奇落宫，地盘为癸，丁落兑宫，地支为酉，卯酉相冲则文书（丁）动，故断癸卯日宣布。

结果：阳历 2 月 25 日（农历正月十九日）癸卯日上午，县委组织部来人宣布：由原县供销社副主任胡某任供销社主任。胡某三十七岁，住在县社办公楼东北方向一百八十米处家属院内。

方位、人员、年龄、时间均与所测一致。

张志春按：

孙振程同志学习奇门仅仅两三个月，通过参加面授得到提高，又会举一反三、灵活变通，所以测得很好。通过他的实例，一可看出奇门遁甲确实应用价值很广，二可说明，学习奇门并不难。

例三：石建国为人预测入党与严重车祸。

1997 年 12 月 18 日晚 7 点，石建国从鹿泉市建设局质检站出来，遇到质检站职工张伟国，被张伟国拦回去，说："我们单位发展两名党员，我已经填了入党志愿书，明天上午大会通过，请问这件事能办成吗？"

丁丑年壬子月甲午日甲戌时。

阳一局、甲戌旬，天芮星值符落二宫，死门值使落二宫。

地 杜　辛 辅　辛	天 景　乙 英　乙	符 壬 死 己 禽 芮 己
武 伤　庚 冲　庚	 壬	蛇 惊 丁 柱 丁
虎 生　丙 任　丙	合 休　戊 蓬　戊	阴 开 癸 心 癸

石建国预测后说："这件事办不成，你以后再争取吧。另外我提醒你 1999 年阴历二月不要去石家庄，若去必有车祸。"

张伟国说："我认为这两件事测得都不准。"

石建国说："明天先验证你入党的事吧。"

第二天下午得知，张伟国的入党志愿书根本没有上党员大会，只通过了另一个人的入党志愿书。张伟国的入党之事没有办成。

1999 年阴历二月二十七日，质检站队长安付书找到石建国说："我们单位前几天死了一个人……"

话音未落，石建国说："是张伟国，时间是阴历二月二十三日，在石家庄方向与车相撞。"

安付书问："你是怎么知道的？"

石建国说："我 1997 年给他预测出 1999 年阴历二月去石家庄必有车祸，他不相信，也不去避免。你说是前几天，那么阴历二月二十三日是辛卯日，为阴差阳错日，又是月忌日，为卯年卯月卯日，卯为太岁，张伟国为丁酉年（1957年）生人，一酉冲三卯，犯太岁必有灾，所以事故必然出在二十三日了。”安付书说：“阴历二月二十三日张伟国骑摩托车去石家庄办事，刚驶入石家庄郊区，与一辆装满砖的拖拉机相撞，被拖拉机车轮轧过，当场死亡。”

分析：

A. 入党之事办不成。

（1）日干辛为求测之人，日干落巽宫，辛+辛为伏吟天庭，公废私就，临杜门为杜塞不通，上乘九地为不动，全盘伏吟为不动，用神辛落巽宫为入墓，又遇日干空亡，故入党之事办不成。

（2）时干也为所问之事，时干己落坤宫，己+己地户逢鬼，百事不遂，暂不谋为，临天芮病星，说明在入党问题上出了毛病。时干己落坤宫空亡之地，为此事落空之意，办不成。

（3）值使门也为所问之事，死门值使为凶兆，落空亡，伏吟都是不成之象。

（4）丁奇为入党志愿书落兑宫，临惊门、天柱星，有口舌，也就是有不同意见，上乘螣蛇主变动，丁奇也在空亡之地，落空之象。

根据以上四条，入党之事办不成。

B. 1999年农历二月去石家庄必有车祸。

（1）石家庄在鹿泉市东边，看震宫，庚+庚太白同宫为战格，官灾横祸，不利为事。伤+庚主讼狱被刑仗，凶。伤+伤主变动远行折伤，凶。天冲星为冲撞，故向东行有大凶。

（2）张伟国为丁酉年生人，丁落兑宫临惊门为凶门，主惊恐、创伤，官非之事。临天柱凶星，不宜远行，强行则车破马伤、士卒败亡，破财折本、意外伤灾。上乘螣蛇主惊恐、怪异、虚诈，又逢空亡，空亡暗藏玄机，这玄机就是暗藏着远行伤灾的信息。

（3）1999年为己卯年，地支太岁在震宫，二月为卯月，太岁处旺地，震宫有伤门，伤门主车辆，有庚主道路，又逢天冲星主撞击，张伟国年命丁落兑宫，卯年卯月兑宫休囚，如第二条所述，落兑宫储存有伤灾信息。二月为太岁月，往东去冒犯太岁，犯太岁必有大灾。故断1999年阴历二月去石家庄必有车祸。

张志春按：

这是一则用奇门提前二年预测个人重大凶灾的典型实例，它可以给我们许多启示：

(1) 奇门问事局不仅可以预测近期的事，而且也可以预测较长时间内的重大信息。此例一个问事局，不仅预测了求测人第二天入党一事办不成，而且提前二年预测求测人1999年农历二月将有车祸可能发生的信息。

(2) 将要发生车祸伤亡这一重大凶灾，是通过奇门问事格局，结合求测人年命与四柱等基础知识来综合判断的。这说明，学习奇门的人，最好也要具备六爻、四柱等方面的知识，这样才能判断得更准。

(3) 将六爻、四柱等知识与奇门结合，可以把事情判断得更具体、更精确。比如此例，如果仅从求测人四柱年命丁酉来看，1999年卯年卯月卯日到东方去，三卯冲一酉，可能会有不顺或伤灾，但具体会发生什么伤灾，就难断清楚。今看问事奇门局，正好是个星、门伏吟局，伏吟则大凶，不是破财就是伤人，这已经向预测者提示了大的不顺的信息。又年命丁正好落兑7宫，临天柱凶星、惊门凶门、螣蛇凶神，对冲3宫临伤门凶门、庚+庚凶格、玄武凶神，伤门主车辆，庚主道路，因而石建国就毫不犹豫地断为严重车祸了。

(4) 这种凶灾信息只是一种可能，绝不会1957年丁酉年出生的人在1999年卯月卯日到住地东方去都会发生严重车祸。所以，像求测人张伟国这样，通过预测，已经提前知道有这种危险，如果1999年农历二月的两个卯日（二月十一日己卯、二月二十三日辛卯）不开车到东方去，就能避免发生此凶灾。从对预测者的要求来说，石建国也应该更加认真、细致，具体查一下万年历，把这两个卯日告诉张伟国，张伟国避开这两天去石家庄，也就不会发生车祸伤身的大灾了。

第五节　经营求财预测

例一：辽宁学员刘文元测借钱例。

辽宁学员刘文元给我来信说：

“我是一名普通工人，业余修炼气功和研究易经多年。这些年来，我对六爻、四柱、梅花易数、大六壬等预测方法都掌握得比较熟练，测事时无论取用神、定应期都能得心应手，且准确率也比较高。

“惟有奇门遁甲这一学问，我苦苦研究多年，也没有彻底搞明白取用神、定应期的方法。为了彻底搞明白奇门遁甲这门玄学，我曾于1994年千里迢迢去西安，参加了某某老师举办的全国奇门遁甲学习班，学了半个多月，吃住花费了两千多元，老师也没有讲出取用神、定应期的具体方法。直到学习班结束，我们这些来自全国各地的学员才得出这样的结论：某某老师可能太保守，不肯讲真东西；或者他根本就不懂奇门遁甲，不过唬我们这些学员罢了。

“求师不成，我只能自学，多看书。后来，一个偶然的机会，我从易友手中得到河北省周易研究会寄来资料，得知张志春老师举办奇门研讨班的通知，于是我起了一卦，卦中父母爻旺而生世。我便决定参加学习，汇了款，得到了资料，果然不出所料，张老师写的资料太好了，直泄天机。从此，我的奇门遁甲预测水平有了长足的进步。在这里我要向张老师表示衷心的感谢！”

然后，他汇报了几个测例，现选其一。

1997年9月3日（农历八月初二）上午9点30分，我在公共汽车上遇到老朋友刘刚，他和我相互打了招呼之后，便对我说：“最近，我想跟一个女朋友借五千元钱做点生意。她今年二十三岁，你看她能否借给我？”

于是，我在手上起局，分析之后告诉刘刚：“你从她手里根本就借不出钱来。最好不要去借，免得折你的脸面。”刘刚听后不服气，说那女的很有钱，朋友一场，不至于连五千元也借不出。

过了一周之后，刘刚再次见到我，说："真叫你给测准了，那女的真不够朋友，一分钱也没借给我。"

下面我把当时起的局列出来：

丁丑年戊申月戊申日丁巳时，阴 7 局，甲寅旬，天芮星为值符落 1 宫，死门为值使落 8 宫。

武 开　丁 蓬　辛	虎 休　乙 任　丙	合 生　壬 冲　癸
地 惊　己 心　壬	 庚	阴 伤　辛 辅　戊
天 死　戊 柱　乙	符 庚 景　癸 芮　丁	蛇 杜　丙 英　己

分析：

(1) 凡借财物，以值符为财物主人，以值使为借债人。今值符在坎 1 宫，临天芮凶星，景门凶门，癸+丁为蛇夭矫凶格。值使死门落艮 8 宫，克值符落宫。死门为凶门，戊+乙虽是青龙合灵门，但吉门事吉，凶门事凶。上乘九天，又临日之马星，说明刘刚正在乘车之象，对冲坤 2 宫临生门、六合，表明他借钱想和别人合伙做生意。

但现在值符、值使都临凶门、凶星，又都落空亡，且值使克值符，这说明借钱之事必然落空。

(2) 从年命角度看，女的是 1976 年丙辰年生，丙落乾 6 宫为入墓，又临杜门凶门，上乘螣蛇，说明她虚诈不实，会杜绝借钱。刘刚是己酉年出生，年命己在震 3 宫，正被女年命所克，因此借钱一事肯定失败。

张志春按：

从此例看，刘文元学员学得不错，能在手上起局判断，断得很准。但思路还不够开阔。此例，除按值符、值使取用神以外，还可按日干、时干取用神。日干戊代表刘刚，落艮 8 宫，时干丁代表女朋友落巽 4 宫，时干克日干，必然不借给。又日干临死门，又逢空亡，也是不成之象。又大格局八门反吟，死门值使，必然半途而废。

例二：海南省澄迈县学员许开大测例。

1997 年 4 月 13 日巳时，即丁丑年甲辰月乙酉日辛巳时，一朋友求测彩票。阳 1 局，甲戌旬，值符天芮星落巽 4 宫，值使死门落离 9 宫。奇门格局如下：

符 壬 景 己 芮 辛	蛇 死 丁 柱 乙	阴 惊 癸 心 己
天 杜 乙 英 庚	 壬	合 开 戊 蓬 丁
地 伤 辛 辅 丙	武 生 庚 冲 戊	虎 休 丙 任 癸

断：

（1）五不遇时，不利求财，宜缓。

（2）以丁奇为彩票，与日干宫相生，且丁加乙为人遁吉格，贵人加官晋爵，常人婚姻财帛有喜。

（3）生门落坎宫，生日干乙震宫，中彩之象。

（4）乙酉日空午未，用神丁下为乙，甲午、乙未日，“日出扶桑”，可知中彩消息。

（5）3 宫乙加庚，故中彩的是妻子；1 宫生加休也主阴人求财则吉。

（6）用神丁 9 宫上乘塍蛇与死门，故中彩之码应为死者托梦，离为红色，其托梦之码为红色。

事实：4 月 23 日乙未日知道中奖消息，头奖码 9161，是朋友老婆买的，坎为1数，生门为 8 数，共得一万八千元，而且其老婆确曾梦见死者给她托梦，告知奖码为 9161，9161 四字皆呈红色。

张志春按：

许开大这一测例确实有些神奇之处。我们撇开其神奇之处，就理性思维断卦来说，有两点值得大家注意：

(1) 关于五不遇时。古籍论述中认为五不遇时大凶，百事不可为。但经过我们验证，并非如此。特别是求测时间遇五不遇时，并不一定凶。例如许开大这一例，朋友问测时间正是五不遇时，但许开大判断却能中彩，而且事实上还得到头奖。这就说明，问测时间遇五不遇时，并不一定凶，要以用神和格局为主来断其成败吉凶。宁夏学员张伟曾在来信中谈过，有一朋友找他问测求财之事，他一看是五不遇时，就告诉朋友不要去办，求财不成。结果朋友没听他的预测，照样去办，结果反而成功了。我在回信中告诉他：古人的论述未必是普遍性的真理。古人写的书反映了他个人的经验，难免以偏概全，把个别一二次的应验作为普遍性的经验写出来。所以我们不要迷信古人，对古人的经验，我们今天必须通过大量实践去检验去验证。根据我的初步检验，问测时间遇五不遇时，并不一定凶；而安排用事时间，最好不要在五不遇时，如果在五不遇时办事，恐怕多数情况下不顺或发凶。这一点希望广大易友进一步检验和验证。

(2) 关于日干空亡和时干空亡。我们学习应用的是时家奇门，一般情况下，只看时干空亡就可以了。我这样主张，也是为了简化和避免繁琐。但有时也可以看日干空亡。例如许开大这一测例，用神丁奇落在日干空亡之地，他就以出空断其应期，空午、未，他断甲午、乙未二日，而丁下临乙，乙为日干，“日出扶桑”，故应在乙未日。

例三：石建国为人预测合伙办工厂。

1997 年 12 月 5 日下午 2 点 15 分，鹿泉市文化馆馆长袁恩明，陪同小姨子来找石建国，求测与朋友合资办一个工厂是否能挣钱？求测人为丙申年(1956 年) 生人，合伙人为癸巳年 (1953 年) 生人。

经过预测，石建国说：“你是否投资十五万元？”

袁恩明说：“她是投资十五万元。”

石建国说："你的工厂投产后必有口舌是非，最后搞得两败俱伤，结果是以赔钱六万元告终。"

求测人说："这是不可能的，我的合伙人是负责某大行业的领导，我们工厂的产品是这个行业的包装用品，只要能出产品，第一不怕没销路，第二不怕收不回款，怎么能赔钱呢？"

石建国说："反正你的工厂到处出问题，一出产品就有口舌，不信你试试看。"

丁丑年辛亥月辛巳日乙未时。

阴五局，甲午旬，天芮星值符落六宫，死门值使落一宫。

虎 休 丁 任 己	合 生 庚 冲 癸	阴 伤 己 辅 辛
武 开 壬 蓬 庚	 戊	蛇 杜 癸 英 丙
地 惊 乙 心 丁	天 死 丙 柱 壬	符 戊 景 辛 禽 芮 乙

分析：

A. 合资办厂，求测者投资十五万元。地盘甲子戊为资本，落中五宫故断十五万元。

B. 合伙办厂必有口舌是非，最后两败俱伤。

(1) 时干乙奇主事体，也主工厂的产品，临惊门，说明一出产品就会有口舌之争，惊+丁主词讼牵连。日干为自己，月干为朋友，都是辛，落乾宫，辛+乙白虎猖狂，家破人亡，必是两败俱伤。

(2) 值使门也主事体，死门值使，又为门迫，视为凶兆，又临天柱凶星，主口舌是非，丙+壬为火入天罗，是非颇多，上乘九天主大，说明口舌是非闹得很大很凶。1998 年戊寅太岁落艮宫，克值使门和本人年命丙宫，也是工厂办不成之象。

(3) 开门主工厂，落震宫，门克宫为迫,吉门被迫吉不就。壬+庚为太白擒蛇，开+庚为道路词讼，谋为两岐。开+伤主变动，更改、移徙事皆不吉。又上乘玄武主口舌是非，临天蓬破财之星，工厂必是百事不利，漏洞百出，工厂办不成。

(4) 生门为生意，六合为合伙，同落离宫，庚+癸为大格，官事不止，生+景主阴人小口不宁。生门、六合落宫冲克本人年命丙宫，同时又克合伙人癸巳年命宫，也是工厂办不成之象。

(5) 合伙人年命癸落兑宫，兑主口舌，又冲克开门工厂，本来就主口舌官司，癸+丙为华盖悖师，贵贱逢之皆不利，杜+惊主门户内忧疑惊恐，并有词讼事。逢杜门为杜塞不通，上乘螣蛇主事务缠身，又主惊恐虚诈，也是工厂办不成之象。

根据以上五条分析，断定工厂必有口舌是非，最终是两败俱伤。

C. 1998 年办厂赔钱六万元。

生门为利润落离宫，克甲子戊资本落乾宫，甲子戊又克开门工厂，故工厂必然赔钱。戊落乾宫为入墓又遇天芮病星，年干丁奇落巽宫与甲子戊相冲克，戊落乾六宫，故断赔钱六万元。

结果：1998 年 11 月底，鹿泉市文化馆馆长袁恩明陪小姨子找到石建国说：“当初没听你的话，工厂一年中发生的口舌是非甚多，正像你说的，第一批产品就不合格，没销出去的产品赔了钱，销出去的产品也收不回款，工厂没办好，赔了 6 万元。而且与合伙人从前关系密切，现在闹成了仇人，真是两败俱伤。我现在不干了，请你再给预测一下，剩余的钱是否能撤出来。”

例四：中药高新技术产业，能否得到国家科技基金？

为了科教兴国，发展我国的高新科技产业，国家计委、科委准备拿出两千个亿的科技基金来资助重点项目。

河北科迪药业公司开发的中药高新技术项目已被纳入国家重点工程项目。但能否得到国家科技基金的资助，陈老板心里没有底儿。

1998 年 8 月 4 日晚上 8 点 54 分，陈老板找到张志春，求测此事。说他申请一个亿，其中申请拨款两千万元，贷款五千万元，自筹三千万元。请张老师看一下有无希望，如果有希望，他就好好去跑一跑。

张志春立即起奇门局：

戊寅年己未月癸未日壬戌时，阴 7 局，甲寅旬，天芮星值符落 3 宫，死门值使落3 宫。

<table>
<tr><td>天
惊 戊
柱 辛</td><td>地
开 己
心 丙</td><td>武
休 丁
蓬 癸</td></tr>
<tr><td>符
庚 死 癸
芮 壬</td><td>

庚</td><td>虎
生 乙
任 戊</td></tr>
<tr><td>蛇
景 丙
英 乙</td><td>阴
杜 辛
辅 丁</td><td>合
伤 壬
冲 己</td></tr>
</table>

分析：

（1）以日干癸为求测之人，落 3 宫为长生之地，上乘值符吉神，临值使死门，说明自身条件不错，顶头上司和办事机构均支持求测人陈总。

（2）甲子戊为资金，又为年干，年干代表国家，说明正是国家科技基金。甲子戊年干落 4 宫，与日干宫比和，能够得到国家科技基金资助之象。

（3）测贷款以值符为银行，以值使门为贷款之人。今值符、值使门均落 3 宫，同宫比和，贷款能成之象。

（4）测贷款，又可以所往之方的天盘星与地盘星之间的生克关系来判断，天盘星为借贷之人，地盘星为银行或债主。今贷款之方在北京，为石家庄北方，以坎宫论之。今坎宫天盘为天辅星为木，受地盘天蓬星之水而生，能够贷成之象。又天地盘六仪为辛+丁狱神得奇、经商获倍利吉格，虽然坎宫逢空亡，填实之月、日则必然有收获。

（5）日干、值使死门均落 3 宫，甲寅旬中子、丑空，填实之月可得到拨款或贷款三千万元左右。

据此，张志春告诉陈老板：拨款或贷款均有希望，请您抓紧到省和北京国家有关部门活动去吧。年底可得到拨款或贷款三千万左右。

结果，经过陈老板努力，1998 年 12 月 1 日国家批准拨给河北科迪药业公司的工程项目科技基金三千万元人民币，1999 年 1 月河北省又配套批准给予该项目两千万元债券贷款。加上该公司的自筹资金，这个重点工程项目的启动已经不成问题了。

例五：石建国为人预测财运："你将被税务局罚款！"

1997 年 3 月 3 日，鹿泉市某药店老板找到河北省周易研究会的石建国求测财运。预测之后石建国说："目前你有破财之患，时间是农历二月，数额最少三万，最多三万八千元。破财原因，第一不是因为女人，第二不是因为失盗，而是因为你说错了话或做错了事，被税务局罚款。"

老板说："我从来不相信算卦，今天开了眼，我和你说实话，1996 年底税务大检查，我和税务人员话不投机吵了一顿，他们说我偷税漏税，当时非罚五万元不可，后来经人说合这件事就扔下了。今天税务局通知我明天到局里处理此事，既然你都测出来了，就请指条明路吧。"

随后石建国讲了一些处理此事的正确方法。

丁丑年壬寅月甲辰日甲戌时。

阳三局，甲戌旬，天辅星值符落四宫，杜门值使落四宫。

符 杜　己 辅　己	蛇 景　丁 英　丁	阴 庚 死 乙 禽 芮 乙
天 伤　戊 冲　戊	 庚	合 惊 壬 柱 壬
地 生　癸 任　癸	武 休　丙 蓬　丙	虎 开 辛 心 辛

分析：

A. 门、星、值符全盘伏吟，说明此人当前很痛苦，有破财、伤心、为难之事。

B. 此人为壬寅年所生，年命、日干壬落兑宫，壬+壬为蛇入地罗，外人缠绕，内事索索，说明事务缠身，不能解脱。

C. 年命、日干壬落兑宫与甲子戊财落震宫形成对冲，故有破财之患。

D. 甲子戊财落震宫为六仪击刑，子卯相刑为无礼之刑，说明因为自己不讲理惹出麻烦而破财。甲子戊落震宫临卯，卯月木旺，故破财数额很大，震为 3 数，寅卯为 3、8 数，故断少则三万元，多则三万八千元。

E. 此款为税务罚款。

(1) 日干、年命不临丁奇（第三者女人），说明不是因女人而破财。

(2) 日干、年命不临天蓬、玄武，说明不是为失盗而破财。

(3) 此人为生意人，临惊门，主官非，日干宫又受年干宫之克，破财数额之大，不是其他管理部门的权力所能达到的。

以上三条说明只有税务局罚款才能达到三万至三万八千元。

F. 罚款时间为农历二月。

甲子戊为财落三宫，年命日干落七宫，形成对冲，二月为卯月与兑七宫相冲，故为二月破财。

结果：3 月 5 日老板找到石建国说："3 月 4 日税务局罚款三万七千五百元。"全部应验。

例六：在石家庄南三条再搞一个"太和日化城"能否成功？

1995 年中国女企业家协会副理事长李月珍邀我咨询、命名，在石家庄新华集贸市场开发建设了一座"太和电子城"，成为华北、东北、西北三北地区最大的电子产品集散地之一。

1999 年 4 月 14 日晚上 8 点 50 分，李月珍又给我打电话，说她准备在桥东全国五大小商品集散地之一——南三条地段，再开发建设一座商城，请预测一下前景如何？

我立即按问时起局。

己卯年戊辰月丙申日戊戌时，甲午旬，阳 4 局，天柱星为值符落 4 宫，惊门为值使落2宫。

符 景 辛 柱 戊	蛇 死 庚 心 癸	阴 惊 丁 蓬 丙
天 己 杜 丙 芮 乙	 己	合 开 壬 任 辛
地 伤 癸 英 壬	武 生 戊 辅 丁	虎 休 乙 冲 庚

分析：

(1) 日干丙为求测者，落3宫为沐浴之地，为旺相，丙+乙为日月并行，公谋私为皆为吉，上乘九天，正是大干事业的好时机；虽然临杜门，但杜门为平门，又与宫比和，只能说明目前她正在私下筹划阶段，尚未公开；且日干与年干己同宫，说明她有上级领导支持。

(2) 时干为事体，时干戊落坎1宫为胎地，说明此事尚在孕育谋划阶段，上乘玄武，也主暗中行动；临天辅吉星，生门吉门，生门又主房地产业，这个项目正为房地产项目；戊+丁为青龙耀明吉格，此事自然大有前途。

(3) 时干生日干，时干戊同时也是月干，说明此事不仅能成，而且会得到同行、朋友的帮助和支持。

(4) 开发房地产，首先需要投入大量资金。甲子戊为资本，与利润生门同宫，说明投资后一定会有较好的效益。

据此，我告诉李月珍，大胆地搞吧，一定能够成功，而且前景良好。

于是李月珍积极谋划起来。6月16日下午3点多给我打电话，说项目已经定下来，准备利用旧楼改造、扩建一个以经营日用化妆品为主的专业性商城，因为地址位于桥东区的南三条，所以需在桥东区工商局注册一个新的房地产公司，请张老师再给起个名字，最好与“太和”有联系。

我根据《周易》乾卦《彖辞》“大哉乾元！万物资始，乃统天。云形雨施，品物流形。大明终始，六位时成。时乘六龙以御天。乾道变化，各正性命。保合太和，乃利贞。首出庶物，万国庶宁”中“保合太和，乃利贞”的论述，结合李月珍出生壬辰年具有水龙的性格，1995年在新华区注册的房地产公司名为“太和”，这次在桥东区注册房地产公司，名字自然应该叫“保合”了。这样一东一西，形如双璧，嵌镶在石家庄市中心，京广铁路两侧，“保合太和，乃利贞”，必然大大有利于石家庄的发展和腾飞。

最后，李月珍采纳了我的意见，在桥东区注册了“保合”房地产开发公司。但开发建设的日化商城，鉴于“太和电子城”早已名震遐迩，故取名为“太和日化城”，于1999年8月份开工，2000年1月8日开业。开发建设速度之快，令人吃惊。

例七：购买“太和日化城”商位，能否获利？

“太和日化城”于8月份开工以后，很快成立了招商部，于9月中旬左右开始，对外出售商位，仅一周之内就将一楼商位售完。

1999年9月27日下午3点10分，一位朋友找到我，说他准备购买太和日化城的商位，不知将来前景如何，能否获利？

我立即起局预测：

己卯年癸酉月壬午日戊申时，阴7局，甲辰旬，天冲星为值符落7宫，伤门为值使落8宫。

合 景 己 心 辛	阴 死 丁 蓬 丙	蛇 惊 乙 任 癸
虎 杜 戊 柱 壬	 庚	符 开 壬 冲 戊
武 庚 伤 癸 芮 乙	地 生 丙 英 丁	天 休 辛 辅 己

分析：

(1) 日干壬落兑7宫为沐浴之地，说明得地利；兑7宫在酉月正当令最旺，说明此人有能力，时运正旺；天冲星入兑宫为囚，天时不太有利，说明大“气候”不是太好，投资难以获得丰厚回报，但总比存银行有利；逢开门吉门，与宫比和，说明此人有开创精神，有公职，而且得人和，人气很旺；上乘值符最吉之神，说明此人机遇好，凡事有贵人相助。壬+戊为小蛇化龙吉格，说明此人的事业还在发展，前景美好。

（2）时干戊为事体落震3宫为六仪击刑（子卯相刑），说明此事正是花钱（破财）的事，酉月震宫休囚，故按投资三万元或十三万元来断。现逢空，说明尚未投资。

（3）日干旺相有力，冲克休囚之时干，说明此事能成，此人有能力投资买商位。

（4）买商位等于投资搞房地产业，生门为房屋，与日干相生；开门为商位，与日干同宫，说明一定能买到商位。生门落坎1宫虽为门迫，但丙+丁为星奇朱雀吉格，贵人文书吉利，常人平静安乐，得三吉门为天遁。今得生门吉门，故构成天遁吉格，说明商位好，值得购买。

（5）买后效益如何？生门为利息，甲子戊为资本，生门生甲子戊，自然买后效益很好。

据此，我告诉这位朋友，请抓紧时间去买吧，买后效益一定不错。

这位朋友听了我的咨询意见，第二天就到太和日化城招商部先交了一万元订金，认购了一个十三万元左右的商位，10月8日将款交齐，签订了正式购买商位的合同。

2000年1月8日太和日化城建成开业。商城对投资者购买的商位一律回租三年，而且在开业之初，就将2000年第一季度（一、二、三月）的租金全部提前支付给每个投资者。

这位朋友喜滋滋地给我打电话报喜：我听了您的咨询听对了，没想到太和日化城特别讲信誉，提前把三个月的租金都付了。这比存银行强多了。

提示：

A. 这个局时辰天干是戊，日干是壬，戊克壬，阳土克阳水，为五不遇时。按奇门格局属凶格，不宜用事。为什么我反而劝抓紧去买商位呢？这说明，五不遇时并非什么情况下都为凶，一般在测病时遇五不遇时为凶，其他事情如求财，未必为凶，主要还应按用神的格局来判断。再者，我在书中讲到：五不遇时在问测时碰上不一定按凶断，如果选择时辰办事，最好避开五不遇时。

B. 该局为九星反吟之局，有人一见反吟，就判断事情不成。事实证明，不能简单地这样判断。九星反吟，一表示天时不利；二表示事情进展速度快，成败易分；三表明利客不利主，做事应主动出击。所以，我劝这位朋友抓紧时间去买。他第二天就去了。即使这样，他想买的一楼的商位也未买上(因已卖完)，只能在二楼挑了一个较好的商位（二楼最佳位置也已卖完）。

C. 甲子戊为资本落 3 宫，五行属木，木数为三、八数，先天离卦为三数，后天震卦也为三数。总之，奇门 3 宫含三、八两个数。我在这里，为什么断三万元或十三万元，而不断八万元或十八万元左右，这是按 3 宫在酉月的旺衰来断的。旺则断多，衰则断少。这是易理，这是原则。又比如兑 7 宫，先天兑卦为二数，后天兑卦为七数，五行金又主四、九数。这样一来，用神落兑宫，就含有二、四、七、九四个数，不少学员问什么情况下断这大小不同的四个数。这里再次强调：只能按用神落宫的旺相休囚并且结合具体事情的情理来判断。这就是判断数量的原则。

例八：制药厂建设项目，何日才能开工？

河北科迪药业公司在高新技术开发区的重点工程项目，经过征地、筹款、工程设计，到 1999 年 6 月中旬终于能够进入破土动工阶段了。

1999 年 6 月 20 日晚上 9 点 35 分，陈老板又一次给张志春会长打电话诉苦："干点事业真不容易。看来，非得像唐僧取经一样，不经过九九八十一难，是取不到经书的。这不，建筑工程队已经进驻工地三天了，又有人从中作梗，至今开发区不给发开工证，省委书记、省长都作了批示，但有人硬是找出各种理由给你拖延、阻拦。请您给我测测，明天药厂工地能不能开工？"

张志春立即按接电话时间起局：

己卯年庚午月癸卯日癸亥时，阳 3 局，甲寅旬，天任星值符、生门值使均落8宫伏吟。

阴	合	虎
杜 己	景 丁	死 乙
辅 己	英 丁	芮 乙
蛇		武
伤 戊		惊 壬
冲 戊	庚	柱 壬
符	天	地
生 癸	休 丙	开 辛
任 癸	蓬 丙	心 辛

分析：

(1) 日干、时干均为癸，二者同宫，又均在内盘，主快。

(2) 亥、卯、未马星在巳，明天甲辰日、后天乙巳日，冲动开门所在6宫。

据此，张志春当时告诉陈老板："明天或后天就能开工。"

当时，陈老板首先问了一些别的事，后来才问开工的事，张志春看得比较马虎，所以此例断错。

结果，不仅第二天即6月21日甲辰日未能开工，第三天6月22日也未能开工。一直到6月29日壬子日填实坎宫，冲起9宫丁奇和景门，才发给开工证，得以开工。事实上，要开工，首先得有开工证，所以开工证是关键，因而不能只简单地看开门宫，必须看代表开工证的丁奇和景门才行。同时，景门伏吟主迟，值使生门在8宫伏吟，起码需8天以后。

例九：远行求神无效，近访周易有成。

鹿泉市张某是个做生意之人。1999年阴历八月初由原来织毛衣又增添了一项加工蛋糕业务。开业两个多月以来，蛋糕一直做得很好，真是顾客盈门，热闹非常，买卖十分红火。

入冬以后，做蛋糕遇到了问题，做出的蛋糕中间鼓不起来，甚是难看，顾客像潮水一样退去，加工蛋糕这项业务做不成了。张某找到鹿泉市大毕村一个看香的巫婆请求指点，巫婆说：因为你没有敬天、敬地、敬财神。张某回家后给天、地、财神都烧了香上了供，蛋糕还是做不成。张某二次找到大毕村向巫婆诉了一番，巫婆又说，你虽然敬了天、地、财神，但没有敬父母，父母在阴曹地府不保佑你们。张某回家后又重新烧香上供敬父母，结果做的蛋糕还是鼓不起来，问题没有得到解决。

张某在求神无效的时候，找到了河北省周易研究会的石建国同志，求测蛋糕做不成的原因何在？

石建国说："咱们是邻居，你做蛋糕遇到问题到处求神拜佛之事，我已有耳闻，在你第二次求神后，我起了一个奇门遁甲局，已经分析出为什么蛋糕做不好的原因，当时我想暂时不告诉你，等你认识到求神不灵的时候再告诉你。问题很简单：你在做蛋糕和面时用的水太凉。阴历八九月天气温和，你用凉水和面蛋糕能做好，入冬以后，气温逐渐下降，你再用凉水和面就会出现问题。你回去用温水和面，蛋糕准能做好。"

张某回家后，按照石建国的指点蛋糕做得很好，顾客又像蜜蜂一样朝张家飞来，买卖做得又红火热闹起来。

1999 年 11 月 23 日午时。

己卯年，乙亥月，己卯日，庚午时。

阴五局，甲子旬，天禽星值符落三宫，死门值使落八宫。

天 开 丙 柱 己	地 休 乙 心 癸	武 生 壬 蓬 辛
符 戊 惊 辛 芮 庚	 戊	虎 伤 丁 任 丙
蛇 死 癸 英 丁	阴 景 己 辅 壬	合 杜 庚 冲 乙

分析：

A. 时干为所测之事，时干庚落乾宫为病地，说明蛋糕出了毛病，逢杜门为堵塞不通，逢空亡为蛋糕做不成；庚+乙为太白逢星，退吉进凶。只有暂停这项业务，不然要赔钱。

B. 景门为饮食落坎宫，为火入水乡，己+壬为地网高张，临地盘壬水，又在亥月为水旺、水多，水多又临亥月必然寒冷。故断做蛋糕和面时水太凉。

C. 生门为做蛋糕这项买卖，落坤宫，壬+辛为螣蛇相缠，纵得吉门亦不能安宁。临天蓬星和天盘壬水，又上乘玄武，一片旺水包围着生门。亥月水旺而寒，生门之土被囚，也断做蛋糕时用水太凉，蛋糕发不起来。

例十：大连市瓦房店学员刘文元测煤矿塌陷事故。

他在来信中说：

我几次去石家庄参加了奇门面授班以后，断卦水平日益长进，在此，向张老师表示衷心的感谢！

综观古今，奇门秘术一直深深地隐藏于宫廷密室、上流社会，平民百姓根本就无从问津，即便是改革开放的今日，社会上的奇门传人也非常保守，不肯吐露真髓。虽然社会上的“奇门大师”、“奇门传人”很多，办奇门遁甲学习班的更多，但从中国整个易学界来看，惟有张老师真正地、不保守地露出了奇门精髓，1999 年《神奇之门》一书的出版，是中国乃至世界易学界的一大幸事，如果诺贝尔奖设有易学发明贡献奖的话，那么张老师获奖是当之无愧的。

衷心地祝愿张老师的神奇之“门”步入更多的桃李，更渴望早日能够参加张老师举办的奇门高级学习班。

下面是我日常生活中占断成功的几个实例，望张老师百忙中抽时间看看，不足之处，还望张老师多指教。

测煤矿塌陷事故。

1999 年公历 10 月 7 日下午 3 点 30 分左右，我外出办事刚回到家，电话铃响了，我拿起话筒，里边传来了急促而慌张的声音：“刘先生，我的煤矿塌陷了，职工们全在井下作业，求您给预测一下职工们的生命安危，我将怎样处理这件事情，请您马上给我答复。拜托您了！”

给我打电话的是大连市复州湾镇某煤矿矿长，他名叫丁学东，曾多次登门求测，每每应验。现在每遇到什么事情，他总是请我预测。

今天发生的这件事情，人命关天，我马上用奇门遁甲起局进行预测：

己卯年，癸酉月，壬辰日，戊申时。

秋分下元阴遁四局，甲辰旬，值符天英星落4宫，值使景门落2宫。

符 伤　壬 英　戊	天 乙 杜　庚 芮　壬	地 景　丁 柱　庚
蛇 生　戊 辅　己	 乙	武 死　丙 心　丁
阴 休　己 冲　癸	合 开　癸 任　辛	虎 惊　辛 蓬　丙

分析：

A. 在这个奇门局中，我取艮宫为煤矿矿井，原因有以下几点：

(1) 艮宫在这个局中临空亡，艮为山，山空了，有开山采煤采矿之象。

(2) 艮宫有休门临之，休门有井之象。

(3) 艮宫有八神太阴临之，太阴主地下、阴暗等。

B. 取日干壬为求测人丁学东，时干戊为他的手下工人。

从整个奇门局来看，时干戊乘天辅吉星落震三宫，临生门吉门，格局为戊+己“贵人入狱”，公私皆不利。正应工人被困井下之兆。上临八神螣蛇，说明工人心里恐慌不安之象。

看职工们的生死情况，我是这样看的：死门落兑宫，正冲克代表工人的时干戊所落之震三宫，但死门同天心吉星、丙奇、丁奇在同宫，凶而不起；又时干宫空亡，空亡避克；又时干戊所落震三宫克代表矿井的艮八宫，人克井，平安，若是井克人，那就有危险了。

通过以上逐条分析，我拿起电话，对正在焦急地等待我回音的丁学东做了回答：

(1) 被塌陷在矿井里的有三至八人。

丁学东说："矿井里有五个工人。"

(2) 在今年农历六七月份，你安排工人在矿井深处做了大规模的爆破，目的是开采更多的煤。但从那时起，便为今天的塌陷种下了隐患。

听到这儿，丁学东说话声音颤抖了："对！太对了！前一个多月，为了多出产品，我让工人们在井里做了多次爆破，煤是出了不少，但是矿井里洞壁上出现裂纹的地方也多了，井内的安全系数减小了很多。"

(3) 请你放心，现在被困在井里的工人一个也没有死，也没有一个受伤，你现在马上派人进行挖掘，但一定要注意安全，不要伤着人，在今天晚上 7~9 点这段时间，便可把困在矿井里的工人全部救出来。

听完我的判断，丁学东十分激动地对我说："刘文元先生，如果今天你的预测结果都应验了的话，我改日必重谢你！"

到了晚上 7 点 20 分，丁学东给我来电话了："刘先生太感谢您了！测得跟亲眼目睹的一样，7 点 10 分，塌陷的地方全挖通了，工人们一个也没伤着，当他们返回地面见到我和其他工友时都哭了，简直是大难不死啊！刘先生的大恩改日一定登门重谢！"

事后一星期，丁学东来到我家，对我表示了感谢，同时又让我为他今后的经营状况进行了预测。

下面把我的断卦思路介绍一下：

(1) 塌在井里的人有三至八人；时干戊代表工人，落震宫，震宫河图数为东方三、八木。

(2) 今年六七月份井内做过爆破：值使景门在坤宫直冲艮宫，坤宫上乘破军星，景门主火药，艮宫代表矿井。

(3) 被困在井里的工人一个也没有死伤，晚上 7~9 点即可全部救出。

时干戊为工人，临生门，不死；又死门虽在兑七宫直冲克时干宫，但时干宫空亡，避克。

离九宫庚+壬，为日格，故今日必救出。值符壬+戊，子辰半合局，合待冲，戌时冲值符宫，故晚上7点10分全部救出。

例十一：江西省湖口县读者何新钦测体育彩票摸奖。

何新钦同志2000年十月初六给我来信说：

读了您著的《神奇之门》，顿感精神一爽。自古至今，易坛高手从不外传经验资料，传名不传实。哪有像您这样高风亮节，将拆补法说得如此透彻，并以实例引导，真正启动了我们这些无师半通者的心灵活力。

受《神奇之门》的引导，我第一次用拆补法定局，用于湖口县国庆节期间搞的体育彩票募捐活动中的摸奖，得一等奖九千九百元。操作时，按书中所写赤水县卢圣湘测有奖募捐抽三辆云雀牌轿车为例，反复自我分析，找出方法：

当时是今年农历九月初三，即阳历2000年9月30日未时，即庚辰年乙酉月辛卯日乙未时，甲午旬，试用拆补法定阴遁4局，值符天蓬星落5宫，值使休门落9宫。

阴 开　丁 柱　戊	蛇 休　丙 心　壬	符 辛　生 乙　蓬　庚
合 乙　惊　庚 芮　己	 乙	天 伤　癸 任　丁
虎 死　壬 英　癸	武 景　戊 辅　辛	地 杜　己 冲　丙

分析：

(1) 时干乙奇上乘六合落震3宫，克生门坤2宫，甲子戊与景门（主彩票）落坎1宫生3宫时干乙。开门与年命丁（1947年生）落巽4宫，与3宫时干乙比和。

(2) 八门反吟，利客不利主，天盘时干乙又克地盘己，值使休门落离9宫为九千九百元（特等奖十万元，一等奖九千九百元）。

(3) 方法上，站时干震3宫方位，反复摸两次。

(4) 附带说一下，那个特等奖在壬辰日（10月1日）戊申时被一个年命戊辰的少年摸走，这个摸法合乎易理，但是五不遇时不好理解。

说实话，这次摸奖得助于《神奇之门》一书。

张志春按：

何新钦同志只是读了《神奇之门》一书，尚未参加函授，在摸奖中运用书中所提供的方法，就一下子得了一等奖，这再次说明，拙著正如盗印者所加的导语："一学就懂，一用就灵。"

至于那个少年在五不遇时摸走特等奖十万元，这说明：一者，五不遇时不宜用事只是一般而言，并非绝对如此；二者，还必须看用什么事，对谁而言，时干克日干，时干为客，日干为主，壬辰日戊申时特等奖被人摸走，对于主人，对于主办者来说，就不是好事，对于客人，对于摸奖者来说，自然是好事；三者，所谓五不遇时，只是时间上的一个不利因素，主要还需看用神在奇门格局中的具体状况。总之，对于奇门中一些古人的经验，必须活学活用。

第六节　出行、出国预测

例一：湖南湘乡学员旷运修测飞机失事。

1992年8月1日下午，中央电视台播送一则消息：

7月31日15时零6分，从南京飞往厦门的飞机突然失事，机上乘客一百一十六人，机组工作人员十人，截至8月1日下午已死亡一百零六人，还有二十人正在医院抢救。

旷运修事后用奇门进行了验证研究。

1992年7月31日下午3点6分。

干支历：壬申年丁未月戊申日庚申时，阴4局，甲寅旬，天任星为值符落2宫，生门值使落2宫。

阴 开 丙 心 戊	蛇 休 辛 蓬 壬	符 生 癸 乙任 庚
合 惊 丁 柱 己	 乙	天 伤 己丁 冲
虎 乙杜 庚 芮 癸	武 景 壬 英 辛	地 杜 戊 辅 丙

分析：

(1) 星、门俱反吟，出行遇反吟，大凶。

(2) 日干戊落乾6宫为入墓，又临杜门，九地，乘飞机升天，遇此不吉。

(3) 时干主事体，人乘飞机，自然也主飞机，时干庚落艮8宫为入墓，又为六仪击刑，庚+癸为大格，出行车折马死，又临死门，上乘白虎凶神，均为大凶之象。

(4) 申子辰马在寅，艮8宫在此时临驿马之星寅，申年申日申时，三申冲一寅，更是大凶之象。

例二：能否办下在香港的永久居留证？

1999年2月8日晚上7点钟，上海一位妇女给我打电话，说她儿子(1963年癸卯年生)在香港已经工作七年了，中间曾去日本一年，现在正申办在香港的永久居留证件，不知能否办下来？再者，现在正过春节，想让儿子回上海过春节，但又怕影响办证，如果没有影响，就让他回来，如果有影响，就不让他回上海过春节了。麻烦张老师在百忙中给预测一下。

我说，过一刻钟以后，您再来电话。于是马上起局：

己卯年丙寅月辛卯日戊戌时，阳2局，甲午旬，天禽星为值符落2宫，死门为值使落9宫。

<table>
<tr><td>地
景 庚
辅 庚</td><td>天
死 丙
英 丙</td><td>符
戊 惊 辛
辛 禽 戊</td></tr>
<tr><td>武
杜 己
冲 己</td><td>

辛</td><td>蛇
开 癸
柱 癸</td></tr>
<tr><td>虎
伤 丁
任 丁</td><td>合
生 乙
蓬 乙</td><td>阴
休 壬
心 壬</td></tr>
</table>

分析：

(1) 日干辛、时干戊同落坤 2 宫，同宫比和，又上乘值符吉神，能办成之象。

(2) 其子年命癸在兑 7 宫，临开门为吉，说明香港特区政府办永久居留证的大门向他开放着。

(3) 以景门为文书证件，今在巽 4 宫，受年命宫之克，说明能办成。但现在甲午旬中辰、巳空，景门逢空，需填实之时，才能办成。今九星伏吟主迟，日、时均落外盘也主迟，故按月断，辰、巳月填实才能办成。

(4) 既然现在办不成，时干戊在坤宫又临马星（寅、午、戌马在申），马星主走动。故我告诉上海这位妇女：

你儿子办香港永久居留证的事能成，但不会很快，需到农历三四月才能办成，所以现在可以回上海过春节。

这位妇女听了我的预测，让儿子回了上海，春节期间母子得以团圆。后来，她打电话告知，4 月 8 日（农历二月十二日；实际农历十九清明，已进入辰月）香港特区政府有关部门下达通知，批准她儿子为香港永久居民。

例三：技术移民加拿大能否办成？

1999 年 6 月下旬，我接到广州一位男士的来信，他在信中说：请老师预测我申请技术移民加拿大能否办成。事情经过是这样的：1997 年 10 月我第一次申请技术移民加拿大，是委托一家咨询公司代理，1998 年 7 月 27 日

10时在香港加拿大总领事馆面试，没有获得通过。1998年10月，我又委托一家咨询公司代理，重新申请。今年3月份香港加拿大总领事馆要求我参加英语雅思考试，如果成绩满足要求，有可能免去面试。6月12日接到他们的通知，已没有免面试的机会，必须到香港进行面试。因已有一次失败的经过，可能有影响，心里没底。请老师预测这次技术移民加拿大能否成功，面试能否通过。我的出生时间是1965年10月。

信的落款时间是1999年6月16日17时。

于是我就按他写信的时间，起局预测。

己卯年庚午月己亥日癸酉时，阳3局，甲子旬，天冲星为值符落8宫，伤门为值使落3宫伏吟。

阴 杜　丁 英　己	合 庚 景　乙 芮　丁	虎 死 壬 柱 乙
蛇 伤　己 辅　戊	 庚	武 惊　辛 心　壬
符 生　戊 冲　癸	天 休　癸 任　丙	地 开　丙 蓬　辛

分析：

(1) 日干己为求测之人，己落3宫为病地；临天辅吉星；己+戊为犬遇青龙，门吉则谋望遂意，上人见喜，若门凶，则枉费心机。今临伤门凶门，又伏吟，说明正经过了一次失败，心灵上已经受到伤害，而且己下临戊，甲子戊在3宫为六仪击刑，说明已经破过一次财了。上乘螣蛇，虚惊怪异，说明现在心理上处于惊扰的状态。

(2) 时干为事体。时干癸落坎1宫为临官禄地，为旺相；癸+丙为华盖悖师，不吉，但临天任吉星，休门吉门，又上乘九天，远走高飞之象。时干生日干宫，事情能成之象。

(3) 要移民加拿大，首先得通过面试。故还必须按考试格局来判断。天辅星为考试院，与日干同宫；值符为监考官，在艮 8 宫，受日干宫之克；伤门为值使，为副考官，也与日干同宫。丁奇为考生文章，落 4 宫为帝旺，又与日干宫比和。景门为试卷在离 9 宫，旺相。年干己为录取单位，又与日干同宫。综合判断：能够通过面试。

(4) 能否移民外国，这是人生命运中的大事，故还必须看年命。这位男士 1965 年乙巳年出生，年命乙落离 9 宫为长生之地，乙+丁为奇仪相佐，最利文书、考试，百事可为。据此，也是能够通过面试的信息。

根据以上分析，我写信告诉这位男士，这次技术移民加拿大一事能够成功，面试能够通过。

到 10 月 2 日晚上 6 点 55 分，这位男士又从广州打来电话，说加拿大驻香港总领事馆正式通知他 10 月 29 日上午 10 点 15 分到香港参加面试，虽然上次张老师预测我能够通过这次面试，但我仍然不放心，请张老师在百忙中再给预测一下。

我只得按打电话时间再次起局：

己卯年癸酉月丁亥日己酉时，甲辰旬，阴 1 局，天心星为值符落 9 宫，开门为值使落 1 宫。

<table>
<tr><td>蛇
伤 辛
柱 丁</td><td>符
杜 壬
心 己</td><td>天
景 戊
蓬 乙</td></tr>
<tr><td>阴
癸 生 乙
芮 丙</td><td>

癸</td><td>地
死 庚
任 辛</td></tr>
<tr><td>合
休 己
英 庚</td><td>虎
开 丁
辅 戊</td><td>武
惊 丙
冲 壬</td></tr>
</table>

分析：

(1) 日干丁落坎 1 宫为绝地，临天辅吉星，开门吉门，丁+戊为青龙转光吉格，主官人升迁，常人威昌，上乘白虎凶神。

(2) 时干为事体，时干己落艮 8 宫为入墓，己+庚为刑格返名凶格，庚为阻隔之神，受阻之象，古人经验：词讼先动者不利，如临阴星则有谋害之情。今临天英星正为明星，故而为凶。虽有休门吉门，但休门被宫土所制。上乘六合吉神，但又逢空，难以发挥作用。古人经验：入墓又空亡，凶上加凶。此事难成之象。

(3) 时干在 8 宫，克日干 1 宫，时干克日干，事情不成之象。

(4) 按考试格局看，虽日干临天辅星考院，又与值使门同宫，冲克值符宫，但年干己为录取单位，克日干宫，而且又逢空亡，故也是不被录取之象。

(5) 年命乙落震 3 宫为临官禄地，为旺相，又临生门吉门，乙+丙为奇仪顺遂，吉星迁官晋职，凶星夫妻反目离别。但年命乙是男士，虽临天芮凶星，不能按贪毒的女人来断，况且又不是问测婚姻之事，故不能按凶断，又上乘太阴吉神。

(6) 天辅星、值使开门均生助年命宫，年命宫又生值符宫，年命宫克年干己所在 8 宫。

总之，从以上分析看，出现了许多矛盾的信息，按日干时干这一对用神的关系来断，难以通过面试；按年命为主来断，则可以通过面试。结合上次预测能够通过面试、移民加拿大的信息，我如实地告诉了这位男士：

这次预测的信息出现矛盾和不一致的状况，但移民国外是人生大事，应按年命为主来断，因此，这次面试虽有难度，但能通过。

10 月 31 日这位男士从广州打来电话，高兴地告诉我，他携妻子 10 月 29 日一起前往加拿大驻香港领事馆参加面试，结果被顺利通过。

通过此例，可得到以下启示：

(1) 奇门预测具有多重用神的优点，但有时从不同用神角度来分析，会出现相互矛盾的信息。这时，就必须根据事理，选取一种主要用神来判断，用神选错，结论就会出错。比如这一奇门局，我也曾让我会一位奇门高手测过，他就主要按日、时用神来断，得出结论是面试通不过，移民加拿大办不成。其实，移民国外，这是人生大事，不是谁人命中都有的，所以在信息不一致的情况下，应以年命为主来判断。

(2) 即使按常规日、时这一对用神来断，我当时也有分析不全面的地方，比如，日干丁在坎宫为绝地，虽不得地利，但酉月金生水，坎宫旺相，应按当下时运好来判断，而且临天辅考试吉星，开门值使又生宫，丁奇遇值使门，还应按三奇得使吉格来断，丁+戊又为青龙转光吉格，官人升迁，常人威昌。上乘白虎，一般情况下按凶神断，但在这种吉门、吉星、吉格的情况下，白虎也转凶为吉，变为有力量的象征了。年干为录取单位，在艮8宫属土，酉月土休，又逢空亡，所以不仅克不动坎水，反而被坎水所胜了。因此，如果仔细分析，也应断能够通过面试而被录取。

(3) 在信息出现矛盾和不一致情况下，还应结合其他奇门局提供的信息，综合来判断。比如此事，这位男士不仅在6月16日下午17时写信求测过，6月16日上午11点40分还打电话求测过，这两个时辰奇门格局所提供的信息均表示他移民加拿大能够成功。故虽然10月2日下午6点多的奇门格局出现不一致信息，结合上述两个奇门局提供的信息，也应判断能够通过面试。

例四：去法国讲学，能否办下护照？

1999年4月，法国周易研究会会长赵南强先生专程从巴黎来到石家庄住了近一个月，专门向我学习奇门遁甲和风水知识，为了提高他风水的实用技能，我又让我会的堪舆师王庆丰老师专门给他讲了一周风水，并带领他亲自去勘察地形。

赵南强先生回法国后，向我们发来了邀请函，邀请我、杜新会和王庆丰三位老师前往法国讲学，并出席8月份在法国南部城市康城举办的预测博览会。于是我们三人就开始办理出国手续。

6月18日下午3点35分，灵机一动，我突然想预测一下这次能否办成出国手续。于是起局：

己卯年庚午月辛丑日丙申时，阳3局，甲午旬，天心星为值符落1宫，开门为值使落8宫。

合 生 戊 冲 己	虎 伤 己 辅 丁	武 杜 丁 英 乙
阴 休 癸 任 戊	 庚	地 庚 景 乙 芮 壬
蛇 开 丙 蓬 癸	符 惊 辛 心 丙	天 死 壬 柱 辛

分析：

(1) 日干为求测人。日干辛落坎1宫为长生之地，但午月火旺水囚，时运不佳；临天心吉星生宫为旺，但囚于月令；上乘值符吉神，有贵人相助；辛+丙为干合悖师，门吉则吉，门凶则凶，今临惊门凶门，自然就不吉了。

(2) 时干为事体。时干丙落艮8宫为长生之地，说明得地利，午月火旺生土，说明时运不错；但临天蓬凶星，而且被囚，说明不得天时；临开门为吉门，又临马星（申子辰马在寅），正应出国之事。但开门落8宫为入墓，又上乘螣蛇主变化，说明国门难以打开，事情中间可能要起变化。丙+癸为华盖悖师，阴人害事，灾祸频生，预示中间有小人坏事，好事难以成功。

(3) 时干落艮8宫，午月处相地，日干落坎1宫，午月处囚地，时干克日干，事情办不成之象。

(4) 景门为文书，为出国护照，今落兑7宫为门迫，乙+壬为日奇入地凶格，庚+壬也为远行道路迷失，男女音信难通的凶格，又临天芮病星，说明申办的手续文件也有毛病；上乘九地主长久，短时间内办不下来。

(5) 出国护照必须由各级领导机关批准才行，值符为顶头上级，与景门7宫相生，直接领导会批准出国；但年干己为上级领导机关，落离9宫为火，午月火旺当令，直克景门所在7宫之金，火旺金死，上级机关不会批准。

据以上分析所得信息，我断这次出国手续办不下来。但事在人为，总要努力去办，而且也需要熟悉一下办理出国手续的程序和有关规定。

于是，我们三人仍然分头由基层单位办起，三人所在单位都同意了，区公安分局也都审批上报了，但市公安局按文化交流出国的有关规定，要求我们必须首先经省文化厅审核批准。文化厅拿不准，又要求上报国家文化部审核。正在这时，“法轮功”事件发生，国家取缔了法轮功。文化部门出于谨慎考虑，当然更不会批准我们出国了。所以，这次出国手续停止下来，护照没有办成。

例五：沈阳学员佟安琪测出行去石家庄（西南方向）吉凶。

2000 年 8 月 10 日晚 8 点 25 分（开车时间）。

庚辰年、甲申月、庚子日、丙戌时。

立秋中元阴五局，甲申旬，天冲为值符、伤门为值使。

合 死 乙 心 己	阴 惊 壬 蓬 癸	蛇 开 丁 任 辛
虎 景 丙 柱 庚	戊	符 休 庚 冲 丙
武 戊 杜 辛 芮 丁	地 伤 癸 英 壬	天 生 己 辅 乙

分析：

(1) 星仪反吟，不吉。五不遇时也不吉。

(2) 所往西南方向临丁+辛、丁+戊吉格，且生日干庚落宫，吉。但逢空，不吉。

(3) 日干庚克时干丙，可以成行。

(4) 时干主事，时干丙临景门、白虎，格局丙+庚，主道路破损阻隔。临天柱，主因雨使道路受阻，天柱为雨师，不带壬、癸二干，主当时已下过雨了，或雨已经停了。

(5) 日干为人，庚在兑宫为帝旺，申月七宫为旺，临值符休门，格局虽庚+丙，亦无妨，人平安无事，休门亦主贵人，落兑宫，会有二个贵人相助。

(6) 伤门主车，落坎宫，受生，车亦平安。伤门落宫，临天英，格局癸+壬，复见螣蛇，有换乘汽车之象。英主火或发动机，癸或壬好比汽油。且日干落宫生伤门落宫，为主动去找汽车之象。又，伤门为值使门主事体，也主变化之象。

结果：8 月 11 日早 7 点 30 分火车在天津与霸州之间一个小站受阻，8 点 30 分以后我与两个同车人从火车上下来换乘长途客运汽车到石家庄。

例六：沈阳学员佟安琪测从石家庄回沈阳一路吉凶。

2000 年 8 月 18 日晚 9 点 48 分（开车时间）。

庚辰年甲申月戊申日癸亥时，立秋下元，阴八局，甲寅旬，天冲值符，伤门值使。

天 杜　壬 辅　壬	地 景　乙 英　乙	武 辛 死 丁 辛 芮 丁
符 伤　癸 冲　癸	 辛	虎 惊 己 柱 己
蛇 生　戊 任　戊	阴 休　丙 蓬　丙	合 开 庚 心 庚

分析：

(1) 时干为事，日干为人，今时干癸克日干戊不吉。去东北方向看艮宫，现艮宫空亡，不吉。时干临伤门，主车，格局癸+癸，天网四张凶格。会因车的事情克日干，伏吟主迟疑，车会误点，落三宫，会误点三个小时左右。

(2) 为何会误点，艮宫空可看对冲坤宫。从行车路线也可看坤宫，坤厚德载物，也主车之象。临死门、天芮，上乘玄武，格局丁+辛，辛+丁，莫名其妙失常之象。丁又主电，辛+辛为自刑，突然停电。

结果：火车误点三小时左右，约 0 点 57 分才到达石家庄。因到郑州车站突然停电所致。

张志春按：

佟安琪在信中所谈参加奇门面授班的感受（见本章第八节例四），颇有代表性。他来之前，也与其他学员一样，都是带着许多问题来的，经过一星期的学习，这些问题一个也没问老师都自己解决了。为什么？

原因就是我的教学，不是简单的死板的教给学员几条所谓的“结论”、“断语”、“绝招”等，而是教给你学习易学预测特别是奇门预测的根本思路、根本方法，这就是“象、数、理巧妙结合的太极思维方法”。对奇门从定局、起局、分析、判断、定应期，从预测到决策，每一步知识，不仅教给你“知其然”，应该怎么办，而且引导你弄明白“所以然”，即为什么要这么办，易学原理是什么，处处把义理与象数相结合。总之，教给你的是“活的知识”，能够让你“灵活运用的知识”。所以，正如佟安琪所说：“这就是最好的绝招。”从佟安琪提供的实例剖析中，大家可以看出他已充分掌握了这种太极思维方法。

第七节　行人走失预测

例一：王建国测行人失踪

1998 年 4 月 9 日 8 点钟，石家庄某厂赵经理来电话说在行唐县居住的一外甥女，于今年 2 月 28 日与一位女教师结伴来石市出差，至今音信皆无。其父母于十天后碰见与其同行的女教师，经询问方知，2 月 28 日晚 20 点，两人分手，她去一同学家居住，其女去石市的一亲戚家。其父母急给石市亲戚家打电话询问，原来其根本没去。至此才知其女失踪已多日，起紧往公安局报案，到现在一点消息也没有，其父母焦急万分。赵经理得知后，找人求测和询问佛门人。均说：“人已死亡，被害，且尸体已腐烂。”故又来找我求测其外甥女的安危？能否找到？何时找到（其外甥女是1976年“丙辰年生人”）？

我立即按问时起局：

戊寅年丙辰月丙戌日壬辰时，阳1局，甲申旬，天冲星为值符落5宫寄2宫，伤门为值使落2宫。

地 休 戊 蓬 辛	天 生 丙 任 乙	符 伤 庚 壬 冲 己
武 开 癸 心 庚	 壬	蛇 杜 辛 辅 丁
虎 惊 丁 柱 丙	合 壬 死 己 芮 戊	阴 景 乙 英 癸

分析：

(1) 时干为其外甥女。落坎宫，临死门，下临太岁，说明其心情不愉快，但人平安。上乘六合，为和合婚姻媒妁之事，“若逢六合利逃形”。

(2) 年命“丙”落离宫，临生门下临乙奇，得太岁宫生之，也说明人平安，生+丙，也主婚姻之事。

(3) 值使落坤宫入墓，为在外面居住，庚+壬，为音信阻隔。

(4) 综上所析：年命临吉门、吉格、吉星，得太岁、月令之生，人平安。时乘六合，临禽芮、死门，有婚姻或胎产之事，值使入墓，庚+壬，地盘年命临马星，有私奔之象，方向为南或西南。时干落内盘，距离不远，或归期不远，为二十至三十天左右，最迟“己未”月，人若不归就会有消息。

为参考信息更多，又以失踪时间起局：

1998年2月28日20时。

戊寅年甲寅月丙午日戊戌时，阳3局，甲午旬，天心星为值符落3宫，开门为值使落1宫。

蛇 伤丙 蓬己	阴 杜癸 任丁	合 景戊 冲乙
符 生辛 心戊	 庚	虎 死己 辅壬
天 休壬 柱癸	地 庚开乙 芮丙	武 惊丁 英辛

分析：

(1) 日干为人，时干为事。日干与年命同为“丙”落内盘，乘螣蛇，临凶格、凶门，但空亡不为凶。

(2) 时干乘六合，有婚姻煤妁之事。

(3) 值使开门乙+丙为奇仪顺遂，吉星迁官晋职，凶星夫妻离别，今临天芮凶星，乙为女人，丙为第三者男人，乙下临丙，必为男女苟合之事。

(4) 地盘日干上临庚，且庚乙同宫，九地又主暗昧之事，时乘六合，婚姻之事，日乘螣蛇为谎言，日干克年干，背着父母婚恋，私奔的可能性较大。

(5) 值使开门落坎宫，日干丙在内盘，时干戊在外盘，主迟，坎主一、六数，六十天或一百天可找回。又庚下临丙为日格，一定能找回之象。

结果，5 月 6 日赵经理来电话通知：其外甥女 5 月 5 日下午 3 点左右，在石家庄市内西南方向一个小旅馆找到，确实为婚恋与一南方驻石办事处的男人同居。自 2 月 28 日至 5 月 5 日共六十六天。

例二：北京海淀区学员赵国宝测大学生出走。

1998 年 8 月 2 日辰时，江苏老家的易友徐群（在市供电局工作，系邵伟华第三届学员）给北京海淀区赵国宝打电话，要求为他朋友预测一事。言他朋友之子在江苏常州读大学，是一个学生班的班干部，因疏于学习，期末考试有三门功课不及格，老师说开学补考再不及格，则要退学。其父为一干部，该学生惧怕而出走。出走时间为 1998 年 7 月 2 日上午 10 时左右，至今一月未归，家中四处寻找，毫无消息。其父两次自杀未遂。

因辗转求测，赵国宝怕问事局不准，就以该大学生出走时间起局。

出走时间：戊寅年戊午月庚戌日辛巳时，阴 9 局，甲戌旬，天任星为值符落 6 宫，生门为值使落 1 宫。该生 1979 年（己未年）生人。

虎 壬 景 丙 芮 癸	合 死 庚 柱 戊	阴 惊 辛 心 丙
武 杜 戊 英 丁	 壬	蛇 开 乙 蓬 庚
地 伤 癸 辅 己	天 生 丁 冲 乙	符 休 己 任 辛

(1) 出走时间局以日干为用神。日干庚落 9 宫，上乘六合，庚+戊，天乙伏宫凶格，但又为年格、月格，能回来之象。死+景，先怒后喜，不凶。日干、六合俱在内盘，好找；逢死门也为好找。午月离宫旺相，人在外平安。

(2) 自行躲避，以杜门为躲藏之方，落 3 宫，正为日干空亡之地。甲子戊为钱财，在 3 宫为六仪击刑，必然破财，杜+伤也为破财不利，玄武为小偷，也主破财。在躲藏之地，一旦将钱财花完或被窃，则必然回来。

(3) 年命己落 6 宫，为胎养之地，己下临辛，主自己犯错误，休+开大吉，地盘开为出走，天盘休又可为游累了回家。乾 6 宫为内盘，为西北，正是该生的家乡。临天任吉星、值符吉神，平安无事。

(4) 何时归来？庚+戊即为年格，又为月格，月内必归，但戊午月未归。甲戌旬中空申、酉，日干庚旺在申月，又时干辛临天心阴星，则以庚上之干为应期，今七宫庚上之干为乙，故断 8 月 16 日即申月乙未日可以回家。

综合以上信息，赵国宝在电话上答复如下：

其一，人在东方 130 里左右的地方，平安，不用找，自己会回来；其二，自预测之日即 8 月 2 日起，二十天之内可以回到家中。

结果信息反馈：该大学生在江苏江阴市（东方）打工一个月，挣钱五百元后，又去洛阳，三天后钱被当地痞子明抢暗偷将完，吓得赶紧返回家中，到家之日为 8 月 17 日（丙申），比预测晚了一天。

张志春按：

此例再次说明，古籍讲六合为人走失之方，并不准确，一般情况下多是开始出走的方向。

如果是自行躲避，一般以杜门落宫之方比较准确。再者，古籍讲，行人走失逢年格年内归、月格月内归、日格日内归、时格时内归，并不确切。此例就是明证，出走时间局中逢庚加戊月格，不仅戊午月未归，己未月也未归，一直到庚申月才归。可见，逢庚格是可归或可以找回之象，特别是同时逢两个格，一定可以回来，但具体应期就不像古籍中讲得那么绝对了，必须在实际中灵活运用。

例三：湖南湘乡学员旷运修测女服务员被拐骗。

1998 年 8 月 26 日（农历七月初五）下午 4 点 40 分，邻县宁乡县一家酒店的两名女服务员被两名男青年带走，多日不见回家，店主人李师傅找旷运修求测安全。旷运修即按走失时间起局：

干支历戊寅年庚申月乙巳日甲申时，阴 7 局，天禽星为值符，死门为值使，均在 2 宫伏吟不动。

<table>
<tr><td>阴
杜　辛
辅　辛</td><td>蛇
景　丙
英　丙</td><td>符
庚 死 癸
庚 芮 癸</td></tr>
<tr><td>合
伤　壬
冲　壬</td><td>

禽　庚</td><td>天
惊 戊
柱 戊</td></tr>
<tr><td>虎
生　乙
任　乙</td><td>武
休　丁
蓬　丁</td><td>地
开 己
心 己</td></tr>
</table>

分析：

(1) 女服务员被男青年带走，必为阴私和合之事，故可以太阴为用神。

今太阴落巽4宫，临杜门，又为躲藏方向。甲午辛为罪人，4宫主4数，正应两个青年拐骗两名女服务员，巽4宫又为外盘为远，故断四人到二百公里或七百公里以外的东南方向去了。

(2) 太阴落宫克日干乙落8宫，正应店主人李老板被骗。

(3) 太阴所在4宫临天辅吉星，太阴也为吉神，辛+辛虽为六仪击刑，申月辛金旺相，落4宫为入库，不为墓，故两女服务员虽被骗受困，但生命安全还不会有问题。

(4) 又可以时干庚为用神，落坤2宫为临官之地，又申月金旺，上乘值符，故虽然临死门，庚+庚凶格，但也不会有生命危险。

(5) 乙日甲申时又为天显时格，虽然大局伏吟，但不为凶。坤2宫庚下逢庚，为月格，又为时格，故人一定能找着，但现逢空亡（甲申旬中午、未空，坤宫逢空），出空之日即庚日就会有消息。

结果，到8月31日（七月初十）庚戌日，有一青年骑摩托车从该酒店门前路过，被酒店老板娘看见，因为过去此青年曾多次与那两个被拐骗女服务员的青年往来于店里，店主立即乘汽车赶到湘乡公路上，揪回此青年。此青年交待出那两个青年在广东省的住址及电话。店主立即与两女服务员通话，劝其早日回家。两人哭诉已经受骗，眼下无钱，等有钱之日才能上车回家。

9月8日店主夫妇又亲赴广东，9月10日（庚申日）找着两个女服务员，让其同家中母亲通了电话，表示已将两个女孩子交到亲人母亲手里，店主才从广东归家。

张志春按：

此例旷运修原来断得比较简单，也不规范，我进行了修改加工。其中以太阴为用神，代表阴私和合事进行分析的思路，值得大家借鉴。

例四：江苏邳州市科委郝星立测出租车司机下落。

1999年3月9日下午6点多，江苏邳州市科委研究所的郝星立（女）同志突然接到朋友电话，说她同事之子（1979年生，年命己未）正月十五日戌时开出租车出去搞营运，已经五天没有回来了，家人心急如焚，请预测一下，看司机在外是否安全，何时可回？

郝星立立即按打电话时间起局，看后大吃一惊，三十分钟后，郝星立给朋友回了电话，说："你先不要告诉你同事。我看司机可能已被人杀死，扔到河里去了，车也被劫，大概十天后可找到尸体。"

郝又说："昨天应该有消息的？"

朋友回答："是的。昨天呼那男孩的BP机，竟然回电话了。他父母连忙去追问，回电话的人说有人把BP机给扔了，他是捡来的，再问便说不知道了。"

奇门格局如下：

己卯年丁卯月庚申日乙酉时，甲申旬，阳4局，值符天心星落3宫，值使开门落7宫。

蛇 景 丁 蓬 戊	阴 死 壬 任 癸	合 惊 乙 己 冲 丙
符 杜 庚 心 乙	 己	虎 开 戊 辅 辛
天 伤 辛 柱 壬	地 己 生 丙 芮 丁	武 休 癸 英 庚

分析：

(1) 同事之子以时干为用神。今时干乙奇落坤2宫，入墓又逢空亡，乙+丙虽为吉格，但临凶门惊门，不起作用；乙+己又为入墓凶格；虽临吉神六合，吉星天冲，但皆为木，在坤宫皆入墓，不起作用。临惊门，惊恐怪异。

(2) 年命己落坎1宫为绝地，己+丁朱雀入墓，凶；丙+丁虽为吉格，但丙、丁均为火，到坎宫为火入水乡，不起作用，丙又为悖格，易出乱子。临生门虽吉，但门迫，吉门克宫吉不就。己为阴土，上乘九地，所以被杀扔到了水里，约在市区北边五十公里左右的地方。

（3）天蓬星为杀人犯，落巽4宫，克时干乙所落坤宫，临景门为道路，上乘螣蛇，为在路旁用绳子把司机勒死，投入河里。

（4）伤门为出租车，落艮宫，为门迫，凶门克宫事更凶；辛+壬为凶蛇入狱，又临天柱凶星。案犯天蓬在巽4宫，不仅克坤2宫时干，也克伤门落宫，故断人被杀、车被劫。

（5）死门为死尸，落空亡，填实可出，十天后为庚午日，填实可找回。

（6）此案可破。白虎、值使开门均为破案刑警，落兑7宫克天蓬落宫，并且3宫庚+乙为时格，杜门又逢庚，故定能破案。庚日或辛日兑7宫旺相当令，必能破案。

结果，十天后，即庚午日，捉到了罪犯（共六人），在离市区北边五十公里的村庄边小河里找到了尸体，其他情况也与她预测的几乎全部吻合。

张志春按：

郝星立是一位女学员，她没有参加函授，但看过我写的奇门学术资料，1998年12月来石家庄仅参加了三天面授，就达到了相当熟练的程度。正如她在信中所说："石家庄之行，使我的奇门预测有了很大的进步，再次谢谢张老师"，"此例与山东马兰德测女司机失踪一例有相似之处，但在奇门局上却显示得更加具体、明确，起出局来，如同看到事情发展的全过程一样，真是不可思议。"

但是，一般人，从此局上并非都能立即下"司机已被害死"这一结论的。你看：时干乙奇虽落2宫，但在卯月为旺，旺则为入库，不为入墓；又乙+丙为奇仪顺遂吉格，又上乘六合吉神、天冲吉星。又年命己落1宫虽为绝地，但临丙奇、丁奇，又临生门吉门，怎么敢断死呢？这里关键一点在于：天蓬凶星落入我生之宫，最旺，又当我生之月，最旺，得时得地，说明他十分猖狂，作案肆无忌惮。他所落之宫既克时干宫，又克伤门宫，所以杀人劫车，嚣张至极。

再一点，既然死门为死尸，落离9宫，为什么不断在南边，反而断在市区北边五十公里的地方呢？因离9宫空亡（甲申旬中午、未空），空则看对冲方向，故断在北边找到尸体。

例五：江西省新余日报社周平测女大学生失踪例。

2000 年 8 月 11 日晚戌时，周平正在石家庄参加《神奇之门》面授研讨班，忽然从老家新余市来一电话，说本单位一位职工的女儿，在广州上大学，8 月 7 日下午 5 点多从广州火车站上车回新余，至今已经四天了，不见人影，他的行李被新余车站公安人员 8 月 10 日送来。这下家里乱作一团，女孩父母哭得死去活来。请周平预测一下，该女大学生在外安危及有无生还的希望。

周平立即按该女大学生在广州火车站上车的时间起局。

2000 年 8 月 7 日下午 5 至 7 时，庚辰年甲申月丁酉日己酉时，阴 5 局，甲辰旬，值符天蓬星落 4 宫，值使休门落 5 宫寄 2 宫。女孩年命 1979 年己未。

符 惊 壬 蓬 己	天 开 丁 任 癸	地 休 庚 戊 冲 辛
蛇 死 乙 心 庚	 戊	武 生 己 辅 丙
阴 景 丙 柱 丁	合 戊 杜 辛 芮 壬	虎 伤 癸 英 乙

分析：

(1) 走失局以日干丁为用神，代表该女大学生，丁落离宫为临官禄地，又临天任吉星、开门吉门、九天吉神，只是丁+癸雀投江凶格不吉。

(2) 年命己落兑宫为长生之地，临天辅吉星，生门吉门，只是己+丙为火悖地户凶格，又上乘玄武凶神。结合第一条信息，该女孩应是被坏人花言巧语威胁、拐骗，但性命无忧。

(3) 时干、年命己落宫得太岁庚落宫相生，与伤门宫比和、杜门宫相生，必得贵人及公安人员相助。

（4）六合为开始走失的方向，休门为中间落脚的地方，年命落宫为最终落脚的地方，据此，该女孩应在江西新余的西边二百至四百公里的地方。

（5）何时可归？日干、时干、年命均在内盘主快，快断日、时，年命、时干落7宫，主7数，值使休门落坤2宫，申月旺相，主8数，故断七、八天可回来。具体日期，再按庚格断，丁酉日为阴日，看庚上之干，3宫庚上之干为乙，据此，当在第八天即8月15日乙巳日回来。

后来得知，该女大学生果然在8月15日回到新余。原来此女孩在火车上被一男子在饮水杯中下了迷魂药，精神恍惚地被此男子骗到湖南衡阳市（距江西新余三百公里），去厕所解手之际，精神有些清醒，幸遇一位好心女教师相救，经公安人员帮助，8月15日才得以安全回到江西老家中。

张志春按：

江西新余日报社记者周平通过刻苦自学《神奇之门》一书，很快就掌握了奇门预测技术。通过上述测例就可见其一斑。2000年8月来石参加面授以后，判断能力，特别是断应期的能力又有了大幅度提高。我让他在研讨班上介绍了自学的经验，其中一点特别值得易友们学习：大家都反映《神奇之门》一书中关于“十干克应”的部分最难记住，周平在很短时间内不仅记住了，还能熟练运用，他的办法就是把“十干克应”等必须背过记忆的部分都录制在复读机里，工作之余，回到家中，一没事，就反复放送、收听，这样一遍又一遍地加深印象，时间一久，脑子里都记住了。有兴趣的易友，不妨也采取这种方法学一学，肯定会有效果的。

第八节　钱物丢失预测

例一：石建国为人预测失物。

1997年10月12日晚9点，鹿泉市个体汽修厂厂长田风良焦急地来到石建国家，迫不急待地说：“请你给我测一测，下午7点左右，我骑摩托车回家，把公文包挂在车把上，到家后发现包不在了。包内的东西对我太重要了，有大哥大、金穗卡，各种行车证件，还有别人修汽车后的欠款条几万元，以及现金四千三百元。”

预测后石建国说：“不要急，第一，公文包能找到；第二，八天之内在距离你家南边三华里处见到此包；第三，拾包人是一个年轻男子；第四，破财，包内四千三百元现金找不到。”

10月18日上午，田风良又来到石建国家，一进门就说：“公文包找到了，是一个在鹿泉市火车站工作的张家口男青年拾到的，丢包后的第六天晚上给我打电话让我去领。见包后发现四千三百元现金不见了，其他物品齐全，年轻人说拾到包就没见到有现金。火车站正在我家南边，离我家三华里。”

丁丑年庚戌月丁亥日辛亥时，

阴九局，甲辰旬，天禽星值符落六宫，死门值使落七宫。

虎 伤　己 任　癸	合 杜　丁 冲　戊	阴 景 癸 辅 丙
武 生　乙 蓬　丁	 　　壬	蛇 死 戊 英 庚
地 休　辛 心　己	天 开　庚 柱　乙	符 壬 惊 丙 禽 芮 辛

分析：

(1) 物品确为丢失。

时干辛为丢失之物，落艮八宫遇空亡，确为丢失而不是被盗。

(2) 此包在距家南边三华里处被一个年轻男子拾到。

六合为失物之方，落离宫，故在南边。离为火，戌月休囚，应为三数，故在三华里处。时干辛落艮八宫，艮宫戌月为旺相，为年轻人，艮为少男，休门为人盘主一数，故为一个年轻男人拾到。

(3）失物可以找回。

时干辛为失物落艮宫，与日干丁奇落离宫相生。景门为证件落坤宫与日干相生，丁奇为电为大哥大落离宫与日干同宫，故公文包能找回。

(4）破财，包内四千三百元现金找不到。

甲子戊为财落兑宫，戊+庚为飞宫格，测财最凶。临死门为凶，上乘螣蛇主变动，又与离宫日干相克，破财之象，故包内现金找不到。

(5）找回时间为八天之内。

时干辛落艮八宫之故。时干辛为失物，落八宫为八数，与日干落九宫相生，故八天之内找到。

例二：石建国自测摩托车失盗。

1997 年 7 月 24 日，我的摩托车在家里院内放着，晚上 11 点半发现摩托车被盗。当时四处寻找没有找到，第二天早晨向鹿泉市城关派出所报了案。

我按丢失时间起局分析：其一，摩托车能找到，公安局能破案。其二，盗车人是三个年轻人，年龄十八至二十五岁，身高一米七二到一米七五，而且盗车人会被碰伤。其三，盗车后，先向南逃跑，后转向西北方向，摩托车不会走远，大约六华里。其四，摩托车被损坏，罪犯能够赔偿，但要打一场官司。

破案后，经公安人员介绍说：7 月 24 日晚 12 点，巡逻车在石井村碰到三个人骑着一辆摩托车，发现形迹可疑，命令停车，三人反而加快了速度。在追捕中，摩托车撞在路边停着的一辆汽车上，三个人都被撞伤，其中一个被撞断腿。罪犯交待说，盗车后先往南走，后转向西北方向，在石井村被捕。石井村距离我家正是大约六华里。罪犯的年龄分别是十八岁、二十三岁和二十五岁，身高均在一米七以上。后来我起诉到法院，罪犯被判刑，赔偿了摩托车修理费九百九十元。

丁丑年丁未月戊辰日壬子时，

阴七局，甲辰旬，天冲星值符落三宫，伤门值使落四宫。

天 伤 辛 辅 辛	地 杜 丙 英 丙	武 庚 景 癸 禽 芮 癸
符 生 壬 冲 壬	 庚	虎 死 戊 柱 戊
蛇 休 乙 任 乙	阴 开 丁 蓬 丁	合 惊 己 心 己

分析：

A. 公安局能破案，摩托车能找到。

(1) 玄武为小偷落坤二宫，癸+癸天网四张，临天芮凶星，难逃法网。庚+庚太白同宫名战格，官灾横祸，小偷有官灾横祸，破案之象。

(2) 伤门为车也为公安，落巽四宫，克玄武落坤宫，庚为公安与玄武同宫，绝不是合伙而应为能抓到小偷，破案之象。

(3) 时干壬为失物，落震三宫临生门，生+壬主失财后得，盗贼易获，也是能破案之象。

B. 盗车人为三个年轻人，年龄十八到二十五岁，身高一米七二到一米七五。有血光之灾。

(1) 玄武为小偷落坤宫临景门，景为人盘主三数，故三人盗车。未月坤宫处旺地，故为年轻人。坤宫地盘有庚，为庚申年生人十八岁，景主三数断为二十三岁，有癸为癸丑年生人二十五岁，故断年龄应在十八到二十五岁之间。坤宫数为二，中五宫寄坤二宫，故断小偷身高一米七二到一米七五。

(2) 玄武小偷落坤宫临景门，景门主血光，庚+庚太白同宫，官灾横祸，故断小偷有血光之灾。

C. 盗车后先往南走，后转向西北方向，大约六华里。

杜门为逃跑方向，杜门落离九宫，故小偷盗车后先往南逃，六合为失物之方，六合落六宫，乾为西北方向，阴遁乾宫为内盘为内地，乾主六数，故断六华里。

D. 摩托车被损坏，罪犯能够赔偿，但要打一场官司。

（1）伤门为车落巽四宫，辛+辛伏吟天庭，又为六仪击刑，伏吟为痛苦，伤+杜主变动，百事凶。车痛苦，变动，逢击刑，百事凶，必然是损坏。

（2）时干为所测之事落三宫，壬+壬为蛇入地罗，外人缠绕，内事索索，说明事情麻烦难办理。临生门，生+壬主遗失财后得，甲子戊为财落兑七宫与日干同宫，说明不破财，摩托车的损失能赔偿。

（3）日干戊落兑七宫主口舌，临天柱星主说，上乘白虎暗藏勾陈，也主口舌官司，故断要打一场官司。

例三：山东省文登市学员王夕强测耳环丢失例。

1999 年 6 月 11 日下午 1 点 40 分，一位中年妇女急匆匆来找王夕强，说耳环不见了，不知是在车间丢的，还是在道路上丢的？请预测一下能否找到。

王夕强立即按问事时间起局：

己卯年庚午月甲午日辛未时，阳 6 局，甲子旬，天心星值符落 9 宫，开门值使落 4 宫。

天		符		蛇	
开	己	休	戊	生	壬
柱	丙	心	辛	蓬	癸
地				阴	
惊	癸			伤	庚
芮	丁		乙	任	己
武		虎		合	
死	辛	景	丙	杜	丁
英	庚	辅	壬	冲	戊

分析：

（1）日干、时干辛同落艮 8 宫，物未失。甲子戊为钱财在离 9 宫旺相生日干宫，也是未失之象。玄武与日、时干同宫，天蓬星也不克宫，说明不是失盗，而可能是本人忘记在哪里了。

(2) 时干辛为失物，在艮8宫，即东北方向，而求测者的家正在东北方位，阳遁8宫为内盘，说明就在她自己家里。

(3) 时干辛临阴星天英，以庚上之干为应期，即当天甲午辛日为应期，又八门反吟主快，主物能找回，即失而复得，艮8宫按8小时断。

据此，王夕强告诉这位中年妇女：

“耳环能找到，就在东北方向你自己的家中，8小时之内就可找到。”

当时这位妇女还不信：“怎么会在自己家中？我是上班时丢的，下午一点才发现少了一只。”

王夕强说：“你回家找找看，丢不了。”

结果，下午5点30分，果然在她自己家中床上找到了。她说：“今早起床晚了，匆忙去上班，是晚上睡觉时掉在床上，自己也不知道，满以为在单位丢的。真的太感谢您了，算得真准！”

例四：辽宁沈阳市学员佟安琪测摩托车丢失例。

2000年8月，佟安琪在石家庄参加了面授班之后，8月27日给我写了一封长信，汇报了他学习的感受及所测三例。

张志春老师您好：

我是一名普通的易学爱好者，能学会奇门遁甲真是一种缘分，能认识张老师您这样深具学者风范的易学家更是一种奇遇。我是第一次参加易学方面的学习班，深深被您那缜密、灵活的太极思维及严谨、科学的治学态度所折服，更为老师身上所散发出的一种说不出的人格魅力所倾倒。

我想，我们这班学员的收获不仅仅是学会了一种单纯的预测技术，更重要的是拿到了一把进入周易神秘殿堂的金钥匙，那就是象、数、理巧妙结合的太极思维方法。虽然没有教给我们什么绝招，但我认为这就是最好的绝招。我们这班学员私下议论，都说张老师是全国易学界最好的、杰出的名师。能跟随这样的老师学习真是我们最大的幸运！

我觉得现在思路比以前宽了，看问题也比较全面了，好像进入到了一个崭新的、充满神奇的未知世界之中，也真正体味到了“象、数、理、占”中的，象与理（易理与常理）的微妙关系。以前看一个卦例，总不知从何下手，看到一些信息也不能完全确认，有时会得出相反的结论。这次来石家庄学习，是带着许多问题来的，经过一星期的学习，这些问题没问老师，都自己解决了。这完全归功于张老师您那生动的教学方式。在此真挚地向您表示谢意！谢谢！

其实，说起学习奇门，真是一种巧遇。

去年8月20日早6点20分，妻从单位打电话说摩托车早上发现不见了，可能是丢了，想算一算能不能找到。我当时用六爻卦算一下，大概能找到，但不敢确定，我说等你下班我们去太清宫求个签吧。结果去了太清宫，求了签，签上说菊花开的时候车就能找到。我和妻将信将疑。

8月26日我到书摊买书，一下看到《神奇之门》，书中测失物的例子引起了我的注意，于是买了书回家研究。七天后学会起局，照着书的方法，去判断，也同样是能找回车。结果到9月17日终于找到丢车，并抓到小偷。这样，更增强了我学习奇门的信心。当时的局，只能看出几点，现在学习一年多，竟能看出更多的信息。另，9月17日早上真看到卖菊花的。

另外，还有去石家庄学习之前，8月2日，起局预测此次出行吉凶如何，是一个五不遇时，不吉。我又把出发时间列出一局一看，也是五不遇时，主要是道路受阻，人员安全，车亦无事。我想：的确没有别的车可坐，且不一定那么准，再说若真准，我还能体会到什么叫五不遇时，眼见为实，耳听是虚，临值符，不会有生命危险，去！

结果，8月10日晚从家坐514次列车，到第二天早上7点30分车开到天津与霸州之间一个小站停下，8点30分列车员说前面二百米远铁路路基被雨水冲塌了，有二百多人正抢修，估计得八九个小时才能修好。当时，我完全惊呆了，没想到奇门竟是这么神奇，这更增加了我去学习的决心。

回来的时候，也是个不顺的时间，按回家从火车开车时间起局预测。一路所见，竟与局中反映出的信息丝毫不差，真是太神奇了。

下面就是这几个实例：

测摩托车丢失例。

1999年8月20日早6点20分，我妻子打电话测摩托车丢失能找到吗？干支历己卯年壬申月甲辰日丁卯时，立秋下元阴八局，甲子旬，天任值符，生门值使。

阴 开 庚 心 壬	蛇 休 丙 蓬 乙	符 生 戊 任 丁
合 惊 己 柱 癸	 辛	天 伤 癸 冲 己
虎 辛 死 丁 芮 戊	武 景 乙 英 丙	地 杜 壬 辅 庚

解：

(1) 星、仪、门反吟，失而复得之象。

(2) 日干壬落六宫，临官禄地，申月乾宫亦旺。时干丁为车入墓，主车被藏起之象。时干亦主事，丁+戊吉格，且时干生日干，也是可得之象。

(3) 四宫逢月格、日格，也是可以找到之象。月干为兄弟朋友，主兄弟、朋友帮助找到。

(4) 白虎克玄武，也为能找到之象。玄武临景门落坎一宫，临乙，且乙+丙，主贼性格柔顺似女人性格，或为女人而偷车。景门主道路，亦主学校，受白虎之克，主在道路发现并在学校附近找到车和贼。景落坎宫，学校比较破旧。玄武落坎一宫在外盘，主贼不是本地人，临天英星，受坎宫克，其长相特点红黑或棕色。临乙奇、丙奇，属初次偶然作案。

(5) 应期，反吟主快，日干在内盘，时干在外盘，主慢，但逢庚格、月格，所以一个月之内可找回。

阳日看庚下之干，为壬日，必在壬日找到；时干丁入墓，必在冲墓之期找到，为申日，二者结合，必为壬申日找到。

又值使门落宫为应期，现值使门落二宫，所以二十多天找到。再结合时干落八宫，可能二十八天左右找到车。

查万年历，9 月 17 日为壬申日，从 8 月 20 日至 9 月 17 日正好 28 天。应该 9 月 17 日找到。

结果：9 月 17 日下午 3 点 10 分左右发现贼骑车，后停在一所学校附近，最后终于抓到贼并找到车，其人为外地打工人员，十九岁，为其女友偷车，长着一头红黑相间的头发（染的），是我妻子的哥哥抓到的。

（注：其余二例见本章第六节例五、例六）

第九节　刑事案件预测

例一：杜新会与学员测抢劫案。

1996 年 12 月 14 日河北省周易研究会在石家庄市喜来登大酒店举办第二期奇门遁甲研讨班，学员四十人，下午 14 点 30 分张志春会长刚给学员讲完一个刑事案件侦破的实例，学员张某（市某局副局长）站起来对张会长说："张老师，我预测个抢钱的案子行吗？"

张会长立即答道："可以，咱们大家现场研讨，再按现在的时辰起个局。"当时我在研讨班担任助教，我即在黑板上起局。

1996 年 12 月 14 日 14 时 30 分

丙子年庚子月乙酉日癸未时，阴七局、甲戌旬，天心星值符，开门值使。

阴 庚杜 癸 芮 辛	蛇 景 戊 柱 丙	符 死 己 心 癸
合 伤 丙 英 壬	 庚	天 惊 丁 蓬 戊
虎 生 辛 辅 乙	武 休 壬 冲 丁	地 开 乙 任 己

学员们七嘴八舌议论了一通后，张会长站起来指着局中的时干癸对大家说：

“奇门预测是个时空载体，张局长提出预测案子，咱们就按现在时辰预测，时干癸下临辛，甲午辛为罪人，所测的事必与犯罪有关，抢劫为大盗，看七宫中的天蓬星，天蓬临戊，戊为资本为钱，是不是被抢了七千元？”

张局长讲：“整七千。”大家又议论了一会，我站在黑板前对大家说：

“我来把这个案子归纳一下，天蓬大盗落兑宫，兑宫为先天二数，天盘丁与天蓬大盗同落七宫，地盘丁和玄武同落坎一宫，地盘丁与壬合，主狼狈为奸，蓬和玄武宫相生说明是两名罪犯作案。”

张局长又站起来说：“是两个人作案，你看看丢钱的是几个人，是男是女，丢了钱是自己赔呢，还是单位给补呢？”

这时课堂立时静了下来，我讲：“丢钱的是一个。因为门伏吟，逢杜门，人不会多，肯定是女的。”

这时张局长讲：“是一个人，为什么肯定是女的？”

我说：“庚是月干是同事，在外盘代表你说丢钱的同志，现庚落巽宫，巽主女，所以断女同志丢的钱。”

张局长点头说：“有道理，也确实是女的。”我又说：“这个女同志很有钱，不过这件事她要自己赔一部分，大家看局中天盘甲子戊为钱落离宫，庚在四宫生离宫天盘戊，说明离宫中的钱是女同志的，戊下加丙为龙回首大吉格，必是有钱之人，但甲子戊在离为子午冲，戊资本受冲必是赔偿一部分损失。今天是现场演练，我们再看一下女同志的处境，月干庚宫克值符（值符代表直接领导）宫，说明她与直接领导有矛盾，丙（丙为年干为太岁，为最高领导）宫与庚宫比和，说明上一级领导对她不错。她本人头上有点病，天芮病神落巽宫又带庚金白虎，巽主头发，说明头发有病或不强。”

张局长兴奋地站起来说：“断的都对，这个女的很有钱，她不在乎钱。她以前跟她的科长吵过架，现在是表面上可以，但内心不和，她的上级领导确实同情她，曾拿出两千元给她，作为补助，她不要。杜老师说她头发有病，她是得过‘鬼剃头’（一种脱发病）。”

这时学员们哗地都笑了，表示赞同。这时张会长讲：“从这个局上看，罪犯藏在东南方，就在本市，因为门伏吟主附近，杜门为躲藏之方，局中白虎为公安落艮宫克玄武坎宫，说明能抓住一个罪犯。”

例二：甘肃兰州学员周品基测凶杀案。

1999年11月14日中午12时许，单位胡经理说11月9日晚9时许发生一起凶杀案，要我以奇门试测之。当时以案发时间起局测之，情况基本属实（该局已邮寄张老师指正），之后又恐所说案发时间有误，乃以问测时间验证之。

己卯年乙亥月庚午日壬午时，立冬中元阴9局，甲戌旬（申、酉空），天任星为值符落5宫寄2宫，生门为值使落9宫。

<table>
<tr><td>阴
心 辛
休 癸</td><td>蛇
蓬 乙
生 戊</td><td>符
任 己
伤 丙(壬)</td></tr>
<tr><td>合
柱 庚
开 丁</td><td>壬</td><td>天
冲 丁
杜 庚</td></tr>
<tr><td>虎
芮 丙 禽 壬
惊 己</td><td>武
英 戊
死 乙</td><td>地
辅 癸
景 辛</td></tr>
</table>

分析：

(1) 凶杀案以死门为死者，落坎宫门迫大凶，戊加乙为青龙和会，死者当为国家干部。坎宫及上乘玄武为水，戊为财，地盘戊临生门，表明死者在工商、税务部门工作。天英为火，死者3人左右，坎宫为男，戊为阳、乙为阴，死者中还有女人。死门逢戊、乙，表明因财或情而杀。

(2) 时干代表所发生之事。今时干壬加己名反吟蛇刑，主官讼败诉，大祸将至，妄动必凶。惊门主惊恐之事，乘白虎为命案。此事正是震惊一时的凶杀命案。

(3) 杀人凶手以天蓬星为用神。今天蓬落离9宫，亥月天蓬为相，主案犯为青壮年；天蓬临乙奇，乙在离9宫为长生之地，也主青壮年；乙为二数，案犯二至三人，火主二、七数，先天离卦为三数，断年龄在三十三至三十七岁之间。天蓬临乙奇，断人长得漂亮，身高一米七三左右，乙加戊利阴害阳，戊为死者，二者同宫临生门，表明凶手与死者熟识，住在一起，不是老乡便是同单位。天蓬临日奇及生门，凶犯当无前科。乙禄在卯，地盘在坎，断凶手原籍在东方或北方外地。上乘螣蛇，表明凶手十分狡猾。

(4) 甲午辛为罪人，也可代表凶手。辛落4宫临天心，说明凶犯精明能干。值休门，表明凶犯目前赋闲未上班，辛加癸名天牢华盖，日月失明，误入天网，动止乖张，也表明凶犯并无前科。上乘太阴，凶手蓄谋已久，辛干入墓于辰，定是潜藏于老家去了，也说明凶犯死罪难逃。

(5) 作案后逃往何方？杜门为躲藏方向，六合为逃犯，今杜门落兑7宫逢空，上乘九天，说明凶犯已离开本市，向对宫东方逃去。六合落震3宫值开门，由此断定凶手逃往东方三百公里之外地。该宫逢庚，庚为凶手，亦为军警、公安，断凶手曾干过军警、公安。开门为公职又为车，表明凶手有公职、会开车。庚加丁名亭亭之格，因私匿或男女关系起官非，且震宫为日干、时干之桃花所在，上乘六合亦主婚，而庚之妻乙木又与死者戊同宫，由此断定凶手必是因私匿（色情）而杀人。

(6) 能否破案？白虎、伤门和值使门代表公安刑警，今白虎落艮宫，伤门落坤宫得天蓬所生，天蓬与值使生门同宫且得庚宫之生，说明此案难破。但九星反吟，一般表示能破案，或再次作案后被破获；另外坤宫地盘逢壬，表明凶手有自首倾向。综上所述，此案虽难度大而最终可破，且凶犯自首可能性较大。

(7) 何时破案？九星反吟，表明时间较快，阳日以庚下之干为逃犯归期，今庚下逢丁，因而断此案最迟于今年丁丑月侦破。

后记：死者共四人，系甘肃省国税局局长刘某夫妇、副局长及财务处长。案犯一人，系局长刘某老乡（籍贯甘肃省平凉地区静宁县、地处兰州市东方三百公里），当过兵，复员后给刘某开车，两人均住国税局家属院内。因刘某与其妻有染，而怀恨在心，曾多次上告刘某经济问题未果，之后刘某安排其在单位干闲活。11 月 9 日，案犯向单位请假回老家静宁，当晚刚好刘某出国归来，在家与副局长、财务处长聊天。凶手看到后入室枪杀之：刘某夫妇各中两弹、副局长及处长均一枪致命，而后清理现场，从容离去，连夜回了老家静宁。当案情传至静宁后，该案犯又赶回兰州，帮助料理后事。其间还将公安部前来破案专家的两个密码箱偷走。但其始终未被列为嫌疑对象。待死者火化后，11 月 21 日（丁丑日），该案犯径至公安厅长办公室主动自首，案情由此大白。案发后，从三名死者家中共查出现金存款六百万元人民币，并有甚多金银饰品之类。

由事发时间局及问测时间局之分析对照案情来看，所断主要项目是正确的，但关键的一点：凶犯人数及破案时间未断准，这主要是我技术不精所致。

张志春按：

此凶杀大案，周品基同志断得很细致，很准确，说明他在很短时间内，对奇门判断思路和知识已掌握得相当熟练。至于案犯人数及破案时间未断准，这属于正常失误，谁也难免。

事后对照分析，可得到以下启示：

(1) 凶手人数为何是一人，不是二至三人。一者天蓬星旺衰主要以落宫断，其次以月令断，天蓬星落离宫为休，亥月为相；二者天蓬所临乙奇，在离宫为长生之地，说明他得地利，也主青壮年。但亥月离宫为死地，应按二人或一人判断。

(2) 破案时间：一者九星反吟主快，二者日干庚、时干壬分落三、八宫，阴遁同为外盘，也主快，快者断日、时，故应按阳日看庚下之干，按丁丑日来断。

第十节　官司诉讼预测

例一：“丈夫出了事，能否平安过关？”

1999 年 6 月 3 日上午 8 点半，鹿泉市孟女士找石建国求测，说：“丈夫出了事，问能否平安渡过难关?”

石建国说：“其一，你丈夫是单位领导，因为经济问题被公检法抓的。其二，你丈夫没有牢狱之灾。其三，阴历五月就能放出来。”

孟女士说：“对，我丈夫是因为经济问题出的事，只是不知道后两条对不对?”

己卯年己巳月丙戌日壬辰时。

阳 2 局、甲申旬，天辅星值符落六宫，杜门值使落三宫。

虎 景 壬 心 庚	武 死　乙 蓬　丙	地 惊　丁 任　戊
合 杜 癸 柱 己	 辛	天 开　己 冲　癸
阴 辛 伤 戊 禽 芮 丁	蛇 生　丙 英　乙	符 休　庚 辅　壬

分析：

A. 丈夫是单位的领导：

(1) 乙庚为夫妻，庚为丈夫落乾宫，乾为头，临值符，值符也为头。日干丙为孟女士，辛为丈夫，辛落艮宫临戊，甲子戊也为头，故断是某单位领导。

(2) 甲子戊为财落艮宫，临天芮病星，生庚（为丈夫）所落乾宫；辛也为丈夫与甲子戊财同落艮宫，临伤门，故断是经济问题。

(3) 白虎为公安落巽宫，丈夫庚落乾宫，二者相冲克；辛也为丈夫落艮宫，被白虎落巽宫所克，故断丈夫被公检法抓起来了。

B. 丈夫没有牢狱之灾：

(1) 庚为丈夫落乾宫上乘值符，临休门，开门为法官落兑宫与庚落乾宫比和，说明找公检法的人说清楚之后，丈夫可平安。

(2) 日干丙为求测人，丙辛合，辛为丈夫落艮八宫，辛+丁狱神得奇，经商求财获利倍增，囚人逢天解（宽大）赦宥，也是赦免之象。

(3) 时干为所问之事，时干壬落巽宫，壬+庚为太白擒蛇，刑狱公平，立剖邪正，说明此事能够澄清。又临天乙贵人（壬癸蛇兔藏），有人帮助，也是能回来之象。

C. 阴历五月份能回来：

大事看星，庚为丈夫落乾宫，临天辅星吉星，而且是星反吟，主快。庚+壬主动，又为时格。阴历五月为庚午月，故断阴历五月可回来。

结果：阴历六月孟女士告诉石建国：其丈夫阴历五月被公检法放回家。

张志春按：

(1) 石建国同志除奇门外，六爻四柱也学得不错，故常常在奇门预测中用上一些六爻或四柱的知识，比如此例用天乙贵人即是四柱中知识。当然这样也未尝不可。但我主张纯用奇门知识，不搀杂其他。比如此例断其丈夫没有牢狱之灾，除石建国所列理由外，还有年干己代表上级领导，在兑7宫与庚宫比和与辛宫相生。

(2) 此例石建国断应期为阴历五月放回，所列理由有些勉强，不够规范。正确判断应是：九星反吟主快，日干时干均在内盘也主快，值使杜门落宫定应期，快则断日时，值使门落3宫，断三天自然不合事理，故应断三十天左右回来。问时为己巳月，三十天左右，自然就是庚午月了。

例二：“你丈夫运气不佳，有牢狱之灾”。

1996年12月17日上午，一位老乡带着一位妇女来找石建国。

女士说：“我叫韩××，想请你预测一下我丈夫的运气，他是1954年出生的。”

预测后，石建国说：“你丈夫从前是个领导，现在不是了。今年他的运气很不好，有牢狱之灾，因为贪污四至五万元公款，阴历二月被公安局逮走了。”

韩女士说：“是的，事情到现在半年多了，我丈夫已经把钱退了，你看什么时间结案？我丈夫什么时间能从公安局放出来？”

石建国说："你丈夫回不来了，这个月就结案，法院一定要判刑，刑期为三至五年。"

阴历十二月，韩女士找到石建国说："你都测对了，阴历十一月结了案，刑期原来是六年，法院说因为我丈夫在拘留期间抓住了一个想逃跑的犯人，所以给他减刑一年，定了五年。"

丙子年、庚子月、戊子日、丁巳时。

阴七局，甲寅旬，天芮星值符落一宫，死门值使落八宫。

武 开　丁 蓬　辛	虎 休　乙 任　丙	合 生　壬 冲　癸
地 惊　己 心　壬	 庚	阴 伤　辛 辅　戊
天 死　戊 柱　乙	符 庚　景　癸 禽　芮　丁	蛇 杜　丙 英　己

分析：

A. 丈夫原来是领导，现在不是了。

乙庚为夫妻，庚为丈夫，日干戊为求测者，戊癸合，癸为丈夫。天盘庚、癸同落坎一宫，上乘值符为领导，逢空亡，现在不当领导了。

B. 贪污公款四至五万元。

丈夫年命甲午辛落兑宫，临太阴，有阴匿暗昧之事，临地盘戊，地盘为暗藏，甲子戊为财，故贪污公款。天盘甲子戊落艮八宫遇空亡，艮主八数，逢空减半，故断四万元，艮宫有丑土，丑土数为一、五、七，故断五万元。

C. 丈夫阴历二月被公检法抓起来。

丈夫年命辛落兑宫，辛+戊为困龙被伤，官司破财，屈抑守分，妄动祸殃。伤+惊主亲人疾病忧惊，媒伐不利，凶。伤+戊主失脱难获。丈夫年命辛落兑宫已储存有口舌官司的信息。阴历二月为卯月，卯在震三宫，震宫格局是己+壬为地网高张，临惊门又主官司，震宫暗藏地盘伤门，伤门为公安，二月震三宫正处旺地，年命辛落兑宫处休囚之地，与震三宫地盘伤门发生冲克，必然是阴历二月被抓起来。

D. 农历十一月结案，判刑三至五年。

(1) 丈夫年命甲午辛，1996 年为丙子年，阴历十一月为庚子月，子午相冲，庚又为公检法。故十一月结案。

(2) 天盘日干戊为求测者，戊癸合，癸为丈夫，乙庚合，庚为丈夫，天盘癸和庚同落坎宫，阴历十一月为水，坎宫处旺地，应断为六数，但遇空亡减半，故为三数。坎水数一、五、七，断五数，故为判刑三至五年。

张志春按：

(1) 此例在断应期上也有些勉强和不规范之处。正确断法可有两种：一是按值使门落宫定应期，值使死门落 8 宫，逢空亡，可减半，但土又主五数，故可断四至五年；二是按时干落宫断，时干丁落巽 4 宫，丁下临辛，甲午辛为罪人，逢丁奇、开门，自然能放出。巽 4 宫先天数为五，后天数为四，故也断四五年。

(2) 石建国在此例中所列水、土主一、五、七数，这是大六壬金口诀中的知识，用在奇门判断中也未尝不可，但不规范。

例三：在开发区建厂，为买地皮打官司，能胜否？

河北科迪药业有限公司是一家以生产治疗前列腺疾患最新药物“癃闭舒”胶囊而闻名遐迩的民营企业，为了进一步发展制药事业，该公司在石家庄高新技术开发区花巨资买了一块地皮。不料，开发区某位领导曾将这块地皮许过别人。这块地位于十字路口，两侧紧临交通要道，地理位置十分优越，为此，另一家企业也想争到手。科迪公司虽然交了钱，但开发区迟迟不给办土地证等手续。另一家企业上下活动，极力想把科迪公司从这块地上挤走。

科迪药业公司陈董事长通过行政手段作了各种努力均告无效之后，准备向法院起诉，为这块地皮的事打官司，但又担心打不赢。为此，在 1998 年 6 月 8 日晚上 7 点钟，找到河北省周易研究会会长张志春先生，求测这场官司能不能打？能不能打赢？

张志春立即按问时起局：

戊寅年戊午月丙戌日戊戌时，阳 3 局，甲午旬，天心星值符落 3 宫，开门值使落 1 宫。

<table>
<tr><td>蛇
伤　丙
蓬　己</td><td>阴
杜　癸
任　丁</td><td>合
景　戊
冲　乙</td></tr>
<tr><td>符
生　辛
心　戊</td><td>

　　庚</td><td>虎
死　己
辅　壬</td></tr>
<tr><td>天
休　壬
柱　癸</td><td>地
庚　开　乙
芮　丙</td><td>武
惊　丁
英　辛</td></tr>
</table>

分析：

(1) 日干丙为求测之人，落 4 宫为临官禄地，丙+己为火悖入刑，囚人刑杖，文书不行，吉门得吉，凶门转凶。今临伤门凶门，正符合陈董事长花钱买了地皮，却得不到文书，为此事而伤心。上乘螣蛇为缠绕，逢空，说明心里没底儿。丙下临己，己在兑 7 宫临死门，正主地皮之事。

(2) 时干为所问之事，时干戊落 2 宫，甲子戊为资本，戊下临庚，投资遇到阻力；临景门为状纸，正主为钱财事打官司告状。

张志春说："陈总，您是不是为买地皮已经投进去二百万元？"

陈总说："谁说不是！我已经交了二百万元，现在卖主又要变卦，不卖给我了。这怎么能行呢？所以，我已经写好了诉状，准备向法院起诉对方。"

(3) 景门为诉状，午月火旺，又景门生宫，临天冲吉星，六合吉神，又不空亡，说明诉状言词恳切，证据充分，句句在理。景门宫克开门宫，法院一定会受理。

(4) 值符为原告，天乙天冲星为被告。原告在 3 宫，克被告 2 宫；虽然被告克开门宫，但开门宫生原告宫。

据此，张志春对陈总说："这场官司您尽管放心去打，虽然中间会有些阻力，但道理完全在您这方面，最后必然会打赢。”

陈董事长听了张志春的预测，决心去打这场官司。经过三个多月的努力，终于打赢了这场官司，于 1998 年 9 月胜诉，将这块地皮买到手，并办妥了各种手续。

例四：甘肃兰州学员周品基测官讼例。

1999 年 7 月 11 日下午 4 点 45 分许，孙某来电话说儿子出事了，请我测吉凶，晚上去他家细谈。即以问测时间起局（其子 1976 年丙辰年生）。

己卯年辛未月甲子日壬申时，小暑上元阴 8 局，甲子旬（戌亥空），天任为值符落 4 宫，生门为值使落 9 宫。

<table>
<tr><td>符
任　戊
休　壬</td><td>天
冲　癸
生　乙</td><td>地
辅　壬
伤　丁（辛）</td></tr>
<tr><td>蛇
蓬　丙
开　癸</td><td>

辛</td><td>武
英　乙
杜　己</td></tr>
<tr><td>阴
心　庚
惊　戊</td><td>合
柱　己
死　丙</td><td>虎
芮　丁　禽　辛
景　庚</td></tr>
</table>

分析：

（1）时干代表儿子及事体。壬落坤宫，其下临辛，名网罗蒙头；伤加惊为官司文书凶，地盘壬入库于 4 宫，伤门为车入库于坤，断其子因车之事犯罪，目前被关押，坤宫逢壬系自首。

（2）其子年命丙落 3 宫，逢天蓬为抢劫，开门为车被迫，其子抢劫车辆犯罪。辛为罪人为月干，有同伙参与。乾宫辛加庚名白虎出力，值景门为道路为血光，上乘白虎凶神，说明劫车后路上出了车祸，该宫空亡，死了同伙。

（3）时干壬加辛表明刑期较长，年命逢开门，六合为证据生之，法院判决及证据对其子有利。景、丁为诉状及审讯通知书，落乾宫逢空，由此断法院将于亥月（11 月份）开庭判决，刑期六至七年。

结果当晚至其家，告知所断结果，与事实吻合。原来其子 7 月 2 日与一同伙持刀抢劫一辆出租车，驾车逃逸途中发生车祸，同伙当场撞死，其子弃车逃走。家人得知后找他同去公安部门自首。11 月中旬我打电话问结果，孙某告曰：法院前几日开庭审决，判刑七年。

令人痛惜的是孙某小弟 8 月 4 日上午头部突发病去世。7 月 11 日我去孙某家时他亦在场，不料面别不及一月，竟成永诀，此事当时未能看出，至今思起，不胜愧疚！

张志春按：

周品基同志由于易学基础好，通过研读《神奇之门》一书，很快就掌握了奇门预测技术，并且积累了许多成功的实例。

通过此例看，他分析判断得相当全面细致。我再补充两点：

(1) 关于判刑期限的判断，他根据壬+辛网盖天牢和景门、丁奇为诉状和传票落乾宫逢空，而断刑期六至七年，这自然可以。还可根据值使门落宫来断，值使门落宫一般代表事情的期限。今生门值使落 9 宫，9 宫属火，五行为二、七数，先天离卦为三数，后天离卦为九数，共有二、三、七、九四个数可供选择。辛未月，火已过最旺之月，但尚有余气，故应取七数，判刑七年。

(2) 关于问测人孙某小弟的信息，鉴于孙某是来问儿子官讼的，所以预测师一般不再看其他人的情况。如果要看，该奇门格局中早已显露端倪。月干辛代表孙某小弟，落乾 6 宫虽为沐浴、冠带之地，但上乘白虎凶神,景门克宫，辛+庚也为大凶之格，乾为头，景门白虎主血光之灾，又逢空亡，更是大凶。当然，尽管从此局中可以看出孙某小弟存在凶的信息，但谁也不敢断定他在一个月内会突然去世。任何预测也难以穷尽事物的全貌。

第十一节　体育竞赛预测

例一：江西省新余日报社周平测 2000 年欧洲杯足球冠军决赛。

2000 年 7 月 1 日中午，周平忽然接到广东省高要市一位朋友的电话，求测 2000 年欧洲杯足球决赛，看法国与意大利队哪个得冠军，以便下赌注(此为非法，不宜提倡)。原来广东人十分喜爱足球赛，每到国内、国际重大的比赛，总爱下赌注，而且金额较大。此次赌欧洲杯足球赛，法国队为 1:5，意大利队为 1:15。周平刚学习《神奇之门》一书，对奇门预测还不熟练，又是提前二天预测，怕测不准，不想测。朋友说："没关系，即使你不测，我们也会买码（下注)，帮帮忙。"没办法，周平只好从《广播电视报》上查找比赛的具体时间，然后起局预测。

2000 年 7 月 3 日凌晨 1 点 40 分，法国与意大利队足球队在荷兰开始举行冠亚军的决赛。

庚辰年壬午月壬戌日辛丑时，阴 6 局，甲午旬，天冲星值符落 3 宫，伤门值使落 5 宫，寄 2 宫。

天 休 庚 辅 庚	地 生 丁 英 丁	武 己 伤 壬 己 芮 壬
符 开 辛 冲 辛	 己	虎 杜 乙 柱 乙
蛇 惊 丙 任 丙	阴 死 癸 蓬 癸	合 景 戊 心 戊

分析：

(1) 九星六仪伏吟，主迟，利主不利客。

(2) 从世界地图上看，法国与荷兰国土相联，位于荷兰的西南坤宫；意大利位于荷兰的东南巽宫，国土不联，相隔比法国远。按远者为客、近者为主的原则，应以法国队为主队，意大利队为客队。

(3) 地盘时干辛代表主队法国队，天盘时干辛代表客队意大利队，二者同在震宫，也与值符裁判、金牌辛同宫。这意味着搏斗激烈，在丑时内不分胜负。

(4) 从二队所处方位上看，法国队在荷兰西南，应看坤宫，壬午月火生土，坤宫旺相，又临搏斗之门伤门，这说明法国队实力强，有顽强拼搏的素质，而且天时、地利、人和都不错，只有八神较差。意大利在荷兰东南方，应看巽宫，壬午月巽宫休囚，又逢空亡，临休门虽是吉门，但用于比赛不吉，庚+庚战格，进攻猛烈，但天时、地利不利意大利。据此，法国队胜的机会大。

丑时局难分胜负，再看寅时局：

庚辰年壬午月壬戌日壬寅时，阴 6 局，甲午旬，天冲星为值符，落 2 宫，伤门值使落 4 宫。

阴 伤　癸 蓬　庚	蛇 杜　丙 任　丁	符 景　辛 冲　壬
合 生　戊 心　辛	 己	天 死　庚 辅　乙
虎 休　乙 柱　丙	武 己　开　壬 芮　癸	地 惊　丁 英　戊

(5) 地盘时干壬为主队为法国队在坤 2 宫，与裁判值符同宫，又有景门技术指导生宫；天盘时干壬为客队为意大利队落坎 1 宫，临天芮病星，玄武凶神，又逢开门，足球赛门一开，必然被对方踢进球。关键是坤 2 宫旺相之土克坎宫休囚之水，故必然是法国队胜。

(6) 主场九十分钟内不会分胜负，加时赛才能分胜负。法国队在坤 2 宫，意大利队在坎 1 宫，法、意队都是世界足球劲旅，比分不会差距很大，按此象、数、理判断，法国与意大利队的比分应是 2:1 或 2:0。

后来事实的发展，完全与周平预测一致。九十分钟内，二队不分胜负，加时赛时，意大利队还先进 1 球，但最终仍是法国队以 2:1 胜意大利队，夺得 2000 年欧洲杯足球赛冠军。

周平事后了解到，有几位年事已高、研究六壬的老先生事先都预测意大利队获胜，对于初学奇门的周平很看不在眼里，事后见奇门测得如此准，都纷纷表示要学习奇门遁甲了。而那位按照周平预测下赌注的朋友，这次自然获利甚丰了。

例二：内蒙古凉城县任宏锦测第二十七届奥运会男子乒乓球单打决赛。

2000 年 9 月 24 日晚上，中央电视台记者在奥运会现场直播了中国男子乒乓球运动员刘国梁惨败于瑞典选手瓦尔德内尔（简称“老瓦”）的消息，并预报 9 月 25 号 17 点将现场直播中国男子乒乓球健儿孔令辉和“老瓦”决赛的新闻。举国上下数亿电视观众都为刘国梁惨败于“老瓦”憋了一口气，同时也为孔令辉决战老谋深算、久经沙场的“老瓦”捏着一把汗，我也不例外。当天晚上，我就按电视台记者预报的孔令辉和“老瓦”正式比赛时间起奇门局预测。

2000 年 9 月 25 日 17 点，庚辰年乙酉月丙戌日丁酉时，阴 1 局，甲午旬，值符天柱星落巽 4 宫，值使惊门落巽 4 宫。

<table>
<tr><td>符
惊 辛
柱 丁</td><td>天
开 壬
心 己</td><td>地
休 戊
蓬 乙 癸</td></tr>
<tr><td>蛇
乙 死 癸
芮</td><td>

癸</td><td>武
生 庚
任 辛</td></tr>
<tr><td>阴
景 己
英 庚</td><td>合
杜 丁
辅 戊</td><td>虎
伤 丙
冲 壬</td></tr>
</table>

分析：

(1) 首先要分清主客。在悉尼比赛，按说中国和瑞士均为客队，但瑞士在西欧，中国在亚洲，瑞士距离悉尼远，远来为客，应以“老瓦”为客；中国距离悉尼近，近来为主，应以孔令辉为主。

(2) 以地盘丁为主，代表孔令辉，在巽4宫，落帝旺之地；上乘天柱星，说明孔令辉能征善战，敢打硬拼；临值使惊门，值符吉神，说明裁判员和工作人员都对孔令辉有利。但巽4宫落空亡，说明孔令辉在比赛过程中难免有失误之处。

(3) 以天盘时干丁为客，代表“老瓦”，在坎1宫，落绝地；乘天辅星，说明“老瓦”很能干；但临杜门，闭塞不通。

(4) “老瓦”所在的坎1宫生孔令辉所在的巽4宫，对“老瓦”来说是泄气，对孔令辉来说是生扶。

(5) 景门为技术指导，落艮8宫，克“老瓦”所在坎1宫，受孔令辉所在巽4宫之克，对孔令辉有利，对“老瓦”不利。

(6) 以辛为金牌，地盘辛在兑7宫，天盘辛在巽4宫，地盘克天盘，也主孔令辉胜。

综上所述，我断孔令辉必胜，“老瓦”必败。

为了验证自己的预测正确与否，第二天下午我在机关上班工作，快到17点时，我就早早来到县委机要室，因为这里有一台十八英寸大彩电。我和其他几位关注这场比赛的机关干部守在电视机前，等候“观战”。比赛开始了，一、二局孔令辉领先，三、四局“老瓦”反败为胜，场上出现2:2平，我的心紧张得快要跳出来了，最后第五局一决雌雄。孔令辉变换战术，出其不意，攻其不备，最终以3:2战胜“老瓦”，为中国队夺得第二十一枚金牌。

张志春按：

任宏锦是一位机关干部，工作之余跟我学习奇门。也可能是职业习惯和工作忙的缘故，他学易的思路并不十分活泛，相反有些死板。但经过刻苦努力，也掌握了奇门预测技术。从上述所选实例，就可充分证明这一点。为此我向他表示祝贺。

例三：内蒙古凉城县任宏锦测第二十七届奥运会女子羽毛球单打决赛。

2000 年 9 月 22 号 18 点 50 分，在澳大利亚沿海城市悉尼举行的第二十七届奥运会上，二十三岁的中国姑娘湖南籍运动员龚智超将与曾经多次获得世界女子羽毛球单打冠军的丹麦选手马丁决赛，全国亿万观众翘首以待，我一家同样如此。电视打开后，妻子对我说："你不是跟张志春老师学习奇门预测吗？何不也试着测一下，看看龚智超能不能战胜马丁？"

于是，我用奇门遁甲起局预测。

庚辰年乙酉月癸未日辛酉时（子、丑空），阴 9 局，甲寅旬，值符天辅星落乾 6 宫，值使杜门落乾 6 宫。

虎 开 辛 心 癸	合 休 乙 蓬 戊	阴 生 己 壬 任 丙
武 惊 庚 柱 丁	 壬	蛇 伤 丁 冲 庚
地 任 死 丙 芮 己	天 景 戊 英 乙	符 杜 癸 辅 辛

分析：

(1) 首先要分清主客。在悉尼比赛，按说中国和丹麦均为客队，但丹麦在西欧，中国在亚洲，丹麦距离悉尼远，远来为客，应以马丁为客；中国距离悉尼近，近来为主，应以龚智超为主。

(2) 以地盘时干辛为主，代表龚智超，在乾 6 宫，酉月旺相，又上乘天辅吉星，值使杜门、值符吉神，天地人神满盘占，值符又为裁判，与值符同宫，说明裁判对龚智超有利。

(3) 以天盘时干辛为客，代表马丁，在巽 4 宫，酉月巽木处死地，虽临天心吉星，开门吉神，又乘白虎，说明马丁精明强干，竞争力很强，但开门克宫，吉门克宫吉不就，形势最终对马丁不利。

(4) 代表裁判和龚智超的旺相之乾 6 宫直接对冲代表马丁的死绝之巽 4 宫，说明龚智超必胜，马丁必败。

(5) 八门、九星都反吟，主比赛速度快，成败易分。

结果：龚智超猛打猛攻，一鼓作气战胜马丁，为中国队夺得第十四枚金牌。

第十二节　竞争评比预测

例一：三门峡市检察院干部王约生测西安交通大学在'99 国际大专辩论赛中能否获得冠军？

我女儿是西安交通大学国际金融专业学生。暑假期间晚上看电视时她问我：我校在全国大学生辩论赛中夺得了冠军，现在正参加'99 国际大专辩论赛，你用奇门遁甲预测下我校能否获得冠军？我平时不注意这方面的事情，此届国际大专辩论赛的组织及规则等事项更是一无所知，便说：我是干法律工作的，文化教育方面的事我不懂。女儿说：不懂没关系，就按你的思路预测我校能不能得冠军就行。

时间是 1999 年 8 月 27 日 22 时 45 分，干支历是己卯年壬申月辛亥日己亥时。阴一局，甲午旬，辰巳空，天柱星为值符落九宫，惊门为值使落二宫。

蛇 癸 景 乙 芮 丁	符 死 辛 柱 己	天 惊 壬 心 乙
阴 杜 己 英 丙	癸	地 开 戊 蓬 辛
合 伤 丁 辅 庚	虎 生 丙 冲 戊	武 休 庚 任 壬

起局后，我的预测思路是：

之一，空亡藏玄机。甲午旬中辰巳空，四宫是天辅星所居之宫，天辅星是吉星，主文化教育方面的事。现天芮星落四宫，在预测人事中代表学生；临景门，多主文书之事，天芮星临乙奇，乙+丁吉格，奇仪相佐，传送文书、公文，百事吉。综合来看反映文化教育方面的信息很明显。天禽吉星临宫，百事皆宜，四时皆吉。虽癸+丁为螣蛇夭娇，文书官司、火焚也逃不掉的凶格，可说明此届国际大专辩论赛，唇枪舌剑的激烈辩论是不可避免的。宫中寅刑巳为恃势之刑，说明是一场知识面及应辩能力的实力较量。上乘螣蛇，螣蛇主口舌尖刻，善辩，由此可见，参赛国（地区）的大学生选手都是口齿伶俐，善辩应对的英才。从空亡玄机之中，’99国际大专辩论赛中的知识面及应辩能力的白炽化场面映跃眼前。巽四宫主此届为第四届。阴遁四宫为外盘，壬申月金旺木死，此届参赛国家（地区）不会超过十四所大学。

之二，预测竞赛以值符为裁判，景门为教练、指导老师，天干辛为金牌，天盘时干为客队，地盘时干为主队。因是我女儿问测，又以日干为西安交通大学队。值使惊门为所测之事。

之三，西安交通大学是我国参赛队，所以为主不为客，日干辛、地盘时干己为西安交通大学。现均落九宫，临值符天柱星，天柱星五行属金，喜杀善战，壬申月正当金秋肃杀之时；天柱星又名破军星，有敢打硬拼、毫不畏惧的性格。地盘己和值符天柱星同宫，可断为其辩论水平能得到很好发挥，会受到评委的好评。日干为辛落九宫，阴遁九宫为内盘，可说明西安交通大学在国内辩论赛中曾获得过金牌。地盘己上临天干辛，说明此次辩论赛亦能获得金牌。午午自刑，为正反双方辩手除针锋相对的辩论之外，可能还会有意外之事发生。临死门，但不克宫，则不以凶断。死门落九宫又受生则为旺。死门五行属土居坤宫，其性厚重，有厚德载物之德且有杀性和克制性。由此看西安交通大学队有实力争夺金牌的一面，又有厚德宽容的一面。上乘值符，千灾万祸化为尘，各种阻力或意外都不影响辩论的正常发挥和获得第一名。

之四，值符为裁判，值符天柱星临天干辛在九宫为午午自刑，凶。可断为在辩论赛中评委在某些问题上会有分歧意见，也为评委人数不会超过九人。

之五，景门代表教练或指导老师落四宫，受宫生为吉。景门主献策筹谋，又上乘螣蛇，生日干辛和地盘己所落九宫。综合来断，西安交通大学的指导老师善辩且精于谋划，为在辩论赛中取得好成绩而运筹帷幄。

之六，天盘时干己为所测之事，落三宫。阴遁为外盘，临天英星，天英五行属火，落三宫为废地，由此看参赛国（地区）不会超过十三个国家和地区。杜门落三宫为旺相，杜门为不通畅之意，所参赛的各大学选手虽在本国、本地区的大学中汉语水平是佼佼者，但来到中国参加辩论中就会显得逊色，会有语句不通、表述不清的情况发生。上乘太阴，太阴主密谋策划。由此看主办单位为办好此次辩论赛进行了充分的准备工作。己+丙为火悖地户格，不吉。壬申月金旺木死，天盘时干己宫又生值符天柱星和日干辛所落九宫，自身无力又泄其势，大多数参赛大学想争夺金牌，而金牌却与其无缘。

之七，月干壬为竞争对手，落二宫为长生之地，又临天心吉星，看来对手长于心计，领导组织、战略战术灵活有序，发挥得力。又临值使惊门，惊门宜争斗、博戏，惊门也主口才、语出惊人。其五行属金，正旺于金秋申月，落二宫又为旺地，真可谓得天时又得地利。上乘九天吉神，九天之上好扬兵。在辩论赛中其优势能得到充分发挥。又得落九宫的值符天柱星和天干辛相生。综合来断，这一竞争对手可能是中国西南方向的国家参赛队，国家名字带提土偏旁部首，壬+乙是小蛇得势格，可能是个小国家。可获并列第一名或第二名（坤后天数为二数、二宫也为二数）。

预测之后不久，我女儿就返回西安交通大学。为了验证所预测结果，我就一直关注辩论赛的进展情况，其结果正如所测。

在辩论赛中一直是正常进行，但是当西安交通大学与澳大利亚新南威尔士大学队辩论时，新南威尔士大学辩手竟离开发言席去拍西安交通大学队自由发言人的肩膀，又说又唱，说出与辩题无关的挑逗性语言。此类辩论形式在以前历届从未出现过，正应午午自刑。但西安交通大学队以厚德载物之德，予以宽容。而用无可辩驳、机智、幽默、诙谐、锐利的词锋给予反驳，把辩论赛推向一个高潮。正应死门坤土所主。另据我女儿来信讲：西安交通大学的指导老师很善于组织策划辩论赛。全国辩论赛中在其指导下，曾多次拿到名次和冠军。在这届国际辩论赛中信心十足誓夺金牌。正应四宫中景门受宫生、上乘螣蛇又生助代表西安交通大学的日干辛和地盘己所在九宫。在辩论赛过程中，瞬息万变，很难预定准备进行正辩和反辩。其他队选手是用母语思维而用汉语表述其意，所以就不能像母语那样表述流畅甚至词不达意，发言多有失误和语塞，与金牌无缘。正应天盘时干己、杜门所落震三宫，休囚无力又生离九宫。此届辩论赛评委七名、点评一名，共八名。评委们对澳大利亚新南威尔士大学队在辩论赛中出人预料的怪异辩论形式亦产生分歧意见。正应值符落九宫临午午自刑。

十二支参赛队经过十一场的激烈争夺，占天时、地利的中国西安交通大学面对花样百出的对手居惊不变，以雄厚的势力夺得了 A 组冠军。埃及国以富有攻击力的辩驳，当仁不让地捧走了 B 组的冠军奖杯。正应国名带提土偏旁、地处我国西南方向的小国家。此次由中央电视台和新加坡电视机构周密策划和联合举办的第四届’99 年国际大专辩论赛画上了圆满的句号。

张志春按：

此例，王约生同志在判断中，既用了常规性用神日干和时干，又按体育竞赛方法以地盘时干为主、天盘时干为客等用神方面进行了综合性的分析，取得了满意的效果。他的思路比较开阔，也很灵活，值得大家学习借鉴。

个别分析不当之处，我进行了修改加工。

例二：某市七中能否升为省级重点中学？

某市七中多年来教育质量较高，是该市除三所重点中学以外最被广大学生和家长看重的学校之一，但由于位居市中心、校舍比较狭窄等原因，一直未列入省级重点中学。该校袁校长为使七中成为省级重点中学，多次找市教委、省教委联系、争取。

1998 年 7 月份，该校袁校长找张志春预测。

他说：“张老师，你给预测一下，看七中升省重点中学一事能否办成？

如果能成，我就继续去跑，去争取；如果不成，我也就不想再跑了。”

张志春起奇门局预测后，说：“这事最终能成。阻力主要在中层干部这一环节。”

袁校长一听，把腿一拍，说道：“张老师测得真准！这事就卡在省教委普教处。前几年普教处有一位处长想往七中塞一名学生，一个副校长跟他是老熟人，自然早就答应了，但该学生条件太差，这样进又明显违背省、市教委的有关规定，因此让我给卡住了。没想到，咱秉公办事，却得罪了这位处长，从此事事都挡着我们。这次七中申报省重点中学的事，连教委主任都口头同意了，他却从中作梗。”

张志春说：“这事不能太着急。你再找找更高一级的领导，比如主管教育的副省长，乃至省委一把手，最终会办成。”

袁校长对奇门预测判断得如此细致，合乎实际，感到很神奇，临走时非要把张志春写有奇门格局的一张纸拿走，说回去好好研究研究。张志春只好答应。没想到，后来向袁校长要这次预测的记录，袁校长却给弄丢了，说找不到了，也忘记是7月几号几时找张老师预测的了。因此，这头一次预测的格局只好阙如。

1998年11月14日下午4点15分，袁校长又给张志春打电话，说星期五（11月13日），省教委来人考评七中能否升为省重点中学之际，原七中副校长等人向考评组又一次告状，反映七中办补习班收费有问题，区纪检委不久就要来查账，请张老师给预测一下：

①查账，对我的职务会不会有影响？

②七中升重点一事会不会因此而半途而废？

张志春立即按问时起局：

戊寅年，癸亥月，乙丑日，甲申时。

阴6局，天辅星值符、杜门值使均在4宫伏吟。

符 杜　庚 辅　庚	天 景　丁 英　丁	地 己 死 壬 己 芮 壬
蛇 伤　辛 冲　辛	 　己	武 惊 乙 柱 乙
阴 生　丙 任　丙	合 休　癸 蓬　癸	虎 开 戊 心 戊

分析：

(1) 日干为袁校长，日干乙落兑7宫，临惊门，有官司是非缠身，同时也表示受惊、担心，上乘玄武，难免有些小问题，但与开门、年干戊所在乾6宫比和，对职务不会有什么影响。

(2) 时干庚为仇人、为告状人，落巽4宫，上乘值符，在四维宫，正应副校长之职。月干癸在坎一宫生时干庚宫，说明告状之人受到中层某位干部的支持。亥月坎宫旺相，巽宫受生，所以现在出来告状。景门为状纸，落离九宫逢空亡，说明所告内容不实，上乘九天，为夸大其词。再者开门、年干宫与日干宫目前虽休囚，但毕竟冲克时干庚宫，上级领导和纪检部门不会光听告状人的，一定会秉公办事。

(3) 星、门伏吟不吉，但乙日甲申时为天显时格，利于求官、上任、远行、求财等，有错误也能赦免。

(4) 开门为单位、为学校，与太岁戊同宫，地支寅与亥合，七中升重点中学不会受到影响。

据此，张志春在电话中告诉袁校长："请你放心吧！纪检委来查账，也不会查出什么问题，尽管你的对立面又告状又从中作梗，但一不会影响你的职务，二不会影响七中升重点这件事。"

袁校长听了预测结果，高兴地说："只要七中升重点不受影响，我就放心了！至于办补习班的收费账目，我自认为没有什么大问题，我心里亮堂得很，但现在的事说不清，有人故意跟你捣乱，小题大作，不是问题也能给你说成问题……”

1999年6月6日晚7点40分，袁校长又给张志春打电话，说，关于七中升重点中学一事已报到省政府，据说那位处长坚持把七中校园狭窄等问题写进了报告之中，不知省政府能否批准？再者，“有小道消息，经过查账调查，尽管办补习班收费上没有什么大问题，但有人坚持要调整我的职务，要把我调离七中。我为把七中办成省级重点中学，不知费了多少心血，现在将要大功告成之际，却要把我调走，我确实不甘心啊……”

张志春立即按接电话时间起局：

己卯年庚午月己丑日甲戌时，阳9局，天蓬星值符、休门值使均在一宫伏吟。

合 杜　壬 辅　壬	虎 景　戊 英　戊	武 癸 死 庚 癸 芮 庚
阴 伤　辛 冲　辛	 癸	地 惊 丙 柱 丙
蛇 生　乙 任　乙	符 休　己 蓬　己	天 开 丁 心 丁

分析：

(1) 又是一个伏吟局，己日甲戌时，又是一个天显时格，故而虽伏吟，但不为凶，反而为吉，利于求谋，有罪也能赦免。

(2) 日干为人、时干为事，与年干太岁均为己，三者同在坎一宫，虽然己+己不吉，但临值使休门吉门，又上乘值符，综合看，凶中有吉。月干庚落坤2宫，克日、时所在坎宫，仍然是中层干部在从中作梗。但日、时临太岁，又受开门宫生之，故必然无事，七中升重点能被批准，校长职务也不会变动。

(3) 伏吟主迟，但日、时、年均在内盘又主快，开门为批准机关、丁奇为批准文书，均在乾6宫，伏吟逢冲为应期。6月6日芒种，6月22日夏至，芒种至夏至这15天仍在巽4宫，与乾6宫对冲，又下星期三、四，即6月9日壬辰日、6月10日癸巳日，辰冲戌，巳冲亥，故下星期三、四就可能被批准。

据此，张志春回电话说："关于七中升重点一事，6月22日前省政府一定会批准，快者下周三、四就能批准。再者，关于你的职务也动不了。当然主动找找上级领导，谈谈自己的意见则更好。"

结果，下星期四，即6月10日（癸巳日），七中被省政府正式批准为省级重点中学，袁校长仍在七中任职。该校张灯结彩，全校师生员工隆重庆祝历史悠久的七中第一次升为省级重点中学。

第十三节　天时气象预测

例一：新疆某市政协蔡玉亭测1998年长江特大洪水何时退落。

1998年夏季，长江发生特大洪水，我分别用周易六爻预测法和奇门遁甲预测法进行了同步预测。现将用奇门遁甲预测法预测的情况简述如下：

时间：农历1998年六月二十八日（公元1998年8月19日）中午。

干支历为戊寅年庚申月戊戌日戊午时。处暑上元阴一局，甲寅旬，值符天禽星和值使死门同落坎一宫。格局如下：

武 休 戊 蓬 丁	虎 生 庚 任 己	合 伤 丙 癸 冲 乙
地 开 壬 心 丙	 癸	阴 杜 丁 辅 辛
天 惊 辛 柱 庚	符 癸 死 乙 芮 戊	蛇 景 己 英 壬

分析：

(1) 预测长江洪水涨落，以天蓬星和休门为用神。天蓬星和休门同落巽四宫，巽宫主河道，天蓬星落入我生之宫，为旺相，休门得庚申月令之生，也为旺相，故洪水暴涨肆虐。阴遁巽宫为外盘，故暴涨的洪水肆虐时间较长。

(2) 玄武临巽四宫，玄武临宫亦为洪水肆行之象。玄武和天蓬星、休门均属水，又同落巽四宫，可见洪水暴涨肆虐之甚。

(3) 巽四宫六仪为戊加丁，暴虐的洪水为戊为客，长江为丁为主，地盘六仪丁生助天盘六仪戊，主生客，亦进一步显示了洪水暴涨肆虐之甚。

(4) 天蓬星和休门同落巽四宫，乾六宫地支戌和巽四宫地支辰相冲，并且，乾六宫地盘六仪为壬，乾六宫地盘六仪壬和地盘地支戌为暴涨洪水的退落期。

结论：1998 年，长江发生特大洪水，至农历壬戌月，暴涨的洪水可退落。果验。

启示：预测洪水涨落，若遇天蓬星和休门、玄武同落二、八、五宫之外的某一宫，乘旺相之气，则暴涨必甚。

例二：结婚吉日天气如何？

择吉，是千百年以来形成的民俗。中国古代形成的择吉术五花八门，据清代官方修撰的《协记辨方书》所列，就有一百多种。民间流传的《玉匣记》更是禁忌多多、互相矛盾，使人无所适从。

司马迁《史记·日者列传》中附有褚少孙的一段话：

臣为郎时，与太卜待诏为郎者同署，言曰："孝武帝时，聚会占家问之，某日可娶妇乎？五行家曰可，堪舆家曰不可，建除家曰不吉，丛辰家曰大凶，历家曰小凶，天人家曰小吉，太一家曰大吉。辩论不决，以状闻。制曰：'避诸死忌，以五行为主。'人取于五行者也。"

这段话的意思是讲：

褚少孙做郎官时，与太卜待诏（太常寺属官，掌管占卜）也是郎官这一级别的人在一起办公，这些人曾对他讲过这样一段轶事：汉武帝时，女儿要出嫁，太卜官选择了一个日子，召集各种占卜派别的人征求意见。五行家说可以，堪舆家说不可，建除家说不吉，丛辰家说大凶，历家说小凶，天人家说小吉，太一家说大吉。大家互相辩驳，意见无法统一。最后打报告请示汉武帝。汉武帝批示："避开各种死忌，以五行家的意见为主。"这就是说，人生活在五行之中，主要应该根据五行生克来确定吉凶。

奇门择吉也应该以五行为主。吉凶本来是相对的，没有绝对的吉日，也没有绝对的凶日。

西方人忌讳"十三"这个数，中国人却认为"三生万物"，"三、六、九"均为吉日。天体运行对地球上的气候、生命有影响，这是无疑的。但所谓"黄道日"也并非对所有的人都吉，"黑道日"也并非对所有的人都凶。俗话说："良辰美景奈何天"，"几家欢乐几家愁"。同一个日子，地球上必然有人吉，有人凶。所以，择吉主要是一种民俗。如果讲科学择吉的话，主要应该根据具体的人、具体的事，按照阴阳五行生克制化的原理，选择相对合理的吉日良辰。其中天气如何是很关键的一个方面，如果迎亲结婚、乔迁搬家或店铺开业，遇上狂风暴雨，无论你如何讲这是个吉日良辰，大家也不会认可的。

所以，如果只会按照《玉匣记》等古籍为人择吉，不会预测天气的话，难免会失误。用奇门择吉，既要选择适合当事人及其特定事件的五行吉日良辰，又必须预测当日当时的天气，这样才能比较完美。

1999 年春天，张志春的小儿子计划在"五一"节前结婚，提前一个多月选定了 4 月 24 日（农历三月初九星期六丙午日）举行迎亲婚礼，4 月 25 日（三月初十星期日丁未日）新媳妇回门，娘家举行婚宴。4 月 22 日，婚期临近了，天气预报近期将有降雨天气，其妻李春月不放心，这天上午 8 点 30 分，她又一次提出："你再测测，结婚这两天会不会下雨？天气到底如何？"

张志春立即按问时起局：

1999 年 4 月 22 日上午 8 点 30 分，己卯年戊辰月甲辰日戊辰时，阳遁 8

局，甲子旬，天任星为值符落 8 宫伏吟，生门值使落 3 宫。

阴 伤　癸 辅　癸	合 杜　己 英　己	虎 丁 景 辛 丁 芮 辛
蛇 生　壬 冲　壬	 丁	武 死 乙 柱 乙
符 休　戊 任　戊	天 开　庚 蓬　庚	地 惊 丙 心 丙

分析：

(1) 九星伏吟，天气比较正常。

(2) 天蓬星为水星，虽落一宫，但辰月休囚，又不临壬、癸；天柱星为雨师，虽落兑七宫，但辰月为休囚，又不临壬、癸，故不会下雨；但上乘玄武，最多有点云彩。

(3) 天英星主晴，在离九宫为相，辰月为我生之月为旺，杜门又生宫，上乘六合，故必然是风和日丽的晴朗天气。

(4) 4 月 24 日丙午，天干地支均为火；4 月 25 日丁未，天干为火，地支为土；这两日，头一天在离九宫，第二天在坤二宫，坤二宫临景门生合，还有丁火，故这二日不会下雨。4 月 26 日戊申，天干戊临休门，地支申子辰合水局，又逢二宫白虎、辛金当令，故难免要下雨。

据此，张志春告诉其妻："放心吧！你儿子结婚这两天不会下雨。"

在此前几天，兄弟出版社有一位同志要搬家，打电话请张志春为之选吉日，张志春为他选的也是 4 月 25 日。

结果，4 月 24 日张志春儿子在石家庄国宾大酒店举行婚礼，第二天 25 日新媳妇回门，娘家在阳光大厦请客，两天天气晴朗，风和日丽，只是偶尔有些薄薄的云朵。到 4 月 26 日，天气就下起雨来，而且一连阴晦了好几天，连"五一"节这天都不断有些零星小雨，致使许多选择"五一"节这天结婚的青年男女不免有些扫兴。

第十四节 地理风水预测

例一：购买一处商品楼房，不知住着合适否？

近几年各大城市都在开发商品住宅，国家有关实物分房的政策到1999年底均已停止，今后不仅普通老百姓，连工薪阶层也得自己购买商品楼了。有些人花巨资买了一处住宅，住进去不久却灾病不断。为此，不少人都逐步认识到选择居住环境的重要性。

1999年11月26日上午8点20分，一位经商的朋友找到我，说他在石家庄市中心地段正在开发的东龙花园选了一处住宅，准备买下来，不知这处住宅好不好？适合不适合我住？请张老师给预测一下。

我立即按问时起局：

己卯年乙亥月壬午日甲辰时，阴遁5局，天蓬星为值符，休门为值使，均在1宫伏吟不动。

武 杜 己 辅 己	虎 景 癸 英 癸	合 戊 死 辛 戊 芮 辛
地 伤 庚 冲 庚	 戊	阴 惊 丙 柱 丙
天 生 丁 任 丁	符 休 壬 蓬 壬	蛇 开 乙 心 乙

分析：

(1) 六甲之时，均为天显时格，利于求财、买房、出行等。

(2) 日干壬在坎1宫为帝旺，说明得地利；临天蓬星旺相，天时不错；临休门吉门，又占人和；上乘值符吉神，说明机遇好，有贵人相助。

(3) 日干为人，时干为宅，日、时同宫比和，为吉。

(4) 生门为房屋为住宅，在艮8宫为吉，上乘九天，说明位置较高，也为气场好，丁+丁为星奇入太阴，文书证件即至，喜事从心，万事如意；临天任吉星。说明此处住宅环境气场均佳。

(5) 这位朋友年命为癸丑，天干癸落9宫生助生门宫，地支丑就是艮8宫，说明很适合他居住。

(6) 戊土也主阳宅。今戊土在5宫临天禽吉星，正与此处住宅位于石家庄中心地段相符。

(7) 甲子戊又为资本，戊寄2宫，亥月土囚，故按二数断，大约需投资二十万元左右。

这位朋友听后，兴高采烈。他说：我要买的这处住宅正价值二十万元。既然张老师说此处风水好，适合我居住，那么我就下决心把它买下了。

不久，这位朋友，果然与东龙房地产开发公司签订了预售房合同，房屋尚未盖好，就把宅买到了手。

例二：购买一块地基，准备在上边盖房，不知此处风水如何？

2002年国庆七天长假期间，我在石家庄举办奇门面授班，北京学员贾双萍经过几天学习，学会了奇门的起局，但独立分析判断能力还不行。

10月5日上午课间休息期间，她拿出一个奇门局，首先让我看看起得格局对不对，我检查了一遍对她说："格局都起对了，看来你已过了第一关。"

她说："但我还不会分析判断。"

我问："你起这个局预测什么事？"

她说："我前不久在北京昌平县位于市区边上的一个农村，通过熟人买了一块宅基地，准备在上边盖一处四合院，以便我们夫妻俩安度晚年，已经交了订金一万元。但我心里一直嘀咕，不知这块地基的风水如何。因此，今天早上7点多一起来，我就起了这个奇门局，请张老师给亲自看看，这块地基到底好不好？"

2002年10月5日上午7点多钟。

壬午年己酉月丙午日壬辰时，阴遁4局，甲申旬，天芮星为值符落9宫，死门为值使落3宫。

蛇 惊　壬 英　戊	符 乙 开 庚 芮 壬	天 休 丁 柱 庚
阴 死　戊 辅　己	 乙	地 生 丙 心 丁
合 景　己 冲　癸	虎 杜 癸 任 辛	武 伤 辛 蓬 丙

于是，我为她做了以下分析：

(1) 以死门为地皮，为宅基地，今死门落3宫受制，天辅星虽吉，但戊+己为青龙入天牢凶格，又戊土为阳宅，戊落3宫子卯刑为六仪击刑，故可能死过人，震为长男，故可能死过男人。

(2) 又可以时干为宅基地，今时干壬落4宫，为入墓，又为辰辰自刑，惊门凶门又克宫，上乘凶神螣蛇，主缠绕，主虚惊怪异之事，天英星和巽宫都主女人，壬又为年干，故可能有长辈女人在此处上吊自缢过。

综合以上分析，我对贾双萍说：“这块宅基地风水不好，虽然你盖了房子短期内不会出问题，但毕竟不好，因此建议你回去后到当地实地调查一番，如果确实发生过上述凶事，最好坚决退掉。”

学习班结束后，贾双萍回北京实地调查了解了一番。她给我打电话说：“张老师的分析很准，我到当地一调查，这家宅基地确实很凶，主人的母亲年轻时在此宅中上吊自杀，主人的哥哥（长子）曾投河而死。一听这，我坚决退掉了这块宅基地。一万元订金宅主不给退，我也不要了，甘认倒霉破财。我准备按张老师的建议，还是在市区内买商品楼居住。”

例三：“地理虽好，但你不能用”。

这是《神奇之门》书中测阴宅的一个实例，书中未做解说。现在我们把格局列在下边，详细讲解一下。

1998年3月5日19点20分。

干支历为戊寅年甲寅月辛亥日戊戌时，阳遁一局，甲午旬，天辅星为值符落1宫，杜门为值使落8宫。

合 死 丁 柱 辛	虎 惊 癸 心 乙	武 开 戊 蓬 己
阴 壬 景 己 芮 庚	 壬	地 休 丙 任 丁
蛇 杜 乙 英 丙	符 伤 辛 辅 戊	天 生 庚 冲 癸

分析：

(1) 吴先生选的是一块墓地，是阴宅，自然应以死门为用神。今死门落巽4宫，4宫属木，寅月木旺，又临丁奇，丁奇落4宫为帝旺，自然这块地理气势宏大，丁为玉女，自然主秀丽，天柱星和辛均为金，自然又带刚健。这块地理，既气势宏大，又秀丽中带刚健，当然是一块很好的风水宝地了。

(2) 除了死门这一特殊用神外，时干为所问之事，时干也可代表吴先生所选的墓地。今时干戊落坤2宫临开门吉门，一方面说明这块地理气势开阔宏大，另一方面上乘玄武，也说明已经被人偷偷打开过了。

(3) 日干为求测之人。日干辛落坎1宫代表吴先生，临天辅吉星，说明老先生有文化，对风水颇有研究，但天辅星落入父母宫为废，不旺，说明吴先生对地理风水的研究并不是很深。辛+戊困龙被伤格，又临伤门，说明吴先生在看风水过程中受过伤害。

(4) 日干辛生巽4宫死门，所以说吴先生想用这块墓地。但是，时干在坤2宫又克日干，所以说他不能用。

(5) 为什么王庆丰老师说这地方已经被前辈高人用连环锁锁住了？第一，死门又为锁，第二上乘六合，自然就为连环锁了。具体锁法，是用两头尖的铁钉钉在穴位上，丁就主钉，天柱星和辛金均主金属，故为铁钉或钢钉。为什么说是前辈高人，因代表墓地的时干戊，同时又是年干，而且戊落坤2宫为衰、病之地，自然为前辈人了。临天蓬星主大智慧，又临开门吉门，自然是高人了。上乘玄武，下临开门，所以说这地方早被前辈高人打开暗中占领了。年干、时干克日干，自然是不允许吴先生再来用这块地理了。

第十五节　人生近期运气预测

例一：石建国为人预测近三年运气。

1999年元月4日上午9点多，鹿泉市陈志华找到河北省周易研究会抱犊寨研究基地工作人员石建国求测运气。陈本人年命乙未（1955年），妻子年命丙申（1956年），儿子年命壬戌（1982年），女儿年命甲戌（1994年）。

预测之后石建国说：“你从1996年到1998年三年运气都不顺，干什么都赔钱，1998年还有婚灾，离婚是因为第三者女人插足，是你提出起诉，儿子判给你妻子，女儿判给你。”

陈志华说：“完全正确，1996年、1997年开了两年饭店赔了钱，1998年什么都干不成，这不，前几天才离了婚。”

戊寅年甲子月丙辰日癸巳时，

阴七局，甲申旬，天英星值符落三宫，景门值使落九宫。

蛇 丙 杜 壬 禽 芮 丁	阴 景 戊 柱 庚	合 死 乙 心 壬
符 伤 庚 英 癸	 丙	虎 惊 辛 蓬 戊
天 生 丁 辅 己	地 休 癸 冲 辛	武 开 己 任 乙

分析：

（1）1996年至1998年干什么都赔钱。

1996年丙子年与年命乙未为子未相害，年命乙落坤宫又克1996年地支太岁，又冲1997年丁丑、1998年戊寅地支太岁，克太岁必然不顺或有灾，故三年不顺。

（2）夫妻关系不好，经常发生口舌。

乙庚为夫妻，庚为男方落震宫，乙为女方落坤宫，乙庚相克。日干丙为本人，丙辛合，辛为妻子，丙落巽宫、辛落兑宫也相克。乙奇为本人年命落坤宫，丙奇为妻子年命落巽宫又相克。故断夫妻关系不好，经常发生口舌。

（3）1998年离婚。

六合为婚姻落坤宫入墓，逢空，临死门，大凶。丁奇、景门都为离婚证书，丁奇落艮宫入墓，景门落离宫伏吟又逢空。乙奇为本人年命，测婚姻乙奇也为妻子，乙落坤宫入墓，逢空，临死门大凶。1998年戊寅地支太岁在艮宫，冲六合婚姻又冲乙奇，故1998年离婚。

（4）离婚原因是第三者女人插足。

日干丙为求测者，落巽四宫下临丁奇，丁为玉女，故有第三者女人插足。

（5）求测者提起诉讼，女儿判给求测者，儿子判给妻子。

庚为男方落震宫，克六合婚姻落坤宫，故为男方提起诉讼。儿子壬戌年生人，壬落巽宫与妻子年命丙同宫，而与求测者年命乙落坤宫相克，故儿子判给妻子。女儿甲戌年生人，甲戌己落乾宫被求测者乙未年命落坤宫生之，而与妻子年命落巽宫相克，当然是判给求测者。

张志春按：

石建国是1996年我在会内举办第二期奇门研讨班的学员，由于他学习刻苦，又勇于实践，故预测能力进步很快。同时，由于他六爻、四柱基础较好，能综合运用各种基础知识。比如此例，他没有按奇门的常规判断方法来进行分析。

按常规断法，应这样分析：

(1) 大局八门伏吟，必然不得人和，破财伤人。实际上是饭店破财关门，妻离子散。

(2) 日干为求测之人。日干丙落4宫为临官禄地，但临杜门伏吟不吉，上乘螣蛇主变化、主缠绕。丙下临丁为第三者女人，壬+丁又为淫荡之合，故必然有婚外恋。

(3) 时干为求测之事。时干癸落坎1宫，也为临官禄地，但临休门伏吟不吉。癸+辛为网盖天牢凶格，主官司败诉。又值使门景门也主事体，景门伏吟不吉，景门也主酒食饭店，逢空为停业、为关门，戊+庚为飞宫凶格，戊为钱财，逢庚必破财。

(4) 六合主婚姻，临死门，又逢空亡，必然有婚灾。何时离婚？甲申旬中空午、未，又伏吟逢冲为应期。1997年丁丑、1998年戊寅二年地支冲实六合宫，但丁丑年天干丁在8宫临生门，离不了，1998年戊寅年天干戊在离宫填实，又戊+庚为飞宫格，主变动，换人，换地方，故断1998年离婚。

(5) 值使景门主事体，在离九宫伏吟，临天柱凶星、戊+庚凶格，先天离卦为三数，故近三年不顺。

石建国没有完全按上述思路分析，虽然也用日干、时干、值使门，但主要以求测人一家四口人的年命为用神，同时特别重用地支太岁，认为求测人年命乙未落坤宫，克1996年丙子年地支子所在1宫，冲1997年地支丑、1998年地支寅所在8宫，故此三年不顺或有灾，等。

这种判断思路，值得借鉴，可以拓宽读者的思路。当然，思路不同，结果应是一致的。殊途同归嘛！

例二：甘肃省天水市文工团毕汝仁测某人上月某日发生之事。

接受张志春老师的函授，扫除了我在奇门应用学习上的困惑——排宫与飞宫、超神接气与拆补无闰、神盘如何转法等，使我在教材的指导下进入了踏踏实实的实践阶段。

用奇门测事，既不摇卦又不问生辰，其信息量之大，手续之简洁，回答之干脆，直令求测者吃惊，如：

之一，“我儿子在狱中情况怎样？”

“表现很好，会提前释放，今年九月就可以回家。”

“太好了，我们得到的消息也是这样。”

之二，“我媳妇什么时候回来？”

“已经和你分手，不回来了。”

“她难道不想孩子吗，都三年了，连个信儿也没有。”

之三，更有甚者，我还遇上了一则类似考试的测例：

1999 年 4 月 18 日（农历三月初三），下午 6 点，有一位不认识的旁观者拿出一个八字，问我用奇门能否看出这个时间他遇到了什么事情——己卯、丁卯、辛巳、戊戌。

显然他也是一位易友，意思是想通过这个测例来检验一下奇门测事的准确程度。

对照万年历，这是 1999 年 3 月 30 日（农历二月十三），戊戌时发生的事。春分上元阳遁三局，甲午旬，戊戌时，心三开一，我在纸上画出了局势图，不少搞预测的同道悄悄围了上来，刹时间气氛显得有些肃穆。我稳住忐忑，认真地对局势进行解读：

蛇 伤 丙 蓬 己	阴 杜 癸 任 丁	合 景 戊 庚 冲 乙
符 生 辛 心 戊	庚	虎 死 己 辅 壬
天 休 壬 柱 癸	地 庚 开 戊 芮 丙	武 惊 丁 英 辛

日干辛为他本人，时干戊为所测之事，又临六合，一般为走失之方，既然是他本人遇到的事，就是他去的方向。

“你是不是去了西南方向？”

“是的，我家住在三监狱，出来到中心广场，是西南方向”（是向西走二百米，再往南拐)。

可是景加死也好，戊加乙，戊加庚也好，都看不出有什么不寻常，充其量是点不太愉快的聚首宴乐之事。于是他补充道，之后他又去了南方，再顺滨河路往东，从东南方回家。

我便顺着他说的方向读到离九宫：隐蔽、躲藏、密谋、策划……也不像是能够遇到的事。

再读到巽四宫，伤加杜，官司、桎梏、百事凶，丙加己大悖入刑，囚人刑杖，凶门转凶，蓬为盗贼，蛇为绳索，伤门得奇，惟宜捕盗，渔猎……于是我说："在这个方向，你遇到了追捕、搏斗、缠绕、捆绑等事。"

"你看我本人会怎么样？"他有点激动起来。

"你本人，日干辛上乘值符，身份是个领导，是个头头儿，这么说你本人参与了这场行动。"

"你再看，结果会怎么样？"

生加伤，道路不吉；辛加戊，困龙被伤，噢！我恍然大悟："是你本人遇到了歹徒，发生了搏斗。"上乘值符，百恶消散，又是生门，"最终你胜"。

这时他持香烟的手在擅抖，额上渗出了汗珠，讲起了那天的真实情景：

"那天我从家里出来，到广场旁一个朋友家聊了一会儿，便取道南、东南回家，当骑车刚过便桥，便有两个守在巷道口的年轻人猛地向我扑来，我颠颠簸簸直冲下路边的陡坡，才连人带车歪倒，却被两歹徒从背后揪摔着意欲抢劫，我捞起一块砖头扔向一小个子的头面，他哎哟一声松开了手，那大个子赶快去扶，我便趁机脱身爬上路面大声呼喊，看见两名歹徒搀扶着向黑暗中落荒逃去，我才下去推我的车子，回家记下了当时的四柱。已经问了很多摆摊算卦的，还没有一个人能说得沾上一点边儿的，只有你说得基本正确。"

听的人垂下了眼皮，他们也被问过；说的人由衷地激动，他为周易终究是科学而颤抖；我更像受到了皇封，因为奇门测事准确，为奇门争了光。

张志春按：

毕汝仁同志是奇门研讨班的函授学员，而且学习时间不长，他没有参加过面授，只通过我写的学术资料自学自悟，就达到了上述实例所证明的程度。这又一次说明，跟我学习奇门，如果能来面授当然更好；不能来面授，通过函授自学，完全可以达到相当高的水平。

同时，这一实例，也进一步证明了奇门这种时空象数理模型的科学性。此例如果再看一下值使门开门所落宫的符号，则更明显：值使门也表示事体，开门临天芮病星，说明遇到了麻烦，庚+丙为“贼必来”格局，说明道路遇贼劫。

例三：石建国为人测今天上午9点40分~10点发生了什么事以及12月17日遇到什么事。

河北省交通律师张虎跃是石建国1998年通过预测认识的新朋友，1999年12月22日下午4点半，张虎跃找到石建国说：“自从咱们去年认识后，你给我测的几件事都很准确，但过去都是我提出求测问题后进行预测。我常听人说‘学会奇门遁，来人不用问’，今天你能不能测出我要问什么事情？”

石建国说：“应该能测出来，不过难度较大。”

张说：“我给你提供一点信息，今天上午9点40分至10点这段时间发生了什么事？这件事与我本人有关系。”

石建国立即按问事时间起局，局中显示手机被盗，不过石建国知道张本人没有手机，但局中此信息很明显，据此石建国说：“今天上午你本人在汽车上被小偷偷了手机，手机不是新的而是旧的，价值四百元。”

张马上说：“石老师你测得很准，前几天我用四百元钱买了别人一个旧的本地通手机，今天上午9点40分坐中巴，10点下车。下车后，发现手提包拉链开了，包内手机不见了。回想下车时有几个年轻人在门口乱挤，可能是那几个年轻人偷走了，你看能否破案？”

石建国说：“此案破不了。”并安慰张说：“破财免灾吧。”

张虎跃接着问：“你再测一下12月17日我遇到什么事情？”

石建国看着格局说：“12月17日，你出门办事很不顺利，在路上你的车坏了，路途受阻，什么事情也没办成。”

张说："石老师你又测对了。12 月 17 日那天，我去辛集市处理交通事故，刚上高速公路车就坏了。高速公路清障车把它拖到一个附近小型汽修厂，厂里没有零件，又派人骑车到藁城市购买零件，结果也没买上，车也没修好，路途受阻一天，事故也没处理，到天黑又坐出租车返回石家庄。"

己卯年丙子月戊申日庚申时，

阳四局，甲寅旬，天英星值符落六宫，景门值使落六宫。

虎 休　丁 蓬　戊	武 生　壬 任　癸	地 伤　乙 冲　丙
合 开　庚 心　乙	 己	天 杜　戊 辅　辛
阴 惊　辛 柱　壬	蛇 己　死　丙 芮　丁	符 景　癸 英　庚

分析：

(1) 手机在车上被盗。

张提供事发时间：上午 9 点 40 分到 10 点，时间为巳时，断卦应取巽宫作用神（巽宫有巳）。

今巽宫遇蓬星临盘甲子戊，已有破财信息；临丁奇，丁为阴火为弱电，为手机，故断手机被盗；上乘白虎主道路；开门主车辆落震宫，又和蓬星、丁奇比和，故断手机在乘车时被盗。

(2) 手机是旧的，价值四百元。

丁奇为手机，落巽宫临休门，为休息，手机休息，应断是旧的，巽主 4 数，故断四百元。

(3) 此案破不了。

测破案，白虎、庚、伤门、值使门都为公安。今白虎与蓬星同落巽宫，庚落震宫与蓬星比和，伤门落坤宫被蓬星所克，值使景门落乾宫入墓，故断此案破不了。

(4) 张问12月17日遇到什么事？

查万年历1999年12月17日为癸卯日，应以天盘癸和地支卯宫作用神，天盘癸落乾宫，临庚主道路，又为阻隔，癸+庚为太白入网，故断道路受阻。地支卯在震宫，临庚同样主道路阻隔，临开门主车辆，逢六合为车被合住，必然是车在道路上受阻。天芮病星落坎宫生开门车辆，必然是车出了毛病。伤门也主车辆，落坤宫入墓、逢九地、临地盘天芮星，说明车在出发前就有故障了。

(5) 什么事情也办不成。

时干、值使门都是所测之事，景门值使落乾宫入墓，事情办不成。时干庚逢六合被合住，也是办不成之象，故断此日什么事情也办不成。

张志春按：

(1) 石建国在此例测来意上，断得很准，很灵活。尤其是对奇门格局中一些符号，他能灵活运用，因地制宜。比如，他断丁奇为手机，临休门，休息了，自然是旧手机；又如，时干庚为事体，上乘六合本为吉神，他在这里却断被合住了，什么事也办不成。这再次证明，奇门中一些符号，既有相对固定的内涵，又有无限拓展的外延。预测必须善于综合运用逻辑思维、形象思维和灵感思维三种思维方式，比类取象，由象及理，具体情况具体分析，才能不断提高准确率。

(2) “学会奇门遁，来人不用问”，这是千古流传的格言，也是古往今来，人民群众对这门学术的评价。这说明，奇门遁甲是能够预测来意的。但是，我不主张测来意。事实上，石建国此例也并非“来人不用问”测来意的典型例子，因为张律师已经提供了具体的时间信息，只是没讲预测什么事情罢了。

为什么我不主张测来意呢？因为周易预测，特别是奇门遁甲，既不用求测者摇卦，又不用提供四柱八字，一般人已经感到很神秘了。我们再以测来意炫耀奇门的神奇、神秘，这无助于使人民群众破除对奇门的神秘感，不利于使大家认识它的学术性、科学性。比如与易学同理同源的中医学，高明的中医师，只通过切脉也可以判断病人的主要病情，但还是需要望、闻、问、切四诊合参，而且一向把切脉放在四诊之末。故而没有人说中医是封建迷信。西医也是四诊合参，只不过把切脉换成现代医学仪器的检测了，比如验血、验尿、验大便，做心电图、脑电图、CT、核磁共振等等。每个到医院求诊的病人，无一不是先陈述自己哪儿不舒服、身体某部位出现了不正常情况等等。没有一个病人找医生时，什么也不讲，反过来问医生看他有什么病的。如果这样做，医生肯定会不高兴，甚至认为此人精神不正常。

只有我们一些搞周易预测的人爱炫耀神秘，搞什么测来意，宣扬什么“来人不开口，我就知道他问什么事情”等等，这对周易的研究和应用不仅无利，反而有害。科学是明明白白的，只有迷信才搞神秘主义。研究周易的人，自己搞神秘主义，也就难怪别人说你搞“迷信”了。

所以，我不主张测来意。谁要找我测来意，我是不测的。虽然我是研究奇门遁的，但是来人一定要问，而且一定要实事求是地讲清问什么事情，有必要给予咨询，我才给予咨询，没必要的鸡毛蒜皮小事，我不会费此脑筋。同时，我还要实事求是地告诉求测者：测准只是相对的，测不准是绝对的。不要迷信周易预测。凡事还必须发挥主观能动性。

总之，希望每位易学爱好者，首先自己不搞迷信，要把易学当作科学、学术来研究和应用。只有这样，易学的研究和应用，才能被社会广大人民群众所认可，被政府有关部门所肯定。易学在现代社会里才能真正得到弘扬和光大。

例四：湖南邵阳第二建筑设计院王希明先生为某校人事科长测年运。

函授学员王希明 2000 年 7 月 28 日给我来信，首先对他年老体弱、无伴同行，不能来石家庄参加面授表示遗憾，然后汇报了他函授自学的情况：

自从 1999 年 11 月 13 日收到您所邮发的奇门函授班资料，经过认真刻苦学习，终于能初步掌握运用奇门预测方法了，预测事物的准确率较高。我认为，奇门是最好的预测方法，它的准确率高，信息量大，易于掌握和运用，而问事时间和事发时间，本身就是一个最完整的时空信息模型，依据当时布局，就可分析和判断所测事物的全过程，且命中率很高。既免去了八卦预测摇卦的繁琐过程，又不会像四柱命理预测那样，需要报出准确的出生年、月、日、时（当然，如果能够准确报出生辰，则利用奇门更方便、快捷），不致使社会上的人误会为迷信、巫术。

在这半年多的时间里，我利用奇门术为人测运、测失物、出行、考学、考研究生、婚姻、选股、求财等几十个例证中，除天气预测不如八卦摇卦法准确，其余均命中率很高；测时办事，也较前顺利。为此，庆幸我能够参加张老师的奇门函授班学习，庆幸老年的我能够充分享受中华瑰宝之最高精华——神奇之门。感谢张老师的不断启发和谆谆教导，张老师真不愧为当代奇门的奠基人，现代奇门遁甲的旗手！

现随信寄来奇门预测事物一例，供老师参考。

2000 年 1 月 3 日上午 9 点 45 分，某校人事处陈科长求测 1999 年年运（他为试探奇门的准确性而测）。

己卯年丙子月庚申日丁巳时，冬至下元阳 4 局，甲寅旬，天英星为值符落 1 宫，景门为值使落 3 宫，旬空子、丑。

合 死 庚 心 戊	虎 惊 丁 蓬 癸	武 开 壬 任 丙
阴 景 辛 柱 乙	己	地 休 乙 冲 辛
蛇 己 杜 丙 禽 芮 壬	符 伤 癸 英 丁	天 生 戊 辅 庚

布好局后，我审查了各宫格局，对他断了以下几条：

A. 1999 年己卯年和 1998 年戊寅年均不顺，精神受压抑，思想不愉快，想调动工作不成；

B. 破财，丧父，老母有病，父病逝于 1999 年元月（即戊寅年丑月）；

C. 丢失一辆约八成新的名牌单车。

兹分析如下：

(1) 九星六仪反吟，测事不吉、不顺。

(2) 以日干庚为用神，为求测者陈某，时干丁为用事，为求测之事。现日干庚落巽4宫为养和长生之地，说明本人身体尚好，但巳刑申，临死门凶门，死门受克虽然凶不起来，六合又助宫，但天心星克宫也不吉。子月问事，巽宫受生，但日干庚处泄令，庚+戊为天乙伏宫格，又为戊寅年之年格，戊又为财，必有不顺，受压抑和破财之事。再看过去，庚之地盘在乾6宫，正对冲反吟之宫，戊+庚又为天乙飞宫凶格，也是不吉。又日干宫生时干宫，对本人也为泄为损破，为疲于应付。故断其破财，家事不吉。

(3) 时干丁主事体，离9宫，虽为临官禄地，但子月问事，丁火受克，临天蓬大破财凶星，惊门凶门，白虎丧神，丁+癸为雀投江凶格；己卯年之年干落艮8宫为入墓，己+壬为地网高张，故断这两年都不顺。

(4) 年干己为父，落艮8宫空亡又入墓，空亡为没有，或逝去了，墓为坟墓，再参看乾父之6宫，戊+庚为天乙飞宫，即离宫而去了，天辅吉星受克，临生门有再生之意，上乘九天也为上天远去了。反过来，再审看年干己所在之8宫，临杜门为凶门克宫，病星天芮、凶神螣蛇，又己+壬为地网高张凶格。综合这些信息，断其父必死于戊寅年之丑月（戊为庚格，丑为年干之墓），即1999年元月。

(5) 年干为父为己，合己者为甲为值符为母，落坎1宫，临天英凶星，伤门凶门，癸+丁蛇夭矫凶格，癸为血为妇科，丁为心为血，参考老母之坤2宫，壬+丙为水蛇入火，壬+己为反吟蛇刑，均为病凶之格，故断其老母有心血管、妇科、脾胃之病卧床不起。

(6) 时干丁主事体，落离9宫，临天蓬贼星，和凶门凶神，又生玄武小偷所落之坤2宫，坤2宫克坎1宫，坎1宫临伤门为车辆，值符为名牌，天英星受克，癸+丁为蛇夭矫凶格，又坎为子月、为北方，故断其在戊寅年子月在其住所北方丢失了一辆八成新的名牌单车（即自行车）。又玄武临天任星，为男性，壬落2宫为长生之地，故断偷车人是一个男性青少年。

(7) 惊门、白虎为刑警，在离9宫生玄武2宫，而玄武2宫又克伤门坎1宫，故小偷不易抓获；惟有值使景门克玄武宫。故除非在春二月城东派出所抓捕小偷才行。按理推，伤门为单车生日干庚宫，应该能够找回，但因为单车事小，而没有去找，所以没有找回。

以上所断各条，除单车未去找外，其余均符合实情。

张志春按：

王希明先生是一位退休的高级工程师，通过半年多的函授自学，就掌握了奇门预测术。通过这个实例，可以看出他不仅掌握了奇门分析判断的思路和方法，而且思路敏捷、灵活，能够活学活用，还敢于大胆下结论。

只可惜，这个实例把时辰干支和旬首弄错了，庚申日的巳时应为辛巳时。时干旬首应为甲戌己，天禽星为值符落7宫，死门为值使落3宫。王希明误用了日干旬首甲寅癸。所以这个奇门局实际上属于错局正断例。关于为什么有时奇门局弄错，事却断对了，可参考本书下编第三章第九例，这里不再重复。

例五：王瑞民自测1996年运气："抓机遇、避灾难，祸福心中自明"。

1996年2月4日10点，乙亥年己丑月辛未日癸巳时，甲申旬，阳五局，天柱星值符落1宫，惊门值使落7宫。

合 杜　辛 任　乙	虎 景　丙 冲　壬	武 　死　乙 戊辅　丁
阴 伤　癸 蓬　丙	 　戊	地 惊　壬 英　庚
蛇 生　己 心　辛	符 休　庚 柱　癸	天 戊开　丁 　芮　己

分析：

(1) 八门伏吟，从大格局看今年不会太顺利。日干辛+乙虎猖狂格局凶，但任星吉，杜门平门，上乘六合。也不会有太大的问题。时干癸落入震宫与日干落宫相比合。总体上看是一个平常的年份且有些不顺。

(2) 在机关工作，开门在乾宫，临驿马，有动象，但伏吟不会有大的变动，所以应为内部调整；丁奇、戊与开门同宫，应与钱和账目有关。开门冲克日干辛，工作不顺利，开门临病星工作上有些问题。

(3) 财：生门落入艮宫不动，心星为废，上乘螣蛇，己+辛游魂入墓，易遭阴邪鬼魅作祟，所以钱财今年一般。

(4) 家庭方面：乙奇入墓、空，上乘玄武、临死门，克庚落的坎宫，家庭婚姻方面会有矛盾。

(5) 健康情况：天芮落入乾宫为旺，在外盘，丁奇主舌、唇疾病，临开门上乘九天，也不会有大问题，应为口腔溃疡之类的小毛病。戊己主胃，脾胃稍有不适。

学习奇门遁甲后，我们每年初起一局看一看一年的运气，全面的分析一下一年的吉凶、祸福是会很有益的。

第一，可以对全年的大概情况做到心中有数，可以做到处惊不变，坦然地面对，而且可以事前有些预防；对于一年中的机遇事前有个准备，有利于抓住机会，以免坐失良机。

第二，有利于对学习奇门的验证和总结，有利于理解奇门格局、门、星、宫、空的含义，及应期地把握，因为这都是自己经历的事情，反复对照之后对今后的预测会做到心中有数。这年过去后我们再拿出格局来与自己一年经历的风风雨雨相对照，你会惊奇地发现奇门的神奇。有些东西你事前预测出来了，而你当初没有看出来的东西在奇门的格局中都有，只能感叹奇门的神奇，及我们学习的还不到家。例如在格局中天芮病星临丁奇在外盘主口腔溃疡，但没有想到一年中几乎没有断过，没有预测到这么严重，返回来再看格局，芮落乾宫旺，且丑月天芮星也旺，当然要严重。再者，会与什么原因有关呢？这点是事前没有预测的，丁下是己土，同宫是戊土，我们知道戊己在方位上是中央（中央戊己土），且与开门同宫，是因为工作变动，变动后的办公室在楼房的中央，楼的格局是外边一圈办公室是与外边可以通风的，而里边一圈的办公室一边是走廊，一边是一个天井，而天井的顶部是封死的，所以空气不流通，空气污染很严重。我们通过验证，反复与奇门格局对照，就会发现丁奇这一个符号落到这里既代表工作中的性质财务账目，又代表口腔溃疡，同时，还代表很多很多，你看奇门是不是很深奥，而神奇。

例六：瑞民自测 1997 年运气："喜忧参半的一年"。

1997 年 2 月 1 日 11 点 10 分，丙子年辛丑月甲戌日庚午时，甲子旬，阳六局，天心星值符落 8 宫，开门值使落 3 宫。

阴 休　庚 任　丙	合 生　丁 冲　辛	虎 伤 丙 乙 辅 癸
蛇 开　壬 蓬　丁	 乙	武 杜 辛 英 己
符 惊　戊 心　庚	天 死　己 柱　壬	地 乙 景 癸 芮 戊

分析：

（1）日干己落坎宫，临死门，柱星旺，上乘九天，下临壬主动。临死门是不顺的一年，生气，前所未有的困难，死门又主丧事儿。乾宫主父临天芮病星又空亡，丙为年干为父临伤门落坤宫为门迫，又上乘白虎主凶，未、申月坤宫旺克日干宫主凶。特别不利父亲。景门克宫为脑血管病。

（2）开门为工作，上乘螣蛇，门迫，天蓬星为小人，工作上肯定会有小人，有缠绕之事，壬+丁，壬主动，下临丁奇，而与丁奇合这是好的一面。壬+丁合，冲动时在酉月。

（3）生门为财，生门+丁奇+六合为休诈吉格，冲星生宫为旺，门与宫相生，今年财运好或是有分房的机会。丁+辛罪人释囚，官人失位，有换环境的意思，因临生门为分房搬家。

（4）家庭关系，乙庚相克，而庚+丙，乙空、景门克宫，夫妻感情矛盾会加剧。

（5）健康方面，芮落乾宫但空，无吉凶。所以不会有什么病。

(6) 日干临死门，有哪个宫来克日干宫，不快之事就与哪个宫有关，坤宫有太岁丙，这是一个引起不快的原因。那么还有什么原因呢？艮宫克日干落宫坎宫，艮宫是惊门，戊+庚值符飞宫为凶格，必换地方，因纠纷而生气。

知道了这些就要尽量去避免，即便事情发生了也早有了心理准备。

果不出所料，一些事儿陆续发生了。首先是工作上的小人。因工作上的分歧，我的直接领导写材料告我的状。事情在 4 月 7 日辰月景门被冲出，景门为“诉状”，景门临天芮，材料本身就有问题，对我并没有怎么样，但造成的影响让人很气愤。

父亲于 1997 年 7 月 20 日凌晨 3 点 15 分去世，丁丑年丁未月癸亥日寅时，应在了太岁丙奇落的坤宫丁未月，癸亥日填实乾宫之日，冲丙太岁之时，且丙奇太岁下的癸正是我父亲年命癸亥年的年干，不仅乾宫空而且癸落入乾宫。占病年命空了就危险。这一连串的关系相互牵连的确很巧妙。这是日干临死门的一大原因。占年运日干临死门防孝服。

日干己临死门，死门的天盘干为己，就在己酉月（9 月 12 日），一伙人闯入我家让搬家（房子是住的外单位的），10 月 20 日（庚戌月乙未日）把门给封了。这又是一件让人很气愤的事儿。好歹我们单位 11 月 3 日（庚戌月己酉日）给了我一套房。也算是坏事变成了好事儿。都发生在庚戌填实之月。空处透着玄机。

1997 年 9 月 9 日（己酉月），我的工作小有变动，去涤纶厂破产清算组任副组长，做破产清算工作。临壬主动。去做的工作是破产清算，与死门也是有关系的。

占年运日干临死门，这一年确实是是非较多的一年，柱星又是凶星。我看占年运日干落宫是最主要的。要善于利用机会把不利因素化为有利因素。

张志春按：

王瑞民同志是石家庄市经贸委的干部，业余时间跟我学习奇门，颇有成绩。这里选了他两则自测年运的例子，不仅对广大易友提高分析判断能力有帮助，而且更重要的是给大家介绍了一个学习奇门的好办法：这就是每年年初，自测一下今年的运气，然后与一年中发生的实际情况相对照，从中领略奇门时空象数理模型全息性的巧妙，学会运用奇门六十四个符号及各种格局，分析判断事物的技巧，从而预测、预知，更好地指导人生趋吉避凶。

第十六节　人生终身命运预测

例一：测外籍女医生四柱。

此例在《神奇之门》一书中未做解析，这里详细讲解一下。先把这位外籍女医生出生时间（1942 年 1 月 13 日早晨 5 点多）的奇门格局再列在下边：

辛巳年、辛丑月、丙寅日、辛卯时，小寒上元阳 2 局，甲申旬，天辅星为值符落5 宫寄 2 宫，杜门为值使落 2 宫。

地 生 丁 任 庚	天 伤 己 冲 丙	符 杜 庚 辛 辅 戊
武 休 乙 蓬 己	 辛	蛇 景 丙 英 癸
虎 开 壬 心 丁	合 惊 癸 柱 乙	阴 辛 死 戊 禽 芮 壬

分析：

首先把年、月、日、时干标出来。年干辛、月干辛、时干辛均落乾 6 宫天盘，日干丙落兑 7 宫天盘。其次把空亡之宫标出来，甲申旬中午、未空，离 9 宫和坤 2 宫逢空亡。再把驿马星标出来，生于辛卯时，地支亥、卯、未者马星在巳，把马星巳标在巽 4 宫。下边就可以进入分析判断过程了。

（1）阳遁 2 局，一、八、三、四宫为内盘，九、二、七、六宫为外盘。今生门落在巽 4 宫内盘，日干丙落在外盘兑 7 宫，人生命运预测经验中讲："身在外而生在内，纵有祖业亦难留"，又讲"生门太白逢冲陷，背祖离乡之客；被冲克，售尽祖父旧园”，今生门临庚被日干宫所克，以上这些格局都符合她离开杭州老家到北京求学，又到欧洲出国定居的情况。

(2) 为什么说她虽然身为女性，却有不少男人的性格和气质？

因为日干丙，丙为阳火，为天威。

(3) 为什么说她现在定居欧洲，出生地应在中国的东南方位？

因为生门落宫，一般为出生地，生门落内盘巽 4 宫，主中国东南方位。日干丙落外盘兑 7 宫，主国外西方国家。

(4) 为什么说她有大学文凭，应该是学理科的？

因为天辅文曲星落坤 2 宫在丑月旺相而生日干宫，日干宫临景门，景门一般主理工科，丁奇一般主文科。

(5) 为什么说她丈夫可能是个外国人，不是军警就是搞机密工作的，而且还有一定职务，很可能是个副职？

因为乙为妻、庚为夫，今庚落外盘坤 2 宫，自然可能是个外国人；临杜门主军警或保密工作；上乘值符为头，主有职务，落四维宫坤 2 宫，自然可能是个副职。

(6) 为什么说她丈夫为人温文尔雅，也有大学文凭？

因为庚临天辅文曲星，天辅星主文雅，又主文凭，天辅星与庚同宫比和，自然也有大学文凭。

(7) 为什么说他们夫妇大约是 1967 年或 1968 年结的婚？

因为乙克庚宫，但庚落坤 2 宫空亡，1967 年丁未，1968 年戊申，正好坤 2 宫填实之年，故乙、庚合而为夫妻。但为什么不断 1955 年乙未、1956 年丙申或者 1979 年己未、1980 年庚申结婚？这就涉及到“象、数、理”中的“理”字了，1955、1956 年该女医生才十四五岁，1979、1980 年该女医生已经三十八九岁了，都不是常规婚姻的年龄段，只有 1967、1968 年该女医生正当二十六七岁，大学毕业后正是成婚的年龄段。所以，必须在奇门局中结合“象、数、理”综合判断。

(8) 为什么说他们俩未必是自由恋爱结婚，很可能是领导上的安排？

因为乙落震 3 宫，克庚所在坤 2 宫，二者相克，既不是乙生庚，又不是庚生乙，所以未必是自由恋爱。但日干在7宫，与6宫的辛相合，二者落宫又比和，辛又为年干，为上级领导，丙、辛合又为权威之合，所以断她的婚姻可能是领导上的安排。

(9) 为什么说她丈夫对她不错，夫妻关系很好，但恐怕难以白头到老？

因为虽然乙宫克庚宫，但庚宫在丑月旺相，乙宫休囚克不动，又日干丙在7宫与相合之干辛所在6宫均属金，二者为比和关系，况且庚临天辅吉星为人文雅，辛临天禽吉星为人忠厚，自然她丈夫对她不错，夫妻关系好。但是庚落宫逢空亡，辛落宫临死门、天芮，庚+辛为凶格，庚+戊为值符伏宫凶格，所以断他俩恐怕难以白头到老，不是生离就是死别。

(10) 为什么说她丈夫去世时间不是1994年就是1995年，应该是病故，不是脾胃部位的病，就是心胸部位的病？

因为辛落乾6宫临死门、天芮，该宫地盘含戌、亥地支，1994年甲戌，1995年乙亥。天芮病星临戊，戊主脾胃，临辛，辛主心胸部位。

(11) 为什么将苏女士丈夫去世时间断错？他实际是1996年病故的。

原因就是奇门格局中十二地支与二十四节气的错位现象。我在本书上编中早已讲过，奇门是阴阳历合一的模型，按十二地支属阴，与一年十二个月的对应关系，一个地支对应两个月，这样在乾6宫有戌、亥两个地支，对应着四个月，而坎1宫一个地支子只对应一个月，八宫不是等分的。而按阳历，一个宫中对应三个节气，八个宫中共二十四个节气，就形成了等分的现象。这样一来，乾6宫对应立冬、小雪、大雪三个节气，坎1宫对应冬至、小寒、大寒三个节气，而按地支对应立冬、小雪二个节气，地支子对应大雪、冬至二个节气，这样一来，亥仍在乾6宫，子就跨在乾6宫与坎1宫之间了。所以根据阳历二十四节气断应期，因代表她丈夫的辛临天芮、死门在乾6宫，就应该断可能是1995年或1996年去世才准确，因为1996年丙子，地支子就跨在乾6宫与坎1宫之间。

(12) 为什么从奇门格局上看，说她母亲可能比父亲去世早？

因为在人生命运预测经验中有"庚落坤宫母早亡"的论述，现在庚落坤宫，又逢空亡，所谓"诸格忌落实亡，吉者减昌苦者更苦"，今庚+戊、庚+

辛又均为凶格，虽然有值符最吉之神，但“值符逢空，年命不保”，所以断她母亲去世早。

(13) 为什么断苏女士应该有三个小孩，不过很可能做过流产，故也可能是两个？

因为时干为辛，落乾6宫为沐浴、冠带之地，又丑月土生金为相地，不是太旺，再结合她的年龄和社会状况之“理”，不可能断六个，而乾6宫从直观上看有辛、戊、壬三个符号，故断她应该有三个小孩。但时干临死门、戊又入库，地盘辛在2宫，又遇庚形成时干格，这些信息都显示可能做过流产，故断也可能是两个。

(14) 为什么说她大儿子不太顺，不是身体不好，就是现在还当学生？

因为她大儿子1968年出生，年命戊申，戊落6宫为入库，又临天芮星，天芮星既主病，又主学生。

(15) 为什么说她小儿子运气好，为人忠厚能干？

因为她小儿子1971年出生，年命辛亥，辛落乾6宫为沐浴、冠带之地，得地利，又临天禽吉星，天禽星落乾宫为旺相，故又得天时，天禽星主人忠厚诚实有领导才能。

(16) 为什么说她大儿子明年在国外留学毕业后，还是回国内找工作好？

因为开门代表工作，落艮8宫为内盘为国内，生助她大儿子年命戊所落乾6宫，所以说回国内找工作不成问题。

(17) 为什么说她本人1994、1995年特别是1996年不顺？

1996年不仅丈夫去世，而且还有人找她的麻烦，不是受过惊吓，就是有官司是非？

因为1994年、1995年，地支在乾6宫，临死门，自然不顺。1996年地支在坎1宫，临惊门凶门、天柱凶星，惊门主受惊吓，或有官司是非。

(18) 为什么说找苏女士麻烦的这个人她不仅认识，而且过去还帮过这个人的忙？

因为坎1宫惊门临癸，地盘癸就在兑7宫日干丙下边，所以说他们以前认识。日干丙所在7宫生癸所在坎1宫，所以说她过去还帮助过这个人。

(19) 为什么又说苏女士从1997年开始好转，今后5年内，事业会走上一个新台阶，声誉越来越高，经济效益也会越来越好，但1999年难免有破财之虞？

因为1997年丁丑，开始进入开门所在的艮8宫，1998年戊寅，1999年己卯，2000年庚辰，2001年辛巳，这几年正临开、休、生三吉门，而且又得乙奇、丁奇，自然在事业上会是又一个高峰期。但1999年己卯所在的震3宫，有天蓬星和玄武这二个破财的符号，所以告诫她要防止在这一年有破财的隐患。

从这一例即可看出，一个人的四柱奇门格局中几乎储存了他（她）一生命运的所有信息，只要我们善于根据“象、数、理、用”的思路，按照阴阳五行生克制化的原理，去破译这些符号，这些格局的含义，就能将人一生的许多事情分析判断得很细致、很具体。

例二：湖南邵阳第二建筑设计院王希明先生测双胞胎之姐车祸例。

李某，女，生于1974年十月二十三日下午5点30分，其姐李某，原在邵阳体校任教，不幸于1996年十月初四日上午10点左右丧生于摩托车碰撞车祸。现根据其出生时间奇门局，验证如下：

甲寅年乙亥月辛巳日丁酉时，大雪上元阴4局（置闰局），甲午旬，天蓬星值符落7宫，休门值使落7宫。

合 乙 死 庚 芮 戊	阴 惊 丁 柱 壬	蛇 开 丙 心 庚
虎 景 壬 英 己	 乙	符 休 辛 蓬 丁
武 杜 戊 辅 癸	地 伤 己 冲 辛	天 生 癸 任 丙

分析：

(1) 出生时干丁克出生日干辛，为五不遇时，在局中时干落9宫克日干所落7宫更凶。

(2) 日干辛落兑7宫虽为临官禄地，临休门吉门、值符吉神，但处日建空亡（甲戌旬中申、酉空）之地，古籍有“值符逢空，年命不保”的论述。

(3) 地盘日干辛在坎1宫，逢子午冲，己+辛又为游魂入墓凶格，临天冲星主冲撞，伤门为车辆，又为受伤之信息。出生日辛巳日为阴日，阴日寻庚上之干，坤2宫庚上之干为丙，故应防止丙年有灾。1996年丙子，太岁地支又临坎宫，子冲午，地盘日干被冲，故有灾。

(4) 时干丁落离9宫虽为临官禄地，但亥月水旺火死，临天柱破军凶星、惊门凶门，不吉。

(5) 月干乙落巽4宫，临死门凶门、天芮凶星，庚+戊天乙伏宫凶格，乙+戊利阴害阳，姐妹双生不能并存，先出生者为阳，后出生者为阴，故利妹不利姐。

(6) 巳、酉、丑，马星在亥，故在1996年丙子年己亥月发生车祸凶灾，上天而去。

张志春按：

王希明先生虽然年事已高，但思路活跃，在奇门判断中很会活学活用，比如此例剖析中对乙+戊利阴害阳的活用，对阴日寻庚上之干定应期的活用，都能给人以启迪。

但是，双胞胎出生时间的格局完全一样，为什么命运如此不同，一个早亡，一个健在，这很值得我们深思。双胞胎出生时间一样，出生地点一样，父母一样，但据我所了解，双胞胎从一生下来，二人的性格往往就不一样，甚至相反。这是为什么呢？这说明，虽是同一父母所生，首先从遗传基因上就未必完全一致，生下来以后一大一小，一姐一妹，或一哥一弟，后天教育又不同，成年后配偶不同，由不同遗传基因和不同教育造成的性格和素质不同，又决定了他（她）的主观能动性不同，所以二人的命运绝不会完全相同。由此可见，只从一个人出生时间的奇门格局上，断一个人一生的命运，固然可以看出不少信息，但局限性也是很大的。学易者千万不要夸大它的作用。

例三：河北省女劳模四柱奇门局试析。

河北省著名劳动模范吕玉兰（女）生于公元1940年2月6日（农历己卯年腊月二十九日）子时，即庚辰年戊寅月己卯日甲子时，因2月5日立春，故应为立春上元，阳遁8局，甲子旬，天任星为值符、生门为值使，均在8宫伏吟。格局如下：

<table>
<tr><td>阴
杜 癸
辅 癸</td><td>合
景 己
英 己</td><td>虎
死 辛
丁 芮 辛</td></tr>
<tr><td>蛇
伤 壬
冲 壬</td><td>

丁</td><td>武
惊 乙
柱 乙</td></tr>
<tr><td>符
生 戊
任 戊</td><td>天
休 庚
蓬 庚</td><td>地
开 丙
心 丙</td></tr>
</table>

试析如下：

(1) 六甲之时出生，虽然星门伏吟，但为天显时格，不凶反吉，属于好的命相。

(2) 日干己为命主，临天英星，英星在本宫为相，说明得天时；己落离宫为临官禄地，说明得地利；景门为平门，在本宫为本位，寅月为相，说明也得人和；上乘六合吉神，说明又得神助。天、地、人、神均佳，古籍云："分布八门，星神奇仪，合局者，豪富豪贵，失局者，下等平人。"显然，日干所落之宫基本合局，属豪富豪贵之命。但是，己+己伏吟格局不好，己+己地户逢鬼凶格，有时会有小人捣鬼，遭坏人暗算，如果发病则凶或必死。

(3) 生门为产业，在内盘8宫，日干己在外盘9宫，古籍云："身在外而生在内，纵有祖业亦难留。"说明她在出生地虽然有产业、生活不错，也留不住她，必然还会离家到外边发展。而且日干宫生生门宫，一生不会缺钱花。

（4）开门代表事业、代表官职，在6宫逢空亡，但日干旺相克开门宫，一旦开门填实或冲实之时，则事业发达或加官晋级。

（5）休门代表婚姻家庭，即休息的港湾，今休门落1宫冲克日干宫，又遇庚这个阻隔之神，且上乘九天，要求条件比较高，故必然晚婚。但乙宫生庚宫，日干己宫生值符（甲）宫，故一旦结婚，夫妻关系还会很好。

（6）死、惊、伤三门所落之宫，均不克日干宫，故一生不会有大的伤、灾和官非。天芮星临辛临丁，在内盘主心、肺，在外盘主血管，与死门、白虎聚在一起，一旦得病可能就会比较重。

（7）流年运与实际经历：

农历己卯年腊月二十九日深夜，生于山东省临西县东留善固村一个贫苦农民家庭。

1955年乙未，天干乙奇，地支未冲动马星（寅、丑）所在8宫生门和值符，小学毕业，出任本村合作社社长。时年仅十六岁。

1958年戊戌，天干戊临生门、值符，地支戌填实开门、丙奇所在6宫，该年加入中国共产党，并且升任公社党委副书记。时年十九岁。

1961年辛丑，1962年壬寅，天干辛在2宫逢死门、白虎，天干壬在3宫临伤门、螣蛇，故在整风中被人搞了一下。好在地支丑、寅均在8宫临生门、值符，故地位并未受到影响。

1965年乙巳，天干乙奇在7宫临玄武主变动，地支巳乃日主马星，冲动开门宫，该年临西县由山东省划归河北省，日主被选为省妇联委员。

1966年丙午，天干丙奇临开门、天心星，地支午乃日干己当令旺相之年，该年被评为河北省劳动模范，被选为省政协副主席，国庆节赴北京参加中央召开的国庆招待会。时年仅二十七岁。

1967年丁未，天干丁、地支未均在2宫，遇死门、白虎，故曾被批斗，但天干丁为丁奇，又临天禽吉星，故不久又东山再起。

1968年戊申，虽然地支申临死门、白虎，困难重重，但天干戊临生门、值符，故一直坚持继续工作。

1969年己酉，日干己透出当令之年，地支酉又为日干己长生之地，虽然临惊门、天柱星，处在“文化大革命”的惊涛骇浪之中，但该年日主在党代会上被选为中央委员。

1970年庚戌，天干庚临休门吉门、九天吉神，地支戌填实开门所在6宫，该年被任命为临西县委书记。

1971年辛亥，虽然地支亥仍然填实开门所在6宫，但天干辛在2宫临死门、白虎，该年改任临西县委副书记。

1974年甲寅，天干甲与日主天干己相合，地支寅卯比和，该年与新华社记者江山结婚。时年三十五岁，自然属于晚婚。

1977年丁巳，天干丁奇临天禽吉星，地支巳为日主己卯之马星，又为日干己的帝旺之年，马星巳又冲实6宫之开门、丙奇，古籍云：“天禽位镇中宫，得奇门，百官元首。”该年日主升任河北省委书记（当时上边尚有第一书记，故省委书记实为副书记）。

1978年戊午，天干戊临生门、值符，地支午乃日主当令之年；1979年己未，己又为日干透出当令之年，故省委书记得以连任三年。

1980年庚申，1981年辛酉，天干庚冲克日干宫，天干辛在2宫临死门、白虎，地支申、酉临死门、白虎、惊门、玄武，这二年被人告状，被撤销省委书记职务，挨整。

1982年壬戌，天干壬临伤门、螣蛇，一副受伤被蛇咬的样子，好在地支戌又填实开门、丙奇所在6宫，且冲动4宫天辅，该年被送进河北农业大学去上学。

1985年乙丑，天干乙奇，地支丑临生门、值符，该年农业大学三年期满毕业，到正定县任县委副书记，两个月后调任河北省农业厅副厅长。

1986年丙寅，天干丙奇在6宫临开门，地支寅在8宫临生门、值符，寅又为马星；1987年丁卯，天干丁奇临天禽吉星，地支卯木生日干宫；1988年戊辰，天干戊临生门、值符，地支辰冲实开门所在6宫；1989年己巳，天干己为日干透出当令，地支巳冲实开门所在6宫，巳又为日主马星，故这四年工作顺利，而且出国考察三次。

1990 年庚午，天干庚在 1 宫冲克日干宫，地支午在 9 宫，为日干己当令旺相之年，庚辰月即阳历 4 月份第一次中风，形成脑血栓；戊子月即阳历 12 月份，第二次中风，使病情进一步加重，说话困难。

1993 年癸酉，天干癸在 4 宫临杜门，癸+癸天网四张，地支酉在 7 宫临惊门、玄武，流年癸酉与日主己卯形成天克地冲。该年 3 月 31 日即农历乙卯月辛亥日去世，享年五十四岁。

第三章　答疑解惑与错例剖析

(一) 答贵州省学员王伯勋问。

贵州省学员王伯勋来信问：

(1) 问： 确定起局数，其分界点是以日为准，还是以时为准？或者说以节气交节的时刻为准？如1998年11月7日23点8分立冬。11月7日10点是按立冬六九三阴九局，还是按霜降五八二中的阴八局？

答： 以交节时刻为准，交节前按上一个节气定局，交节后按下一个节气定局。比如1998年11月7日23点08分立冬，上午10点仍在霜降节内，11月7日是戊午日，符头是甲寅，寅申巳亥用中元，故应用霜降中元阴八局。

(2) 问： 什么是值符，什么是天乙？二者是不是一个东西？

答： 关于值符和天乙的概念，在古籍中确实用得很乱。值符有六甲值符、九星值符、八神值符（又叫小值符）。天乙起码有六种：①把六甲值符称为天乙；②把九星值符叫作天乙；③把小值符（八神值符）叫作天乙；④把值使叫作天乙；⑤把值符落宫原地盘之星称作天乙；⑥把“戊”称为天乙，如戊+庚叫天乙飞宫格，庚+戊叫天乙伏宫格，等等，不一而足。

为了规范统一，今后在我写的资料或图书中，只把八神值符（即小值符）叫做“值符”，其余值班六甲称“六甲值符”，值班九星称“九星值符”。天乙只取一个，即值符落宫原地盘之星称为“天乙”，比如值符落坎1宫，原一宫地盘对应之天蓬星称作“天乙”，在预测讨债时使用。其余都只叫原来名称，不再称天乙，如戊+庚只叫飞宫格即可，庚+戊只叫伏宫格即可。

(3) 问： 三奇得使吉格中有凶格，到底怎么理解、怎么使用？

答：关于三奇得使，《烟波钓叟赋》是这样讲的：“三奇得使诚堪使，六甲遇之非小补，乙逢犬马丙鼠猴，六丁玉女骑龙虎。”对此，历代研究者解说不一。因为这其中有明显的矛盾：乙逢犬马，即乙奇加甲戌己和甲午辛，乙+己为日奇入墓，乙+辛为龙逃走凶格；丙鼠猴，即丙奇加甲子戊和甲申庚，丙+戊为鸟跌穴吉格，但丙+庚为荧入白凶格；六丁玉女骑龙虎，即丁奇加甲辰壬和甲寅癸，丁+壬虽为吉格，但丁+癸为雀投江凶格。以上六格，除丙+戊、丁+壬为吉格外，其余四格均为凶格，怎么能叫“六甲遇之非小补”、“诚堪使”的吉格呢？

也许正因为有这些矛盾，刘广斌所著《奇门预测学》一书中干脆把这一吉格取消不载了。

我个人初步意见，既然“三奇得使诚堪使”，其中一个重点就是“得使”，所谓“得使”，就是得到值使门，所以，虽然乙+己、乙+辛、丙+庚、丁+癸为凶格，但是如果门盘遇上值使门与这些格局在一个宫内，即三奇得到了值使门，那么就可以使用，不以凶论断了。比如乙+辛为龙逃走凶格，但如果与值使门同宫，则可能工作要变动，或出行、出国了，或出狱释放了。总之，这一吉格，还需在大量实践中验证。

(4) 问：关于利客利主的论述中，似乎有特殊情况。如丙+庚荧入白格中说：“此格利主”，庚金受丙火之克，怎么能说利主呢？又庚+丙白入荧格中说：“此格利客不利主”，天盘庚金受地盘丙火之克，怎么能说利客不利主呢？

答：这一对矛盾确实在古籍中与其他论述相反。如庚+丙，就叫贼必来；丙+庚，又叫贼必退。我理解，庚在奇门中为最凶之干，又为阻隔之神，所以它在地盘则利主，它在天盘则利客。这一点，大家不妨在实践中进一步验证，到底是利客还是利主？

(5) 问：在测体育竞赛中，以值符为裁判，以地盘时干为主队，而奇门布局中“值符随时干”，这样必然是值符与地盘时干同宫，这是否能说，在比赛中裁判永远对主队有利呢？

答：这确实是在取用中的一个矛盾。但我认为，这并不表明裁判永远对主队有利，只表明裁判与主队在同一场地。许多情况下，值符落宫生天盘时干宫，则是对客队有利。

（二）答福建省学员游宝平问。

福建省学员游宝平来信问：

（1）问：资料中讲“甲子常隐于戊下，也就是说六甲同六戊，戊本身是戊，又主甲”。这是不是说，甲子、甲戌、甲申、甲午、甲辰、甲寅，凡六甲之年、月、日、时，都取戊为用神呢？

答：这一点，经过大量实践验证，还是按六甲遁在六仪之下，按六仪分别取用为准。如在年、月、日、时上出现甲子，则在奇门格局中以戊为其符号而取用；在年、月、日、时上出现甲戌，则在奇门格局中以己为其符号而取用，其他四甲，依次类推。同样，取年命也是如此，甲辰年生人，取壬为用神；壬子年生人，也取壬为用神，但地支不同，形成的格局也不尽相同，如甲辰年与壬子年生人，在奇门格局中，同取壬为代表符号，假如壬落巽4宫，壬子年生人，则壬只是入辰墓，而甲辰年生人，不仅入辰墓，而且辰辰自刑为六仪击刑。

（2）问：奇门中有不少吉格与凶格互相矛盾，使我们学员不知是按吉断，还是按凶断？如三奇临六甲值符为“欢怡”吉格，但天盘丙奇加地盘值符或天盘值符加地盘丙奇，以及丙加年、月、日、时干之上又均为“悖格”凶格。又如甲午辛为值符，加在地盘乙上，奇门书中有三种解释：①甲加乙为二龙野战格；②值符加三奇为欢怡；③辛+乙为虎猖狂凶格。请问吉凶如何断？

答：古人在分吉凶格时有些简单化、绝对化的毛病，而且只从某一个角度讲，不全面，不确切。其实吉凶是相对的，没有绝对的凶，也没有绝对的吉，一要看何时何地何种情况，二多数情况下吉中有凶，凶中有吉，三不能只看格局，还必须结合星、门、宫、神综合判断，其中最主要的是看测什么事，用神是什么，必须以用神为主来断吉凶祸福，成败得失。

如丙奇为用神，加临年、月、日、时之上，如果过于旺相，又临凶星凶门凶神，则可能形成“悖格”，出乱子；相反，如临吉星吉门吉神，则会发挥它三奇之一的良好作用。

又如庚为最凶之干，但寻人、破案，遇庚格则吉，人能找回，案子能破。

又如戊+丙、丙+戊均为大吉之格，测多数事情均为吉，但如果测病，遇此格，则反而为凶。

(3) 问：十干中有五合，即甲、己合，乙、庚合，丙、辛合，丁、壬合，戊、癸合，但在奇门格居中，由于六甲遁在六仪之下，只有九个天干出现，乙庚合、丙辛合、丁壬合、戊癸合都不成问题，惟有己与谁合呢？如果也与戊相合，岂不出现戊与癸合、戊与己合，等于一个戊与二个干相合了？

答：我认为，在奇门格局中，甲不出现，值班的六甲通过值符来体现，由于小值符随大值符，所以小值符下边就是甲。因而，所谓甲、己合，就是小值符所落之宫与己所落之宫相合。比如己为日干，为求测之人，那么值符就是其配偶，就是其相合之人。

(三) 答四川省几位学员问。

(1) 问：为人预测时，除按年、月、日、时、八门、九星、八神选取用神之外，不少时候还根据来人落座之宫进行判断，如何确定来人落座的方位，是以预测者为中心，还是以什么为中心来确定？

答：如果在空旷的野外或街上，则以预测者为中心，看求测人站在或坐在你的什么方向，如坐在你的东方，则看震 3 宫；坐在你的西南，则看坤宫。如果在一个卧室内，则以该室为一小太极，以室中心点为中五宫，来人坐在东南方，则看巽宫，坐西北方就看乾宫，站在房屋中央，则看中五宫。如果在一个大酒店就餐，八人或十人围在一个桌子周围，则以圆桌中心为坐标，求测人坐在东北方，则看艮宫；坐在正南方，则看离宫。总之，以求测人所坐宫位而定，而不论该人面朝哪里背朝哪里。

(2) 问：怎样处理九星落宫的旺衰与月令之间的矛盾？如孔明借东风一例，天辅星主风，落入离九宫，木生火，为我生之宫，为旺相；天英星主晴，落入坤二宫，火生土，也是我生之宫，为旺相；但时令在冬十一月子水当令之时，水生木，天辅星处于废的状态；水克火，天英星处于囚的状态，怎么说是旺相呢？

答：这二者并不矛盾，主要是程度上的差别。天辅星落九宫旺相主刮东南风，在冬十一月东南风自然不如夏季的东南风风力大，热度高，如果在夏季，天辅星落离九宫则可能刮台风，形成热带风暴；天英星如果在六月未土之月，则不仅主晴，恐怕还要高温酷暑。总之，必须将九星落宫与季节月令结合起来进行判断，而以落宫为主。

(3) 问：测病时以天芮星为病神，为什么又看时干、看伤门、死门、白虎、玄武等，测婚姻以乙为女、庚为男，为什么又看日干相合之干，在实际运用中如何掌握？

答：这就是我在书中讲的奇门用神的多重性，即测一件事并非只有一个或一对用神，而是多重用神。所以测病时，以看天芮星为主，也同时要看时干（因日干为人，时干为病），八门中伤门、死门与疾病有关，八神中白虎、玄武也往往同病伤有关。测婚姻一般看乙庚，同时也可兼看日干相合之干，后者是我的创造。在实际应用中，找对象主要看乙、庚，若问家庭夫妻关系，可兼看日干相合之干。

(4) 问：癌症判断的条件是什么？

答：这也没有一个确定的标志。因为古典预测学近似于模糊数学，它的结论没有那么精确。大致上死门与天芮病星、六仪庚同宫，格局又凶，再结合其他条件，综合判断才能比较准确。

(5) 问：白虎下隐有勾陈，玄武下隐有朱雀，在预测中勾陈与朱雀并不单独出现，如何应用？

答：古籍中应用很乱，有的用白虎、玄武，有的用勾陈、朱雀，为了简化和一致，今后在实践中只用白虎和玄武就行了，只是在断卦中可考虑白虎下隐有勾陈和玄武下隐有朱雀的含义即可。

(6) 问：中五宫寄坤二宫，这样在一个宫中会形成两对十干克应关系，在预测中以哪一个为主？或二者同等重要吗？

答：如果天禽星为值符或天禽星所临之干为用神，则主要看天禽星落宫所形成的克应关系，天芮星所临之干形成的克应关系作为参考。如果天芮星为值符或天芮星所临之干为用神，则主要看天芮星落宫所形成的克应关系，天禽星所临之干形成的克应关系作为参考。

（四）答新疆、湖南、陕西众多学员问。

问：从《神奇之门》一书中看出，您的预测活动取时依据的是北京时间，但是北京时间是以东经120°经线为准定时的，是人为规定的钟表时间。石家庄的经度与东经120°相差还不大，基本上在一个时辰之内。但中国这么大，还有世界其他地方，与北京时差相距很大，在用奇门预测时，是一律用北京时间呢？还是以当地时间为准？

答：这一点在《神奇之门》一书上编关于"时空统一论"中实际上已经讲到了。奇门预测的理论依据之一，就是时间与空间的统一性，因此，各地在用奇门预测时不应一律用北京时间，而应以当地的时间为准，这样才能做到时间与空间的统一。跟我学习奇门的中国学生，有的到日本、美国等地出差，就按当地时间起奇门局预测，事实证明准确率很高；还有1998年跟我学习的荷兰学生、1999年跟我学习的法国学生，回国后，均按当地时间用奇门进行预测，事实证明也是对的。经初步验证，奇门在北半球按当地时间起局预测，一般都是比较准的。至于到南半球，比如澳大利亚，那就是另外一个问题了。

（五）全国政协委员为何未能当选？

青年企业家陈某系某省政协常委，1999年初，该省统战部又上报他补选全国政协委员。2月27日全国政协会议即将在北京召开。

2月21日下午3点35分，陈某从海南岛给张志春打电话，请他测一下能否补选为全国政协委员？

张志春立即按问时起局：

己卯年丙寅月甲辰日壬申时，阳3局，甲子旬，天冲星为值符落7宫，伤门为值使落2宫。

武 休 辛 心 己	地 生 丙 蓬 丁	天 伤 癸 任 乙
虎 开 壬 柱 戊	 庚	符 杜 戊 冲 壬
合 庚 惊 乙 芮 癸	阴 死 丁 英 芮	蛇 景 己 辅 辛

分析：

(1) 日干壬与时干壬均落3宫，壬+戊为小蛇化龙，男人发达吉格，又与开门同宫，事成之象。

(2) 年命丁（陈某1957年生人）落坎1宫，与开门宫相生，丁+丙为星随月转，贵人越级高升，常人乐里生悲。得值符宫生之，年干宫生之。年干落6宫空亡，但2月27日庚戌日、28日辛亥日，即全国政协会召开之际，年干就填实了，自然可生年命丁宫。

(3) 日、时均在内盘主快，九星反吟也主快。

据此，张志春答复陈某：升全国政协委员不成问题，八天之内就可见分晓。

但事后得知，这次全国政协会上，陈某并未补选为全国政协委员。据说，各级有关部门都通过了，最后被否决了。

此例为什么没有测准呢？

张志春事后又作了如下分析：

(1) 日干、时干壬虽同宫，但落3宫为死地，临天柱凶星，白虎凶神，开门虽为吉门，主官职，但寅月3宫木旺，开门在3宫为门迫，所谓吉门克宫吉不就。

(2) 年命丁落坎宫为绝地，丁奇、丙奇均为火入水乡，三奇受制凶格，又临死门门迫。

(3) 值符为直接领导，虽生年命丁落宫，但直接冲克日干、时干。年干己为上级领导，落乾6宫逢空亡，既克日干、时干宫，又空亡难生年命宫。

(4) 值使伤门也主事体，落坤2宫，为门迫，凶门克宫事更凶；它既受日、时干之克，又克年命宫。

(5) 大局九星反吟，说明不得天时，半途而废之象。

总之，仔细分析，与草率简单分析，结果正好相反。由此告诫为人预测者：不得不慎重仔细才行。

(六) 测去台湾开会办手续，一对一错，原因何在?

1998年下半年，台湾一易学研究机构给张志春先生发来一封邀请函，请他出席在台湾 召开的国际性易学研讨大会。

8月3日下午3点30分，张志春起局测一下这次赴台能否成行?

戊寅年己未月壬午日戊申时，甲辰旬，阴7局，天冲星为值符落7宫，伤门为值使落8宫。

合 景 己 心 辛	阴 死 丁 蓬 丙	蛇 惊 乙 任 癸
虎 杜 戊 柱 壬	 庚	符 开 壬 冲 戊
武 庚 伤 癸 芮 乙	地 生 丙 英 丁	天 休 辛 辅 己

分析：

(1) 日干壬落兑7宫为沐浴之地，壬+戊小蛇化龙吉格，临天冲吉星，开门吉门，又上乘值符，自身状态不错。未月兑宫为旺相。所去台湾在石家庄东南方向，应看巽4宫，未月4宫休囚，日干克所去方向之宫，如能成行，去后会比较顺利，不会有什么问题。

(2) 时干戊主事体，落震3宫为六仪击刑，不吉，戊+壬为青龙入天牢，凡阴阳事皆不吉利，又临天柱凶星，杜门凶门，上乘白虎凶神，关键一点时干落空亡之宫，表示此事要落空。

(3) 去台湾需要办护照，以丁奇为护照，在离9宫临死门。护照需直接领导、上级领导和具体办事机构批准才行，丁奇克直接领导值符落宫，生具体办事机构值使伤门之宫，但伤门宫逢空；年干戊为上级领导，虽生丁奇宫，但年干戊落宫空亡，也是不批准之象。

(4) 大局九星反吟，天时不利，出行遇反吟，去不成之象。

结论：恐怕护照办不下来，难以成行。

结果，由于省对台办和国务院对台办对赴台人员控制很严，护照办不下来，未能成行。与奇门预测一致。

事有凑巧。1998年12月15日原中国周易研究会会长、武汉大学教授唐明邦先生给张志春同志写一信，信末附有一句话："请为我一测明年三月赴台顺畅否？"并注明问测时间为12月16日上午11点30分。

张志春即按求测时间起局：

戊寅年甲子月丁酉日丙午时，甲辰旬，阴4局，天英星为值符落6宫，景门为值使落7宫。

虎 生　辛 蓬　戊	合 伤　癸 任　壬	阴 杜　己 冲　庚
武 休　丙 心　己	 乙	蛇 景　戊 辅　丁
地 开　丁 柱　癸	天 乙　惊　庚 芮　辛	符 死　壬 英　丙

分析：

(1) 日干丁落艮8宫为入墓，丁+癸为雀投江凶格，虽临吉门开门，但开门入墓。时干丙落震3宫为沐浴之地，丙+己为火悖入刑凶格，又上乘玄武，虽临休门，天心星为吉，但逢空亡。日干、日干均落空亡之宫，又时干克日干，去不成之象。

(2) 台湾也在武汉的东南方向，应看巽4宫，今巽4宫克日干宫，也是去不成之象。

(3) 以丁奇为护照，在艮8宫入墓又空亡，虽生值符、值使和年干落宫，但入墓空亡，无法生之，故护照恐怕办不下来。寅午戌马在申，马星在坤2宫，未、申之月冲实艮8宫，同时冲丁奇出墓之月，才可能办下来手续。

据此，我告诉唐明邦，来年3月赴台之事不顺畅，恐怕手续不能按时办下来，下半年去可以。唐明邦回答说：会议在三月份举行，如果下半年才办下来手续，恐怕也就不去了。

结果，后来得知，唐明邦先生按时办好了手续，3月份如期赴台湾开会，并顺利而归。事实证明，这例测错了。

为什么同样是去台湾开会，预测的格局也差不多，一个准，一个不准呢？

事后找出以下原因，供大家研讨：

(1) 第一个会议在1998年12月份召开，时干戊在震3宫仍然空亡，第二个会议在1999年3月份召开，时干丙所在3宫和日干丁所在8宫均已填实不空。

(2) 护照不能光看丁奇，还应看景门，以景门为护照为赴台手续，第一例，景门在4宫虽与年干戊宫比和，但年干宫空亡，又克值使伤门所在8宫，又己+辛为凶格，辰戌相冲，故手续办不下来。第二例，景门在兑7宫，本身即为值使，又与年干戊同宫，戊+丁也为青龙耀明吉格，又与日干宫相生，故手续能够办下来。

(3) 唐先生12月15日写信，信末求测，注明时间为12月16日11点30分，可能把时间写错了，应该是15日11点30分。如果按15日午时奇门局断，则显然能成。

(4) 奇门遁甲这种时空模型不是灵丹妙药，不可能事事都测准，测不准是绝对的，测准只是相对的。因而绝不可迷信它，只能作为参考。凡事还需主观努力才行。

（七）三个伏吟局，为何应期均没有断准？

河北科迪药业公司在高新技术开发区的重点工程项目，经过征地、筹款、工程设计，到 1999 年 6 月中旬终于进入破土动工阶段了。

但是，当建筑工程队已经进驻工地三天之后，开发区却迟迟不给发开工证。于是 1999 年 6 月 20 日晚上 9 点 35 分，陈老板打电话求张会长预测明天能不能开工。张志春根据问时起局，答复明天或后天就能开工。

结果到第二天，即 6 月 21 日仍不给发开工证，下午 5 点 30 分，陈老板第二次给张会长打电话，说一直到此时，开发区还没有给发开工证，据说经省、市领导催促，开发区主要领导今天从北京赶回来，下午开会研究此事，但至今尚无消息。请张会长再给测一下。

张志春立即又按 6 月 21 日下午 5 点 30 分起局：

己卯年庚午月甲辰日癸酉时，阳 9 局，甲子旬，天英星值符落 5 宫，景门值使落 9 宫。

地 杜 辛 冲 壬	天 景 壬 辅 戊	符 死 戊 英 庚
武 伤 乙 任 辛	 癸	蛇 惊 庚 芮 丙
虎 生 己 蓬 乙	合 休 丁 心 己	阴 开 丙 柱 丁

张志春匆忙之中，又主要根据甲子旬中戌亥空，开门在 6 宫空亡，又临马星亥，明天 6 月 22 日乙巳日，冲实开门宫、冲动马星，答复明天一定能够开工。

但到 6 月 22 日下午，开发区仍不给发开工证，下午 4 点 20 分陈老板又给张志春第三次打电话，说至今不仅不给发开工证，而且连主管的人也找不到，呼机呼不应，手机也关了机。“请张会长再给测测，如果明天还不让开工，我就不在这里干了，另外找地方去了。”

张志春又按问时起局：

己卯年庚午月乙巳日甲申时，阴6局，天辅星值符、杜门值使，均在巽4宫伏吟。

符 杜　庚 辅　庚	天 景　丁 英　丁	地 死　壬 芮　壬
蛇 伤　辛 冲　辛	 己	武 惊　乙 柱　乙
阴 生　丙 任　丙	合 休　癸 蓬　癸	虎 开　戊 心　戊

张志春又根据甲申旬中午未空，景门、丁奇为开工证，现逢空亡，明天丙午日，景门、丁奇所在9宫填实，答复明天（即6月23日）一定能发给开工证。

结果，到6月23日仍然没有给发开工证，应期第三次断错。事实上，一直到6月29日（壬子日）才发给了三分之一土地的开工证，还有三分之一的土地，农民在上边种着庄稼，让陈老板自己去做工作。

这三个伏吟局（其中第二局为八门伏吟），为什么应期都没有断准呢？原因有以下几点：

（1）对所测事物比较陌生，因而开始时用神没有选准。陈老板开始主要问何时才能开工，张志春对开工一定要先发给开工证这一点也不太清楚，所以在第一局、第二局中主要以开门为用神，以冲动或冲实开门宫为应期来断，当然就错了。因为这里的关键是何时发给开工证。

（2）断卦受求测人急躁情绪的感染，又把发放开工证看得比较简单，因而忽略伏吟主迟这一主要原则。

(3) 开工证必须由上级主管部门签发，这是人间的大事，还是应以景门为用神才对，丁奇只能作为参考符号，时干也只能作为参考。

以此为原则，第一局景门在9宫伏吟，主迟，日干癸、时干癸均在8宫逢空亡，8宫可断8天左右，又值使生门落8宫，也可断8天左右，即8天后的壬子（6月29日）、癸丑（6月30日）日，也正是时干填实之日，又是冲景门宫之日，因为伏吟多以冲用神之日为应期。

第二局，景门仍在9宫伏吟，伏吟主迟，景门为值使在9宫，也可断9天左右，6月29日壬子日冲动景门宫为应期。

第三局，景门仍在9宫伏吟，又逢空亡，因伏吟主迟，所以不能断第二天（丙午日）填实之日为应期，应断6月29日（壬子）冲实之日为应期。

(八) 驾驶执照为何找不见？兼答王夕强学员。

无独有偶。正当张志春测河北科迪药业公司在开发区建设项目何时开工这几天，山东文登市学员王夕强测了一例丢失驾驶执照的事。

1999年6月23日9点35分，一位中年男子找到王夕强家，说在晒小麦时，把驾驶证弄丢了，到处找也找不到，求测一下能否找到。

王夕强立即起局：

己卯年庚午月丙午日癸巳时，阳遁6局，甲申旬（空午未），值符天任星落2宫，值使生门在8宫。

地 杜 戊 心 丙	天 景 壬 蓬 辛	符 死 庚 任 癸
武 伤 己 柱 丁	 乙	蛇 惊 丁 冲 己
虎 乙 生 癸 芮 庚	合 休 辛 英 壬	阴 开 丙 辅 戊

王夕强是这样分析的：

(1) 以日干丙为失主，落乾6宫入墓，但临吉星、吉门，丙+戊为鸟跌穴吉格，谋事可成。

(2) 以时干为失物、为驾驶证，时干癸落8宫与值使生门同宫，又旺相。而且时干生日干宫，物未失之象，又为可找回之象。

(3) 驾驶证以景门为用神，落9宫旺相，上乘九天，临天蓬盗星，在外丢失之象，又逢空亡，空亡难找。

(4) 又可以丁奇为证件，在兑7宫，与日干宫比和，又为可找回之象。

(5) 坤2宫庚下临癸，为时格，逢格也为可找到之象。应期按庚格断，阳日寻庚下之干，阳遁景门、丁奇均在外盘主慢，故断八至十二天的癸日可找回。

但是，半个多月以后，也没有找到。

王夕强学员在给张老师的信中说：

“我又审视局象。问题是不是用神选得不对，只能是以景门为用神，用神旺相克日干宫，又逢空，而且临天蓬盗星；日干丙奇在乾6宫入墓又休囚，天蓬星又克日干宫，因此难找或找不到。望老师指点。”

张志春按：

此例又一次说明，测证件应以景门为用神来判断。丁奇、时干只能作参考。首先，景门伏吟，八门伏吟就是破财、耗失之象，景门又临天蓬盗星，壬+辛又为螣蛇相缠凶格，纵得吉门，亦不能安，何况得景门凶门呢！又景门宫克日干宫，也是找不回之象。

时干癸主事体，癸下遇庚，为受阻。玄武为小偷，在3宫克时干宫，为被偷之象。丁奇在兑7宫虽为长生之地，但丁+己为火入勾陈凶格，又临凶门、凶神，也是难找之象。

再一点，此例王夕强学员把局定错了。6月22日夏至，6月23日按拆补法定局，应用阴遁6局，不是阳遁6局。按阴6局看，更为清楚，不仅景门伏吟逢空亡，而且时干癸临天蓬盗星，入墓逢空亡，均为丢失、找不回之象。

（九）女儿失踪，到底是吉是凶？

2000年4月17日晚上8点左右，与石建国熟识的一位老乡找到他，急切地说：“我女儿在4月14日这天领着学生去旅游，回到学校以后，至今没有回家，到学校去打听，都说她回校后就骑自行车回家了。但从那天晚上至今，连我女儿一点影子也没见到，不知她到底到哪里去了，是吉是凶？请石老师给预测一下。

石建国与他很熟识，知道他女儿1979年己未年生人，在家乡的学校教书。突然失踪三天，自然是大事一桩，立即按求测时间起局：

庚辰年庚辰月乙巳日丙戌时，阳7局，甲申旬，天英星为值符落5宫寄2宫，景门为值使落2宫。

地 伤 癸 冲 丁	天 杜 丁 辅 庚	符 景 庚 丙 英 壬
武 生 己 任 癸	 丙	蛇 丙 死 壬 芮 戊
虎 休 辛 蓬 己	合 开 乙 心 辛	阴 惊 戊 柱 乙

分析：

(1) 时干丙为其女儿；落兑7宫为死地，又临死门生宫，自然为凶；上乘螣蛇，虚惊怪异，又主被人羁留；但丙临天禽吉星，丙+戊为鸟跌穴吉格，壬+戊为小蛇化龙吉格。

(2) 其女儿年命己未，天干己落震3宫为病地，临天任吉星、生门吉门。

(3) 时干生日干宫，能自己回来。

(4) 景门值使落2宫，庚+丙又为时格，逢格必回。

据此，石建国告诉这位老乡：你女儿可能被人留住了，在外平安，一两天内就可能回来。

结果，第二天即4月18日（丙午日）下午丙申时，在学校西北方向的麦地里发现了他女儿的尸体，尸体在水里泡着，而她骑的自行车却扔在两公里外的另一个地方。

事实与所测大相径庭。

张志春按：

这种断错的情况时有发生。我也曾遇到一例，一人问测他朋友小孩失踪，我起局后看该小孩年命临生门，就断平安无事，结果却是掉水中淹死了。

这一方面说明，测行人走失，遇生门未必就平安，只表明能够找到，还必须具体分析格局。比如石建国此例，虽年命己临生门，但生门受宫制，己+癸为地刑玄武凶格，主男女疾病垂危，有囚狱词讼之灾。又上乘玄武，主有阴私暧昧之事。时干丙+戊虽为鸟跌穴吉格，但看测什么事情，测疾病、行人走失等，遇此格就未必为吉。再者时干丙处死地，又临死门生宫，辰月死门又旺相，应按大凶来断才对。再者，庚+丙，时干遇格。庚为仇人，庚+丙为贼必来凶格，也是大凶的信息。

当然，此例中吉、凶信息迭现，在不好判断是吉是凶的情况下，最好再把行人走失时间的奇门局起出来，两相对照，就比较好判断了。

此例已知 4 月 14 日晚上该回家时，女孩未归，可以 4 月 14 日戌时起局：

庚辰年庚辰月壬寅日庚戌时，阳 1 局，甲辰旬，天禽星为值符落 3 宫，死门为值使在 2 宫伏吟。

蛇 杜 丁 柱 辛	阴 景 癸 心 乙	合 死 戊 壬 蓬 己
符 己 伤 壬 禽 庚	 壬	虎 惊 丙 任 丁
天 生 乙 英 丙	地 休 辛 辅 戊	武 开 庚 冲 癸

分析：

(1) 大局八门伏吟，破财伤人，大凶。

(2) 以行人走失时间起局，以日干为用神。今日干壬落震3宫为死地，大凶；壬+庚为太白擒蛇凶格，庚为仇人，又为年干、月干、时干，三庚围攻一壬，自然也是大凶；临伤门伏吟，也为大凶。虽然上乘值符，但3宫空亡，值符不起作用。

(3) 年命己也在3宫为病地，下临庚，为刑格返名凶格，临阴星天芮，必有谋害之事发生。同样临伤门伏吟，值符逢空，年命不保。

(4) 时干、年干、月干均为庚，为仇人，在乾6宫属金，辰月为旺，直克日干、年命所在3宫。庚在乾6宫逢开门、玄武，必是女孩单位的领导或同事因男女关系暧昧之事导致女孩怀孕（年命己临天芮星、地盘己上乘六合），为防止丑事败露而将女孩致死。

(5) 时干为事体，庚+癸为大格，多主车祸，行人不至，官事不止，生育母子俱伤。时干克日干，日干又逢空，均是人亡不归之象。

(6) 死门值使落宫主期限，死门又为死尸，临马星，故两天或五天左右找到尸体。

从以上走失局来看，女孩被人谋害而死、不能生还的信息相当明显。

如果将以上两个奇门局所提供的信息结合起来判断，失误率就会降低。

(十) 河南新乡市学员萧渭清错局正断例。

河南新乡市学员萧渭清是一位退休的老工人，他来石家庄参加了一期《神奇之门》的面授班，回去“牛刀小试”，第一次预测河南电视台2000年春节“梨园春”戏曲大赛，就测准了。

他在给我的信中说：

2000年春节期间，河南电视台面向全国的“梨园春”戏曲大赛进入最后阶段，由十八名擂主中决出三名大擂主，正月初一即2月5日下午17点05分，三名大擂主抽签，然后进行决赛，决出一名总擂主，奖品是小轿车一辆。

这是一个面向全国、牵动全国戏迷的节目。这时我现买现卖，起了一局。山西选手是一名女教师，穿着白色衣服，抽得A牌；一位七八岁的小女孩抽得C牌：一位三十多岁，穿着大红衣服的选手自然就成了B牌。我起局后，测得2号选手即B牌必夺榜首，获得轿车一辆。结果与事实相符。不知我起的奇门局和分析判断得对不对，请老师点批。

2000年2月5日17点5分，即庚辰年戊寅月癸巳日壬申时，阳2局，甲子旬，天芮星为值符落6宫，死门为值使落1宫。

虎 休 丁 任 庚	武 生 己 冲 丙	地 伤 庚 辛 辅 戊
合 开 乙 蓬 己	 辛	天 杜 丙 英 癸
阴 惊 壬 心 丁	蛇 死 癸 柱 乙	符 辛 景 戊 芮 壬

萧渭清分析原文如下：

(1) A选手来自山西，在西北，又穿白衣，在乾一宫。天芮星凶，在乾宫土生金为废；景门火克宫为门迫，不吉；戊+壬青龙入狱，不吉；又逢空，故不能得轿车。

(2) B选手为2，在兑宫（兑主二、七数），坤生兑，伤门在坤2宫，为汽车生之。也可以B牌选手为2，按坤2宫断，天辅吉星，临伤门主小轿车，上乘九地广阔，庚+戊伏宫主换地方，也主B选手将车开走。

(3) C选手在3宫，天蓬凶星，水生木为废，开门在震宫为门迫，乘六合反复，乙+己入墓，得开门为地遁，震克坤不吉，故3号选手也开不走轿车。

结论：2号选手必夺榜首，夺得轿车。

张志春按：

开始我阅读萧渭清此例时，并未核对起局对不对，只看了他的分析，觉得虽然他测准了，与事实相符，但分析判断并不规范：

(1) 如果以先天八卦之数来断，则一号选手看乾宫，二号选手看兑宫，三号选手则应看离宫，不应看震3宫。如果以后天八卦之数来断，则一号选手应看坎宫，不应看乾宫，二号选手看坤宫，三号选手看震宫，这是对的。

（2）判断思路还可以更拓展一些，比如以壬申时一、二、三宫的旺衰断之，申时二宫当令最旺，又临太岁庚；一宫金生水，次旺；三宫木受金克，处死地，自然二号选手获胜。又比如以辛为金牌断之，一宫、三宫均无辛，惟二宫临辛，故二号选手获得金牌。

后来，我仔细一核对起局，发现萧渭清此局完全起错了，立春下元阳二局没错，但把时辰弄错了，17点5分不是申时，更不是壬申时，17点5分应为酉时，不是甲子旬壬申时，而是甲寅旬辛酉时。正确奇门格局如下：

庚辰年戊寅月癸巳日辛酉时，阳2局，甲寅旬，天柱星为值符落5宫，惊门为值使落5宫。

地 景　丙 英　庚	天 辛　死　戊 芮　丙	符 癸　惊 辛　柱　戊
武 杜　庚 辅　己	 辛	蛇 开　壬 心　癸
虎 伤　己 冲　丁	合 生　丁 任　乙	阴 休　乙 蓬　壬

正确分析如下：

（1）以先天八卦数来断，乾一、兑二、离三，兑宫在酉时当令最旺，临开门吉门、天心吉星，开门也主车辆，获奖之象。

（2）以后天八卦数来断，坎1宫逢空亡，天任星为废，生门克宫；坤2宫上乘值符、值使，值符值使为裁判为评委，天柱星，惊门均受宫生，主口舌好、唱腔好；震3宫临杜门不通，庚+己为刑格，上乘玄武也不吉。再者，酉时，坤宫土生金为休；坎宫为水受生，但空亡无法生之；震宫受酉金冲克为死地，按旺衰，也是坤宫为胜。

（3）以伤门为奖品小轿车，落艮8宫空亡，虚位以待，伤门克坎1宫，受震3宫之克，与坤2宫比和，也是2号选手获得之象。

总之，按正确奇门格局判断，也是2号选手获胜，夺得小轿车，结论是一致的。

为什么萧渭清起错奇门局了，却能得到正确结论，与事实相符呢？

这按死板的逻辑思维是讲不通的。凡研究应用易学预测术的人几乎都有这种体验，卦起错了，格局排错了，但事情却断对了。这在一定意义上证实，人是有预测功能的，人的预测思维是逻辑思维、形象思维和灵感思维综合效应的结果。易学预测所凭的符号和象、数、理模型，只不过是由此及彼，由不知到知的中介媒体罢了。

（十一）用归纳总结方法学习奇门预测不能奏效——答湖北某函授学员。

湖北省一位函授学员，多次给我写信，讲他把《神奇之门》一书反复看了好几遍，又结合《奇门应用实例评析》，把相同类型的预测实例都摘录下来，一一加以分析，试图找出判断事物成败的总结性断语。比如测婚姻，究竟什么情况下断恋爱能成，什么情况下断不成，什么情况下必然离婚，什么情况下断离不了，什么情况下断可以复婚等等。结果费了九牛二虎之力，也没找出规律。他发现这些例子中，有的乙、庚相生，反而断恋爱不成，有的乙、庚相克，反而断恋爱可成，年命也是如此。所以写信问我，究竟怎么看。我回信告诉他，在乙、庚和年命这两对用神中，年命更重于乙、庚。

他又回信说，我按年命重于乙、庚这条观点，在婚恋类的例子中试了试，还是不清楚。第一，奇门测婚不少例子有时不用年命，您书上就有几例；第二，2000年6月19日晚上11点30分和12点12分，我分别为两位同来的小姐测婚，头一位小姐年命为丙辰（1976年），其夫年命为癸丑（1973年），二人年命落宫相克，我断离，结果其后几天的亥日二人就合好了；另一位小姐年命辛亥（1971年），其夫年命丁未（1967年），二人年命落宫相生，我断能复婚，可至今未见二人复婚或合好。我过去学英语，就是将复杂的英语语法、单词、口语归纳总结为简单的几招，我现在学习奇门，下的工夫比学英语并不小，怎么就掌握不了呢？

张志春按：

学习英语用归纳总结法，可能奏效，但学习奇门预测，用归纳总结法肯定不成。像湖北这位学员一样，有不少学员都想跟我讨绝招，希望我能告诉他们，测某类事物，只要背过记住几句“绝招”或叫“灵验的断语”，就能“一用就灵”，甚至“放之四海而皆准”。有的面授学员，也曾如此提过，说希望张老师像教我们四柱命理的老师一样，教给我们一些比如“伤官见官，为祸百端”、“岁运并临，不死自己就死他人”等这样的“断语”。

我明确告诉，其一，我没有这样的“绝招”；其二，如果有人有，我认为也不会时时处处灵验，更不会“放之四海而皆准”。凡真理都是相对的，都是有条件的，离开了它的特定条件、特定范围，都不可能准。奇门预测更是如此。

现在咱们具体看一下湖北这位学员上边讲的这个测婚的实例：

2000 年 6 月 19 日晚上 11 点 30 分和 12 点 12 分，按干支历应为 20 日子时，即庚辰年壬午月己酉日甲子时，阳遁 6 局，天心星值符，开门值使，均在 6 宫伏吟。

<table>
<tr><td>虎
杜 丙
辅 丙</td><td>武
景 辛
英 辛</td><td>地
乙 死 癸
乙 芮 癸</td></tr>
<tr><td>合
伤 丁
冲 丁</td><td>乙</td><td>天
惊 己
柱 己</td></tr>
<tr><td>阴
生 庚
任 庚</td><td>蛇
休 壬
蓬 壬</td><td>符
开 戊
心 戊</td></tr>
</table>

第一位小姐年命丙落4 宫，丈夫年命癸落 2 宫，自然丙宫克癸宫；第二位小姐年命辛落 9 宫，原丈夫年命丁落 3 宫，自然丁宫生辛宫。但这只是年命落宫的生克状态。这位学员只看到年命生克情况，而忽略了时、空、象、数、理模型所提供的大的条件和状况。

(1) 大局星门六仪均伏吟，伏吟为不动之象；其次时干甲子戊主事体，戊在6宫不仅伏吟，而且逢空亡，事情落空，不成之象。

(2) 第一位小姐是已婚妇女，与丈夫不和，闹离婚，求测能不能离成。她的年命丙克丈夫年命癸，只表明她想离婚，但午月4宫休囚，2宫旺相，4宫也克不动2宫，况且地支巳与申有相刑、闹矛盾的一面，还有相合的一面，关键是大局伏吟，时干空亡，所以她必然离不了。到亥日，时干填实，不仅未离，反而又合好了。湖北这位学员只根据二人年命相克，其余情况都不考虑，就断人家能离婚，自然就错了。

(3) 第二位小姐问复婚之事，自然是已经离异的夫妻，她年命在9宫，与原来丈夫的年命所在3宫相生，正表明二人有复婚的意向，但9宫午午自刑，上乘玄武，显示由于她自己的过错而导致离婚，丈夫所在3宫午月休囚，无力生助9宫，说明丈夫当下还不想复婚。关键也是大局伏吟、时干空亡，伏吟又主迟，二人年命一内一外，表明短期内不会有什么变化，所以复不了婚。湖北这位学员只据二人年命相生，就断二人能复婚，自然又错了。

问题的要害，是这位学员学易的思维方法不对，易学特别是奇门遁甲这种全方位反映事物规律及状况的象、数、理、时空模型，它的灵魂是我在书中和面授班上反复讲的太极思维模式。这种方法要求必须根据用神所在时间、空间的具体情况，全方位、多角度地分析其生克制化和旺衰状况，才能做出判断。这与马克思主义认识论的灵魂一样，就是具体情况具体分析。

(十二) 用奇门测天气，为什么有时不准——答内蒙古凉城县学员任宏锦。

任宏锦给我来信说：按用事时辰起局预测天气，不管天南海北，同一时辰起出的奇门局是一样的，判断有雨没雨，结果也应该是一样的。可是中国地盘这么大，不可能石家庄下雨，内蒙古凉城县也下雨呀？这在具体预测时该怎么区分呢？例如：

去年，凉城县委、政府为了招商引资，决定于1999年8月18号上午10点钟，在岱海畔旅游点举办规模宏大的花卉展，事前向周边地区、四面八方发出了许多邀请信。结果到了这一天，天公不作美，阴云密布，小雨不断，整整下了一上午，我和许多前去参加花卉展的干部群众都感到很扫兴，周边许多本打算前来观展的客人也因雨未来。

今年，我在重新温习《神奇之门》一书中关于“天时气象预测”一节时，突然想到此事，何不用奇门验证一下这日天气。于是，我起出了奇门格局一看：天蓬星为水神，落乾6宫，虽临壬，但不落一、三、七宫；天柱星为雨师，落坤2宫，既不临壬、癸，又不落一、三、七宫，据此而断，这天应该无雨才对，然而事实上却整整下了一上午小雨。请张老师帮我审看一下这个奇门格局。我错在哪里？

下面就是我当时起出的奇门局：

1999年8月18号上午10点钟，验证岱海花卉展天气如何？

己卯年壬申月壬寅日乙巳时，阴5局，甲辰旬，值符天蓬星乾6宫，值使休门落离9宫。

虎 开　癸 英　己	合 戊 休　辛 芮　癸	阴 生　丙 柱　辛
武 惊　己 辅　庚	 戊	蛇 伤　乙 心　丙
地 死　庚 冲　丁	天 景　丁 任　壬	符 杜　壬 蓬　乙

张志春按：

第一，咱们看一下1999年8月18日上午10点的奇门格局，究竟应该断有雨，还是无雨？

(1) 八门反吟，天气反常，办事不顺之象。

(2) 天英星和景门主晴，今天英星落巽4宫为废为休囚，4宫又有开门、白虎之金克之，又有癸水，景门落坎1宫为火入水乡，又月令上申月，巽4宫处死地，坎宫为相地，据此这个时辰内不可能为晴天。

(3) 古籍上讲，天蓬星为水神，天柱星为雨神，天蓬或天柱乘壬、癸游于一、三、七宫主雨。任宏锦说，今天柱星不乘壬、癸，又不落一、三、七宫，天蓬星虽带壬，也不游于一、三、七宫，怎么会下雨呢？这就是对古籍论述只是照搬照用、不理解、不能活用的缘故。我在面授班上一再讲，对古人的论述、经验，不仅要知其然，还必须知其所以然。为什么天蓬或天柱星必须带壬、癸游于一、三、七宫才下雨，一定要从易理上搞明白：这是因为天蓬、壬、癸均从五行上属水、天柱星属金，天蓬星落1宫为相，落3宫为旺，落7宫虽为废，但兑7宫为泽为雨，且与壬、癸金水相生，所以主下雨；同样天柱星落1宫为旺，落7宫为相，落3宫虽为休，但震为雷，金克木，又乘壬、癸水，必然金生水、水生木，雷雨交加。3宫属木，4宫也属木，7宫属金、6宫也属金。既然如此，我认为天蓬星或天柱星乘壬癸，不仅落入一、三、七宫主雨，落入四、六宫也应该主雨。所以1999年8月18日上午10点奇门局中天蓬星带壬落入乾6宫，也主有雨。

（4）上午10点为巳时，巳时可看巽4宫，4宫中有癸水，又受白虎、开门所生，自然应该断下小雨。

第二，按用事时辰起局预测天气，奇门格局只有一个，但中国地盘这么大，不可能各地天气都一样。实际上同一个时辰之内，东北可能在下雪，广东可能在下雨，而河北、河南可能是大晴天，四川可能是大雾，新疆可能刮大风，等等，绝对不会一样的天气。这确实是个大问题。按照奇门太极思维的模拟预测原理，我的初步意见是，正如我在书中验测诸葛亮借东风时长江赤壁一带的天气一样，我要求测的就是此时此地的天气，那么此时奇门格局这个太极就代表这个地方的天气。如果变成预测全国或者全世界、全球的天气，那么不妨按古人九宫分野的办法，去分别审看各个宫的格局如何。但是周易预测，包括奇门在内，这个时空模型，是按照以西安为中心，或者说以黄河流域所在的北半球为中心设计的，不可能“放之四海而皆准”，比如到南半球的澳大利亚，赤道在北边，南极在南边，北方热、南方冷，与我们正好相反，奇门九宫格现在这样南方热为火，北方冷为水的格局，显然不能适用。所以，千万不可把一种预测术看成是万能的。

第三，古人创造的奇门方法预测天气的经验，比起现代气象学来说，自然是幼稚的粗糙的甚至是可笑的。它只是一种模拟预测，不是实际实地的对天气的观测。所以，测不准是不奇怪的。何况，现代科学、现代气象学已经相当发达，不仅到处设立了许多观测站，有许多先进的观测仪器，而且，还有气象卫星不断向地球发回信息资料，即使如此，对天气预测的准确率也只达到百分之八十左右。我们怎么能苛求古人呢?

第四，我在书中已经讲过，现在再次申明，凡是现代科学已经解决或基本解决的项目，比如天气预测、怀孕分娩预测等，我都不再下力气去研究它，所以我在这方面也没有什么实践经验。

（十三）一个时辰奇门格局测多人多事，怎么分析判断?

不少函授学员向我提出这个问题。我在面授班上讲过，奇门格局是一个时、空、象、数、理模型，是一个太极，根据传统易学哲学思维的精华“其大无外，其小无内，物物一太极”的原理，虽在一个时辰内，不同的人问不同的事，则有各个不同的太极。比如一个时辰内，有人问世界大事，这个时辰的奇门格局就代表全世界；有人问中国的事，这个时辰的奇门格局就代表中国；有人问一个单位的事，该个奇门格局就代表这个单位；有人问自己家庭的事，这个奇门格局就代表这个家庭；有人问自己身体状况，这个奇门格局就代表他的整个身体；有人问他的汽车状态，这个奇门格局就代表他的汽车，等等。这就是奇门预测以“不变应万变”的太极思维方法，就是对易学思维三个特征即“变易”、“简易”、“不易”中“不易”特征的应用。明白了这个道理和方法，对一个局如何测多人多事，你也就会灵活运用了。

下边举一个例子，一个奇门局测了全国三个省三个人所问的三件不同的事情。

2000 年 6 月 5 日晚上 9 点 5 分，广西桂林市一位朋友（1968 年生）给我打电话，说他想从行政单位调到一个经济管理单位，活动了很长时间了，对方领导都答应了，但至今落实不了。让我测测什么时间才能调成?我说，你等十分钟以后再打电话。于是按问时起局：

庚辰年壬午月甲午日乙亥时，今日 17 点 41 分交芒种节，应用芒种上元阳6局，甲戌旬，天柱为值符落5宫寄2宫，惊门为值使落8宫。

<table>
<tr><td>地
休　辛
英　丙</td><td>天
乙 生 癸
芮 辛</td><td>符
己 伤
乙 柱 癸</td></tr>
<tr><td>武
开　丙
辅　丁</td><td>

乙</td><td>蛇
杜 戊
心 己</td></tr>
<tr><td>虎
惊　丁
冲　庚</td><td>合
死 庚
任 壬</td><td>阴
景 壬
蓬 戊</td></tr>
</table>

分析：

(1) 日干甲午辛代表这位朋友，落巽4宫为入墓，不得地利，受困之状；天英星入父母宫为废，天时不利；休门生宫，又为吉门，但对青年人来说，没事干并非好事；辛+丙为干合悖师，虽门吉事吉，但易因财致讼。由此看，这位朋友在原单位肯定有不顺心之事，临马星，所以想调动，离开。

(2) 时干乙为事体，落离9宫为长生之地，临天禽吉星，生门吉门，上乘九天吉神，日干生时干，这位朋友想去的经济管理部门应该是一个大单位，效益不错，很有发展前途的单位。

(3) 开门也为单位，在3宫，临天辅吉星，丙+丁星奇朱雀吉格，自然是个好单位。日干与开门比和，经过努力，应该是能去成的单位。而且年干庚在1宫生日干宫，这位朋友还是有上级领导的支持。但值符为顶头上级，目前逢空亡，或者不在单位，或者口头答应同意接受你，但尚未真心帮你。

(4) 调动工作也是人生的转折点，与年命有关。这位朋友1968年生，年命戊申，戊落兑七宫为死地，也说明当下不得地利，天心吉星，杜门为闭塞不通，戊+己贵人入狱，公私皆不利，上乘螣蛇凶神。这个宫反映的信息与日干宫基本一致。又逢空亡，当下也是什么事办不成。

(5) 今日干辛入墓又休囚，年命戊处死地又空亡，主观运气正差，必待甲申月值符宫填实，顶头上级领导真心生助年命宫才能有所变化，乙酉月年命宫填实当令，冲动开门宫，才能有所进展，丙戌月将日干辛冲出辰墓，丁亥月冲动马星巳，才有可能调动成功。从另一个角度看，日干，时干一内一外，也主迟，值使惊门落宫为期限，落8宫，艮8宫有5、7、8、10四个数，迟断年月，故最少也得5个月（从6月5日芒种到11月8日立冬进入丁亥月也是5个月）以后才有可能调成。

据此，在9点20分这位朋友又打来电话时，我告诉他：调动的事现在还不行，最少得到阳历11月8日以后才有可能，请耐心等待吧。

9点30分，在石家庄工作的我的老同学王同福又打来电话，说他女婿（1964年生），今年2月26日下午2点去秦皇岛出差时遭遇车祸，将腰椎撞伤，在医院做了手术，至今下肢还动不了，请测一下什么时候才能康复，预后如何？

于是，我马上重新审看上边这个奇门格局：

（1）岳父问女婿，应以时干为用神。时干乙代表他女婿，落离9宫为长生，正符合他的年龄，刚刚三十多岁；临天禽吉星，但废于父母，当下天时不利；又临天芮病星，乙+辛龙逃走凶格，主人伤财破，癸+辛网盖天牢凶格，正符合目前受伤住在医院无法行动的状态。好在临生门吉门，九天吉神，所以没有性命之忧。

（2）地盘乙在坤2宫，临天柱凶星，伤门凶门，伤门克宫，正说明他受了伤。坤2宫空亡，空亡可看对冲之宫。对冲之艮8宫，临天冲星、惊门、白虎，正是车祸受刑伤之象。从时间上看2月26日下午2点，是庚辰年戊寅月甲寅日辛未时，也正符合在这个时空中遭遇车祸。

（3）他女婿1964年生，年命甲辰壬，在坎1宫形成庚+壬的年格，庚+壬又为上格，又临死门克宫，所以发生车祸，且在庚辰年中一年的流年都不顺利。庚又主筋骨，庚+壬又主流动，所以车祸撞伤腰椎，造成腰椎错位；又临死门，必然会留下疤痕。好在有天任吉星，六合吉神，预计伤处能够愈合，不会留下太大的后遗症。

（4）又，其女婿年命壬落乾6宫为冠带、临官之地，为旺相，壬+戊为小蛇化龙，是男人发达的吉格，将来还会有好的前途。但现在是壬午月，火旺金死，不仅克不动病星之宫，相反受病星旺相之宫所克，处于死地，一点也动弹不了。

(5) 何时可康复？日、时一内一外主迟，迟断年月，庚+壬又为年格，起码庚辰年一年内不会康复，明年夏天，即时干所临生门宫旺相之时，可有大的好转；年命壬所在乾6宫，即戌、亥月当令之时，可基本康复。

十分钟以后，我将上述意见，告诉了我的老同学。

9点50分左右，我又接到广东省肇庆市一中教师、肇庆市周易研究会会长陈鲁西先生的电话，说肇庆医院一位医生叫梁可珍，她的儿子（1981年生）在肇庆一中上学，今年高中毕业，按广东省教育考试院的规定，最近就得提前填报志愿，这关系到小孩一生的命运，所以小孩母亲梁可珍特地托他找一位易学预测高手给孩子提前测一下，看小孩今年高考能否考上重点大学，报考哪里的学校比较合适，能够录取？陈鲁西先生看了我写的《神奇之门》一书，感到写得十分好，他也正在学习奇门预测，但刚入门，拿不准，所以特地请老师在百忙中给测一下。

鉴于陈鲁西先生是我们易学界的同行，话又讲得十分诚恳，本来已经十分疲惫的我，难辞其意，好在这个时辰的奇门局早已起好，且已为广西和河北二人测过，就再为广东的这位朋友看一下吧。

(1) 梁可珍儿子1981年生，年命辛酉。辛落巽4宫虽为入墓，但临休门吉门、九地吉神，在这里结合实际，只能表明该男生被困在学校里，紧张迎接高考的状态。同时临马星，到戌、亥月一冲，他就从被困状态中冲出来，远走高飞了。又时干也代表他，时干乙在9宫为长生，又临生门，九天，乙+辛龙逃走，也是远走高飞之象。

(2) 年命辛与考试院天辅星比和，克考官值符和值使；天辅星生时干乙，时干乙生值符、值使，据此必然能考上重点大学。丁奇为考生文章，景门为试卷，二者均入库，故考试成绩不会太理想。

(3) 年干庚为录取学校，虽冲克时干，但生年命辛，临死门；死门主救死扶伤医学，故我断可被北方的重点医科大学录取。

据此，我告诉陈鲁西先生，请你转告梁可珍大夫，她儿子今年能考上重点大学，但分数不会太理想，可报考肇庆市北边的重点医科大学。

结果，7月7、8、9三天全国统一高考，7月下旬分数公布，8月份开始录取。7月底一天，陈鲁西先生给我打电话反馈情况，说广东省今年高考分数录取线均已公布，梁可珍儿子考得分数比较高，上了重点大学录取分数线，她按您预测的意见为她儿子提前填报了湖南长沙医科大学（在广东省北边）算是填对了。她本来想让她儿子填报她的母校——广州中山医科大学，现在考完了，她儿子分数虽然够重点大学分数线，但不够中山医科大学的分数线。幸亏，她听了您预测的意见，没有给儿子填报中山医科大学，否则会两头耽误。现在看，上湖南长沙医科大学是不成问题的。

春节期间，广西桂林的朋友高兴地给我打来电话，告诉我，他的调动之事在2000年底前终于办成了。

春节后，我碰见在石家庄的老同学王同福，顺便问起他女婿的状况。他告知，他女婿在秦皇岛医院做了手术后住了一个多月医院，就回到石家庄，又在河北省人民医院康复中心住了几个月，现在已将固定腰椎的钢卡子去掉，伤口早已愈合，没有损坏或压迫住神经，不久前，已回到家中休养，靠拐杖可以自己走路、活动，但下肢膝益以下的神经和肌力尚未完全恢复，看来还得恢复一段时间。

（十四）为什么将河南建业队与八一队的足球赛两次都测错——答河南新乡学员萧渭清。

2000年9月14日河南新乡市学员萧渭清给我来信讲：我邻居王亚伟是河南建业足球俱乐部的主力队员，今年7月因和八一队要在柳州比赛，7月12日他把主任黄志诚请到我家，请测一下胜负。黄主任还说，如果能测准，他就到河北学奇门。为此，我更加紧张。黄主任告诉我，预定比赛时间是7月15日15点50分。到柳州以后又来电话告诉，比赛时间改为7月15日20点30分。我按这二个时间起局，先后测了两次，第一次断河南建业队胜，比分为4:1；第二次断两队打成平局，不分胜负。结果是八一队以3:0胜建业队。这是我学习奇门后为人预测四十五次中错得最惨的两次，请老师给予指教，我分析判断究竟错在哪里？

我们先看一下萧渭清对这两个用事局是如何判断的：

A. 2000 年 7 月 15 日 15 点 50 分，庚辰年癸未月甲戌日壬申时，阴 5 局，甲子旬，值符天禽星落 1 宫，值使死门落 6 宫（注：萧渭清原局把值使门都排错了，误写成死门落 9 宫。八神也按阳遁顺排，排错了）。

武 生　壬 蓬　己	虎 伤　丁 任　癸	合 杜　庚 冲　辛
地 休　乙 心　庚	 戊	阴 景　己 辅　丙
天 开　丙 柱　丁	符 辛　惊　戊 禽　壬	蛇 死　癸 英　乙

分析：

(1) 在广西柳州进行比赛。河南郑州比北京距柳州近，故以河南建业队为主，以八一队为客。

(2) 以时干壬为用，地盘时干壬为建业队，落坎 1 宫，壬在水乡逢旺，又逢天禽吉星，生门吉门，又上乘值符为裁判，对其有利。

(3) 天盘时干壬为客，为八一队，在巽 4 宫休囚，天蓬有干劲，景门为技术指导，上乘六合技术全面，但壬+己主官司败诉，大祸将至，故必然队员受伤，比赛失利。

(4) 建业队在坎 1 宫，输 1 个球，八一队在巽 4 宫，输 4 个球。

据此总断：建业队以 4:1 胜八一队。

张志春按：

萧渭清学员之所以断错，一者，对奇门的基础知识还掌握得不牢，此局原局，他把八门和八神都排错了；二者，分析判断的基本功还不够。

第一，我在书中和面授班上都讲过，以用事局测比赛，主要是以日干为用神，即以地盘日干为主队，天盘日干为客队。此局地盘日干甲戌己在巽 4 宫，虽然天蓬星生宫，临生门吉门，但吉门受制，上乘玄武凶神，壬+己格局也不好，关键须按月令看该宫的旺衰，未月土旺木囚，巽 4 宫处休囚状态。相反，天盘日干甲戌己在兑 7 宫，临天辅吉星、景门和太阴，景门为技术指导，太阴为吉神，表明八一队谋划得比较好，关键也是按月令看该宫旺衰，未月土生金，兑 7 宫为旺相。今旺相之金去克休囚之木，自然是客队胜，即八一队胜。

第二，即使按时干为用神，萧渭清分析得也不对。地盘时干壬在坎 1 宫，未月土旺水死；天盘时干壬在巽 4 宫，未月土旺木囚。二者比较，休囚之木仍然比死绝之水要有力量，更何况，坎宫之水生巽宫之木，即主队生客队，主队泄气，对客队有利。据此，也应断客队胜，即八一队胜。

第三，至于比分，各种比赛分数多少不同，这个不好断准。但是按日干用神，旺相之金克休囚之木，应该比分差距大，所以与最后结果八一队以 3:0 胜建业队还是吻合的。

我们再看第二局，这是实际开始比赛的时间：

B. 2000 年 7 月 15 日 20 点 30 分，庚辰年癸未月甲戌日甲戌时，阴 5 局，天辅为值符、杜门值使均在 4 宫（注：萧渭清原局又把八神按阳遁顺序排错了）。

<table>
<tr><td>符
杜　己
辅　己</td><td>天
景　癸
英　癸</td><td>地
戊 死 辛
戊 芮 辛</td></tr>
<tr><td>蛇
伤　庚
冲　庚</td><td>

戊</td><td>武
惊 丙
柱 丙</td></tr>
<tr><td>阴
生　丁
任　丁</td><td>合
休　壬
蓬　壬</td><td>虎
开 乙
心 乙</td></tr>
</table>

分析：全局伏吟，主队建业队与客队八一队均在巽 4 宫，两队势均力敌，裁判公平。

我判为双方平局。

张志春按：

这次萧渭清根据伏吟局断平局似乎是对的。但须知，足球正式赛时为九十分钟，晚上 8 点半至 9 点只有半个小时，这半个小时内两队平局不分胜负是可能的，但比赛进行到 10 点才能结束。故决定胜负的是亥时局，所以必须把乙亥时奇门局起出来，才能看出谁胜谁负。

庚辰年癸未月甲戌日乙亥时，阴 5 局，甲戌旬，天辅星值符落 6 宫，杜门值使落 3 宫。

虎 景 乙 心 己	合 死 壬 蓬 癸	阴 惊 丁 任 辛
武 杜 丙 柱 庚	 戊	蛇 开 庚 冲 丙
地 戊 伤 辛 芮 丁	天 生 癸 英 壬	符 休 己 辅 乙

这个局就更清楚了：（1）天盘日干己落乾 6 宫，临天辅吉星，休门吉门，又上乘值符，未月土旺生金，6 宫旺相。（2）地盘日干己在巽 4 宫，天心吉星克宫，宫生景门，上乘白虎凶神，未月土旺木囚。（3）旺相之金冲克休囚之木，又九星反吟利客，故必然是客队胜，即八一队胜。足球以破门，踢进对方球门之球数决胜负，主队在 4 宫为休囚之木，被旺金所克，巽 4 宫有三、四、五、八数（其中三、八为木数，四为后天卦数，五为先天卦数），现在木处休囚状态，自然应该按三数来断，即主队可能输掉三个球。这与比赛结果，八一队以 3:0 胜河南建业队也是十分吻合的。

在这里可以附带告诉河南建业足球队的黄志诚主任，萧渭清学员两次均测错，不是奇门遁甲这种预测方法不行，而是萧渭清学员刚学奇门，知识掌握还不牢固，分析判断能力还不精湛所致。当然，奇门预测与其他任何一种预测方法一样，绝对达不到百分之百的准确。

附 录

读者来信选登

（一）1999 年 6 月 16 日陕西蒲城景存龙先生来信：

张会长：你好！

……我于 1960 年武汉测绘学院毕业，后留校任教 10 年，“文革”中因家庭困难，调回原籍陕西蒲城，先后在县水利局和科委工作。1994 年退二线后对周易逐渐产生了兴趣，五年来读过的书不下五六十本，看得较多的是《奇门》……但这些书大致相同，缺乏实例，许多内容雷同转抄，缺少作者自己的东西，特别是与当今相结合的内容……今学先生新著《神奇之门》，收益匪浅，感受非凡：

(1) 先生知识渊博，熔文、史、哲于一身，创作、编审、研究集一人，现代、古籍合一处。

令本人十分敬佩。

(2) 先生学易十年，融会贯通，承前继后，颇有建树。古人留下的奇门遁甲，今人识者较少，懂者更少。诸多有关著述，多以抄录和解释为主，有独特见解者甚少，用例更为罕见。而先生却与众不同，全书无有抄录，均为自己语言，对奇门达到通的地步，成为当代易学大师，可敬可佩。

(3) 先生所著《神奇之门》，把古籍有关论述以现代语言论述，把古代的事物与当今社会事物融通，把古代原始哲学与现代历史唯物主义哲学及现代科学接轨，为易学，特别是奇门的研究、应用和发展走出一条新的路子。

(4) 书中删繁就简，统一百家，论理明确，层次清晰，结构严密，文字流畅，印刷精细。

总之，给我以全新的感受……

(二) 1999年7月1日江苏常熟市徐伟刚先生来信：

张志春老师：您好！

近日拜读大作《神奇之门》一书，深感鼓舞欣然。是书乃近年国内少见之易学著作，更是奇门遁甲学术于今时代之一创新，诚为难得不易。我为我们大陆国内有您和邵伟华先生等系列易学技术预测方面的高人而深感自豪。

我深信，一个人研易学易的成就固然与其个人的缘分际遇有关，但名师益友的教诲更是重要。惜当今社会上爱好者固然众多，但真正深入研究易之三式太乙、遁甲、六壬于民间者殊少！故此至今，有关六壬、太乙的现代人研究著作绝为少见。至于奇门遁甲学术著作，国内渲染者多，而内行者则凤毛麟角；观于港、台、东南亚国家易学界、术数界，此种现象更为显然。现在先生出版《神奇之门》一书，当属珍品、名品、奇品，其价值非同一般，于国内外易学界研易用易又一新高峰也。

……从六壬、遁甲、太乙向上追溯，当然会归于《易经》。《易经》的理论思想观点是否等同于爱因斯坦所谓的“宇宙方程式”，目前仍是一个困惑。我颇欣赏爱因斯坦这样一段话：“要寻找一个宇宙方程式甚为困难，因为这个方程式实际要等同于宇宙本身一样。”《易经》的普遍性、原理性，从“宇宙方程式”此一线索上去思索，肯定是一条路途。当然，很有可能，从此条路走上去，解开奇门遁甲、六壬、太乙三式之谜会为时不远。

……我一直致力于大六壬的研究……我曾经对《神奇之门》一书中一些特殊卦例起六壬课应测，惊人地契合，不可思议。毋庸讳言，在三式的历史发展过程中，六壬最为流行，测占古人称之“最验”，遁甲相对过于高深而曲高和寡，其在明清时代更被六壬占尽风头了，但它并不能从根本上动摇“帝王之学”的地位。

大六壬与奇门遁甲的血缘性，较之太乙更为紧密，古人谓之“壬遁之学”。从大六壬、奇门遁甲的相互印证中，我发现，奇门遁甲实际是天干学，星、门、符皆以天干而旋转，其十干长生“阳顺阴逆”法则，在奇门遁甲中成立。这种法则，只是占卜法则之一，不能适用于八字学。后人在八字学中对十干“顺逆”长生反复争论，实未明其源流而误会也。大六壬相对于奇门遁甲，实际是地支学，十二天宫将神皆依十二地支而迁转。六壬中的引从“拱贵拱禄”，实为壬式中一占卜法则，其同样不能适用于八字学。后人在八字学中反复探求格局“拱贵格”、“拱禄格”，实为胶柱鼓瑟也。奇门遁甲天干运转于上，故重于立足之地——九宫分野。六壬地支迁转于下，故重于覆载之处——四课三传。奇门遁甲重九宫，故立于地球之上，按阴阳分两遁飞布。六壬重天上，故立于太阳之上，按月将占时旋转。从六壬、遁甲的这些基本方法论，则可看出两者之间的异同。奇门可以讲是“俯察”，六壬可以讲是“仰观”。前者由“俯察”而重地理、地盘九宫，后者由“仰观”而重天时、天盘十二宫。壬、遁如果能合一，那么上察天文，下察地理，自然可以“中知人事”了……

（三）1999年1月9日河南三门峡市检察院干部王约生同志来信：

张老师：您好！

从阅读您所著《未知之门》之后，就一直学习《易经》。从您编审的《周易与预测学》中获益匪浅。您是我学习易经的启蒙老师。1997年西安易学研讨会上多方打听才找到了您。这短暂的一面，又是您把我引进到更高层次的神奇之门。通过学习您的学术资料，学会了复杂的起局方法，并能进行简单的预测。

……这次短短的三天面授，更是直洞天机。真是听君一句话，胜读十年书。去时所带的几十个问题都迎刃而解，并有意想不到的收获。此次面授是超载而归。……

在短暂的三天中，我看到您高尚的易德、易风，淳朴无华的学者风范。近年来，您在研究、继承奇门遁甲这一传统文化瑰宝过程中，是一个真正的淘金者，是您第一个揭开了神奇的奇门遁甲的面纱。古人刘禹锡曾讲：“千淘万缕虽辛苦，吹尽寒沙始到金。”这是对您研究奇门遁甲这一深奥神秘的古老预测学的高度概括。而您却没有将此成果作为个人敛财的法宝，相反却无私地奉献给了社会，传授给了我们。这是一个真心弘扬易学文化的易学大家胸怀。

……

（四）1999 年 8 月 29 日河北邯郸市刘国旗同志来信：

张老师：您好！

学生有缘，拜读了您的贵作《神奇之门》后，真是爱不释手，连上班都带着您的书。我看过的奇门遁甲书都比不上您的《神奇之门》。这本书真是前无古人，后无来者，真是功德无量！

您的书，简单好学，可看懂。可别人出的奇门书，看十年也不见得会用，还可能走火入魔……我刚买了《神奇之门》十来天，我已可以看懂了，已可以布局了，比六爻还简单。学六爻，我就学了好几年。别人出的奇门书，我看了很多遍，也看不懂，如看天书一般。只有您的书才是讲的根本要害，才是真经……

（五）1999 年 9 月 15 日甘肃兰州市公交枢纽站周品基同志来信：

张志师：您好！

我是甘肃兰州的一名易学爱好者，接触易学将近十年，主要从事四柱、六爻预测应用研究。对于奇门，我也有着极强的探索兴趣，但因无明师指点，只有望洋兴叹！

今年夏月购得您著的《神奇之门》一书后，对我启示极大。经悉心拜读演练，应验堪称快捷神奇。我这里已积累了奇门测验的实例数十个，如日后有空，定前来河北向您汇报请教。为了进一步提高自己的预测水平，我想参加您办的奇门函授班……

（六）叶教授赠诗一首。

叶教授和夫人均为中国科学院研究员，退休后，1999 年 10 月专程来石家庄听我讲解《神奇之门》一书，之后，又到位于石家庄西郊的风景名胜地——抱犊寨旅游，参观了河北省周易研究会设在抱犊寨山上的研究基地——周易文化园，对河北省周易研究会的学术研究工作颇表赞赏。回京后，寄来诗一首相赠。今刊载如下：

赠张志春先生

奇门合道天地宽，
神机妙算一掌间。
抱犊开门亦潇洒，
耕耘九宫尽艰难。
硕果累累做奉献，
桃李八门赛神仙。
功过是非任评说，
独树一帜照九天。

（七）广东信宜市读者苏辉2000年元月14日来信说：

张志春会长：

新年好！首先祝您在新的千禧年里万象更新，龙腾虎跃！很高兴能拜读您的佳作《神奇之门》，虽然与您相隔万水千山，但您的笑脸犹在眼前。从您的佳作相片中一看便知您乃一位平易近人、学识渊博的名人学士。

自从买了您的《神奇之门》之后，我如获珍宝，爱不释手。废寝忘食，日夜拜读，不论多累多晚，睡前非要看完一个章节、几个卦例方能入睡。因为书中局例写得十分生动有趣，讲解透彻令人入迷，真想一口气将它读完。对于奇门遁甲术来说，我还是一个初学者，小学生。有了《神奇之门》之后，我终于可以看懂，可以看明白，知道“奇门遁甲”是怎么一回事。这是我在以往所购的《奇门遁甲》书本中从来没有过的感觉。《神奇之门》简单易学，一看就懂，一学就会。内容精博而不杂，剖析详尽而透彻；就像看小说一样轻松，不经不意入了门。堪称入门之首选。书中所写没有半点夸夸其谈，而是实实在在贯穿始终，真乃一代宗师风范。要学奇门遁甲的学者，我毫不犹豫，推荐您的《神奇之门》……

奇门遁甲作为“周易”的一大支流，古称“帝王之学”，过去人们总认为其高深莫测，不敢问津。民间流传“精通三式，乃为神”之说，非是真人指点，欲入无门。未读《神奇之门》之前我亦有同感。有些人似懂非懂，高谈阔论，说什么奇门遁甲测事奇准，可以呼风唤雨，搬海弄潮，能言过去，预知未来。更可笑的是有些地师说：“奇门遁甲十分花假，择日做事不能用；奇门遁甲是专讲三奇甲戊庚、乙丙丁、壬癸辛的。”其实他们根本不知“奇门遁甲”是怎么一回事、一部书，当然更谈不上运用，还自欺欺人说“测方位最准”。

种种讹传，只要一读您的《神奇之门》之后，都会恍然大悟，没有半点神秘、神奇可言。在这里，我呼吁天下的朋友都来一读您的《神奇之门》，这是一本很难得的好书，这是一本极实用超值的好书。人人都可以登堂入门，可学、可用。

十分荣幸，能够拜读您的佳作《神奇之门》。未拜读《神奇之门》之前，我曾经看过多本《奇门遁甲》，但一直不得其门而入。十分高兴，拜读您的佳作《神奇之门》之后，几小时我就能够布局入门。虽然我还未能熟练掌握，但我终于可以看懂，看明白，实现了我多年欲学无门之梦……

(八) 2000年8月9日贵阳矿山机器厂高工谢民宗先生来信：

尊敬的张志春先生：

我好几年前就萌发了想给您来信，结交您这位博学多才，在易坛上很有声望的名流了。昨天购到您著的《神奇之门》一书，一口气看完，浏览了您书之大概内容，特别是“后记”之后，我这种“萌发”便成为极力驱使我非要来信结交您这个很有大局观、又很识人之“伯乐”啦！

我是四川乐山人，郭沫若老前辈之小老乡。1955年以优异成绩考入重庆大学电机系，1960年毕业，在中科院贵州分院工作。1963年因自然灾害、原苏联逼债以及为集中力量搞“两弹一星”，撤销地方科学院，才又调入贵阳矿山机器厂，长期从事工业企业电气化和自动化的工作，直到退休。

1991年一个偶然机会，我厂一“北矿”毕业的高工告诉我：“老谢，最近掀起国际易经热，你知道吗？周易很有意思啊！”从此，我对《周易》就从严厉的“批判”眼光到十分热爱，并为之建立起两组数理微积分场论方程，最后上升为张量方程，取名为“阴阳场”……今年三月我又指出，《易经》之神奇有如“计算机”之无所不在；同时又提出史书《三国志》“管辂传”等对周易之神准案例记录较多，这是周易是科学的历史闪光点。我们炎黄子孙应当沿此闪光点去发掘出其宝贵的神奇内在规律，造福于全人类。我们必须要吸取莱布尼茨从周易中开发出“计算机二进制数学原理”的最大经验教训……

我这个出身寒微之人，却敢于向伟人挑战，诸如对爱因斯坦的相对论，对狄拉克纯物理概念的“反物质”等等，应当更名，并指出，真正的“反物质”概念，应当是周易的“阴阳”概念！同时进一步指出，从周易阴阳场张量方程来看，周易预测量至少有四万六千多个到一千万多个预测分量，这么大的预测分量，哪有对天、地、人一切事物还测不准的道理呢！其中预测的最高层次要算“奇门遁甲”。我们再不能把周易打成“封建迷信”了，否则这个“金矿”又被无禁区限制的外国“莱布尼茨”式的人物取走，再来嘲弄我炎黄子孙啊！这样，我们这一代人就更愧对祖先了啊！要知道，周易是我们开采不完的“金矿”啊！

（九）湖北汽车工业学院单思良先生2001年9月27日来信：

张志春先生：

前些天我到书摊散步，看到《神奇之门》一书，再看作者是你，就毫不犹豫地买了一本，如获至宝，喜不自胜。回家后，昼夜拜读，刚刚读完，就急切地给您写这封信，对您在易学上的成就和贡献，表示真诚的祝贺！

我之所以一看到您写的《神奇之门》，就毫不犹豫地购买，因为在前几年，我曾购买过您写的《未知之门》，读后，不仅在易学上深受教益，同时，也知道了您助人为乐的高尚情操。那位名扬海内外、大名鼎鼎的“易坛泰斗”邵伟华先生，假如不是您真诚相助，出版了他的《周易与预测学》，他的名字，也难说不被埋没；假如不是您写的《未知之门》一书问世，人们对邵伟华先生也不可能那么全面地透彻了解。这不仅是对邵先生的个人相助，更重要是为我中华文化之源的《周易》鸣锣开道，令人敬佩至极。诚恳祝愿您在易学上获得更大的成就。

我是1948年参加革命的一名老兵，打过游击，参加过淮海战役和抗美援朝，1952年毕业于中国人民解放军军事学院，1960年毕业于中国人民大学历史系。半个世纪风风雨雨的历程，使我对《周易》的科学性深信不疑。记得，我在人大学习时（1956年），有位年愈花甲的戴教授，深通易理，他叹息地说："我国将有二十年的灾难。"我当时听后，很不理解，难以相信。因为，1956年是刚解放后的第七个年头，国家正显得年轻，各方面都呈现出朝气勃勃的大好形势，领袖和党的威信如日中天，前程无限美好，这怎么能有什么灾难呢？况且是二十年的灾难，就更使我难以相信。

结果如何呢？1957年反右……1958年大跃进、大炼钢铁、人民公社化……1960~1963年大饥荒……1966~1976年十年浩劫——"文化大革命"，上自国家主席，开国元老，下至平民百姓，都身受大害。

戴老师在1956年说的"我国将有二十年的灾难"，完全得到了验证。可见，易理超前的预测功能，是何等神奇！可悲的是，在那个年代，一些权势者却把《周易》诬为"封建迷信"，被禁锢起来，实在是对易学的极大破坏……

（十）日本东京大陆通商株式会社陆洋先生2002年2月6日来信：

尊敬的张志春老师：

您好！……

我是1987年春节后来日本的，目前定居在此，经营一间公司，做国际贸易和饮食业，虽谈不上事业有成，但也还算充实。业余学习周易及相关杂学已有四至五年了，但总觉不得要领，难以进步。每次回国，都要多方搜集有关书籍，但所得多是盗版，看后总是半信半疑，无所适从。又无名师指点，感到很为难。一年前，偶然有缘购得您写的《神奇之门》，开卷后就难以放下，如久旱逢甘霖。我反复捧读数遍，被您深入浅出的讲解，严谨的科学态度，坦诚无华、实事求是的治学风范所深深折服。我寻觅易学数年，感到这次才算找到了真经。曾经被视为“天书”而未敢问津的奇门遁甲，在您的指引下，我居然这么入迷地学习演局、断卦、求证，这是以前不敢想像的。虽然现在谈不上学会、学好了，但自从进入您的“神奇之门”，才真正感到是学易有门了，不再是盲目摸索了。衷心感谢老师您的指引和为祖国易学所做的无私奉献。

后 记

《开悟之门》是《神奇之门》一书的姊妹篇。

1999 年 4 月拙著《神奇之门》出版发行以来，受到海内外广大易学爱好者的热烈欢迎和高度评价，研习者日益增多。凡读过拙著的人，几乎都对传统文化有了新的认识，开始认识到中国古代哲学、易学思维科学的博大精深，不仅具有中华民族独特的认知客观世界的方式、方法，而且充满了唯物辩证法的聪颖智慧，时至今日，仍然还有值得研究、开发的实用功能。

虽然自谓拙著深入浅出，晓畅易懂，但由于广大读者的易学基础知识参差不齐，自学起来仍有不少困难和疑惑之处。为了使广大读者不仅从理论上能透彻地了解奇门遁甲的文化内涵、构建原理，而且能在日常生活实践中掌握古代这一高层次的预测、决策技术，现根据历次面授班的讲课内容，紧密结合《神奇之门》一书，进一步从新的角度、新的层次向读者阐述奇门遁甲这种认知方式的科学原理、作为思维科学技术的根本特征，同时通过对大量新的实例详细解析和评点，以及答疑解惑和错例的剖正，使读者学会分析判断的原则思路和具体的方法、步骤、技巧，提高预测、决策的能力。

我相信，读者在学习了《神奇之门》之后，再研习一下《开悟之门》，在理论和实践两个方面，一定都会进一步开悟增智，自学成才。

补记：拙著《开悟之门》，2004 年 6 月作为我主编的“中国古代哲学研究文萃”中的一种，由新疆人民出版社出了第一版。几年来，虽然不断加印，但仍满足不了读者的需求。现根据市场需求，经我修订后，中国商业出版社要出版第二版。在此，对于两家出版社致以崇高的敬意；同时对多年来给予拙著出版、发行以诸多支持的广州市诚品文化传播有限公司梁奕明先生，表示诚挚的感谢！

书中不当和错误之处，还望易学专家和广大读者不吝指教。联系地址：河北省石家庄市中华北大街市庄路 65 号 1-3-302 号，邮编：050000；电话：0311-87832236，网址：http://www.zhangzhichun.com。

张志春

2011 年 1 月 8 日于石家庄